Ingemar König

Die Spätantike

Geschichte kompakt

Herausgegeben von
Kai Brodersen, Gabriele Haug-Moritz,
Martin Kintzinger, Uwe Puschner

Herausgegeben für den Bereich *Antike*:
Kai Brodersen

Berater für den Bereich *Antike*:
Ernst Baltrusch, Peter Funke, Charlotte Schubert, Aloys Winterling

Ingemar König

Die Spätantike

Einbandgestaltung: schreiberVIS, Seeheim

Die Deutsche Nationalbibliothek verzeichnet diese Publikation
in der Deutschen Nationalbibliografie;
detaillierte bibliografische Daten sind im Internet über
http://dnb.d-nb.de abrufbar

Die Herausgabe des Werkes wurde durch
die Vereinsmitglieder der WBG ermöglicht.
Gedruckt auf säurefreiem und alterungsbeständigem Papier
Satz: Lichtsatz Michael Glaese GmbH, Hemsbach
Printed in Germany

Besuchen Sie uns im Internet: www.wbg-darmstadt.de

ISBN 978-3-534-16740-1

Inhaltsverzeichnis

Geschichte kompakt

In der Geschichte, wie auch sonst,
dürfen Ursachen nicht postuliert werden,
man muß sie suchen. (Marc Bloch)

Das Interesse an Geschichte wächst in der Gesellschaft unserer Zeit. Historische Themen in Literatur, Ausstellungen und Filmen finden breiten Zuspruch. Immer mehr junge Menschen entschließen sich zu einem Studium der Geschichte, und auch für Erfahrene bietet die Begegnung mit der Geschichte stets vielfältige, neue Anreize. Die Fülle dessen, was wir über die Vergangenheit wissen, wächst allerdings ebenfalls: Neue Entdeckungen kommen hinzu, veränderte Fragestellungen führen zu neuen Interpretationen bereits bekannter Sachverhalte. Geschichte wird heute nicht mehr nur als Ereignisfolge verstanden, Herrschaft und Politik stehen nicht mehr allein im Mittelpunkt, und die Konzentration auf eine Nationalgeschichte ist zugunsten offenerer, vergleichender Perspektiven überwunden.

Interessierte, Lehrende und Lernende fragen deshalb nach verlässlicher Information, die komplexe und komplizierte Inhalte konzentriert, übersichtlich konzipiert und gut lesbar darstellt. Die Bände der Reihe „Geschichte kompakt" bieten solche Information. Sie stellen Ereignisse und Zusammenhänge der historischen Epochen der Antike, des Mittelalters und der Neuzeit verständlich und auf dem Kenntnisstand der heutigen Forschung vor. Hauptthemen des universitären Studiums wie der schulischen Oberstufen und zentrale Themenfelder der Wissenschaft zur deutschen und europäischen Geschichte werden in Einzelbänden erschlossen. Beigefügte Erläuterungen, Register sowie Literatur- und Quellenangaben zum Weiterlesen ergänzen den Text. Die Lektüre eines Bandes erlaubt, sich mit dem behandelten Gegenstand umfassend vertraut zu machen. „Geschichte kompakt" ist daher ebenso für eine erste Begegnung mit dem Thema wie für eine Prüfungsvorbereitung geeignet, als Arbeitsgrundlage für Lehrende und Studierende ebenso wie als anregende Lektüre für historisch Interessierte.

Die Autorinnen und Autoren sind jüngere, in Forschung und Lehre erfahrene Wissenschaftlerinnen und Wissenschaftler. Jeder Band ist, trotz der allen gemeinsamen Absicht, ein abgeschlossenes, eigenständiges Werk. Die Reihe „Geschichte kompakt" soll durch ihre Einzelbände insgesamt den heutigen Wissenstand zur deutschen und europäischen Geschichte repräsentieren. Sie ist in der thematischen Akzentuierung wie in der Anzahl der Bände nicht festgelegt und wird künftig um weitere Themen der aktuellen historischen Arbeit erweitert werden.

Kai Brodersen
Gabriele Haug-Moritz
Martin Kintzinger
Uwe Puschner

Vorwort

Als mir die WBG das Angebot unterbreitete, für die Reihe „Geschichte Kompakt" das Thema „Vom Tode Constantins des Großen bis zum Ende des Reiches im Westen" zu bearbeiten, habe ich dies gerne, wenn auch mit einigen Bedenken, angenommen; mit Bedenken deshalb, weil sich bei einem Zeitraum von fast zweihundert Jahren das Problem stellt, was man behandeln und was man weglassen kann oder soll. Neben dem Ausgangspunkt der Darstellung erhebt sich natürlich die umstrittene Frage nach dem „Ende" des Weströmischen Reiches: War das Jahr 476 eine echte Zäsur oder ist es nur ein „Hilfsdatum", um den Ablauf der Geschichte besser zu gliedern, ohne die Kontinuität „Roms" in Frage zu stellen?

Der Begriff „Spätantike" selbst entstammt dem Bereich der Kunstgeschichte und sollte zunächst eine in Bezug auf das Klassikverständnis veränderte Kunstform kennzeichnen. Mit ihm nähert sich die heutige Wissenschaft auch der antiken Staatstheorie, die von „Kindheit" (hier Königszeit und Republik), „Reifezeit" (Frühe und Hohe Kaiserzeit) und „Greisenalter" (pauschal etwa ab der Tetrarchie) spricht. Dass dennoch Vorsicht geboten ist, verdeutlicht die Tatsache, dass dem Niedergang der römischen Herrschaft im Abendland das Aufblühen des Byzantinischen Reiches gegenübersteht.

Die Mehrzahl der bekannten Werke beginnt die Geschichte der „Spätantike" mit Diocletian beziehungsweise Constantin dem Großen, vor allem – aber nicht nur – deshalb, weil Letzterer mit der Gründung Constantinopels gleichzeitig das „Byzantinische Reich" begründete. Zudem ist die Zeit mit und nach Constantin verbunden mit der Christianisierung des Imperiums: Das von ihm beeinflusste Konzil von Nicaea im Jahr 325 zeigt deutlich, dass Constantin wie alle seine Vorgänger nach einer Religion suchte, die sich als Klammer für das Imperium Romanum anbot, und dafür wie seine Vorgänger den „persönlichen" Schutzgott wählte. Dadurch aber verhalf er dem theologisch wie hierarchisch gut organisierten Christentum langfristig zum Sieg. Da sich auch seine Nachfolger zumeist dem Christentum verpflichtet fühlten, ist die Geschichte der Spätantike kaum von der Geschichte der christlichen Kirche zu trennen.

Hinsichtlich des vorgegebenen „Enddatums" besitzt die Tatsache, dass der Germane Odoakar das Ende des westlichen Kaisertums „herbeiführte", aus römischer Sicht nicht den gleichen Stellenwert wie heute. Nach römischem Verständnis – vor allem bei den einflussreichen Mitgliedern des stadtrömischen Senates – bestand das Imperium als Einheit weiter: Dass der Westen keinen „eigenen" Kaiser hatte, bedeutete lediglich, dass der Machthaber in Constantinopel Herrscher des Gesamtreiches war, aber jederzeit einen neuen „Mitkaiser" für den Westen bestimmen konnte.

Durch die Herausbildung der Germanenreiche gingen in der Zeit von 338 bis 475 Teile des Imperiums an diese verloren. Aber Rom beziehungsweise Constantinopel hielt an der staatsrechtlichen Fiktion fest, dass das Imperium diese Gebiete lediglich „abgetreten" habe und band die Germanenkönige durch Verträge an das Imperium. Dieses Verständnis formulierte noch Theoderich der Große als er – trotz eigener Selbständigkeitsbestrebungen – den gotischen Großen und seinem minderjährigen Nachfolger Athalarich empfahl, „sie sollten ihren König ehren, den Senat und das römische Volk lieben und den Ostkaiser immer nächst Gott als gnädigen Freund bewahren" (Iordanes, Getica 304). Aus der Sicht von Vandalen und Westgoten war das Jahr 475, das ihnen die politische Unabhängigkeit brachte, bedeutsamer als für das Imperium die Absetzung des letzten Westkaisers 476.

Die vorliegende Darstellung beschränkt sich auf politische und kirchliche Entwicklungen. Wegen des vorgegebenen Umfangs wurde daher die Darstellung der Sozial- und Wirtschaftsgeschichte ebenso ausgespart wie die Entwicklung der Künste. Im bibliographischen Anhang wird jedoch auf entsprechende Werke verwiesen.

Ingemar König

Anmerkung: Die Begriffe des Glossars sind bei ihrem ersten Auftreten im Text mit einem * versehen.

I. Die Erben Constantins des Großen. oder die Christianisierung des römischen Reiches

Kaiser:

22. Mai 337	Tod Constantins der Große
1. März 317	Constantin II.: Caesar
9. September 337–Anfang April 340	Constantin II.: Augustus
25. Dezember 333	Constans I.: Caesar
9. September 337–Ende Januar 350	Constans I.: Augustus
8. November 324	Constantius II.: Caesar
9. September 337–3. November 361	Constantius II.: Augustus
15. März 351–Ende 354	Gallus: Caesar
18. Januar 350–10. August 353	Magnentius (Usurpator*)
Juli/August 350–8. Oktober 353	Decentius (Caesar)
6. November 355	Julian: Caesar
Februar (?) 360–26./27. Juni 363	Julian: Augustus (*Usurpation*)

Päpste:

6. Februar 337–12. April 352	Julius I.
17. Mai 352–24. September 366	Liberius
355–22. November 365	Felix II. (Gegenpapst)

1. Das Erbe Constantins des Großen

Tod Constantins

Als Kaiser Constantin am 22. Mai, dem Pfingstsonntag des Jahres 337, in der Staatsvilla Achyrona nahe Nicomedia starb – noch auf dem Sterbebett vom Ortsbischof Eusebius christlich getauft –, hatte das Imperium die territorialen Grenzen der Severerzeit fast wieder erreicht. Verluste im Grenzbereich, vor allem an der Donau, waren zugunsten außenpolitischer Stabilität zu tolerieren, und auch im Innern schien das Reich seine volle Kraft wiedergefunden zu haben. Mit seinem wachsenden Erfolg konnte sich Constantin als auserwählter Herrscher sehen, und so räumte er nach und nach alle Widersacher und Widerstände aus dem Weg, bis er eindeutig an der Spitze des Imperiums stand. So urteilte bereits der Historiker Eutrop anlässlich des Krieges zwischen Constantin und dem Mitregenten Licinius:

Q

Constantin
(Eutrop 10, 5)

Constantin, ein Mann von großer Begabung und entschlossen, alles durchzusetzen, was er sich vorgenommen hatte, trachtete zugleich nach der Herrschaft über das ganze Reich und begann den Krieg mit Licinius, obwohl er mit diesem in Verwandtschaft und Verschwägerung stand.

Constantin war wie der Fuhrmann eines Gespannes, der die Zügel fest in der Hand hielt und dem Gefährt – den Zugtieren – Richtung, Gangart und Schnelligkeit aufzwang. Frühere Herrscher hatten ihre Macht, die sich seit Augustus immer mehr zur Monarchie entwickelt hatte, mit dem *consensus hominum et deorum*, der (freiwilligen) Herrschaftszustimmung – und damit Berufung – durch die Menschen und die staatserhaltenden Götter begründet. Sie hatten sich als *principes a diis electi*, das heißt von den Göttern zum Herrschen ausgewählt gesehen mit dem Anrecht, selbst Götter zu werden. So sah sich auch Constantin, der sich mit dem Christentum verbündete, als der von Gott Erwählte, dessen „Heilsauftrag" nicht zuletzt in der Förderung des Christentums lag. Eusebius von Caesarea beschrieb daher in seiner *Vita Constantini* die Monarchie als die einzige gottgewollte Staatsform: Die Menschen brauchen den Kaiser als weltlichen Herrn und Mittler zwischen Gott und der Welt. Diese Anschauung entsprach dem autokratischen Empfinden Constantins, der es als sein Recht, ja als Pflicht ansah, alles im Reich zu kontrollieren, sei es die Verwaltung, das Heer, die Kultur, die Philosophie oder Religion. Das Ziel der Herrschaft war nach seiner Überzeugung die Einheit von Herrscher und Imperium, das den ideologischen Überbau nunmehr im Christentum fand. Constantin war also Bewahrer und Neuerer zugleich, indem er schützte, was der Monarchie diente und skrupellos alles beseitigte, was sich ihm entgegenstellte. So kam es – und so ist es bis heute geblieben –, dass Constantin in der Geschichte nicht nur positiv beurteilt wird: Die Heiden warfen ihm vor, die Bildungstradition vernichtet, mit dem Christentum den Untergang des Reiches vorprogrammiert zu haben, die Christen wiederum, als Dilettant in christologische Diskussionen eingegriffen und Streitigkeiten in der Kirche verschärft zu haben, da er keiner klaren Linie folgte. Die Reichsbewohner warfen ihm vor, Steuern für den Luxus des Hofes und den Bau der Residenz Constantinopel verschwendet, statt damit die Grenzen geschützt zu haben. Die modernen Historiker wiederholen alle diese „Anklagepunkte", und halten dem Kaiser zudem vor, sich in kurzsichtiger Weise durch Gesetze in alle Bereiche des Lebens eingemischt und seine mangelnde Bildung durch Aktionismus überdeckt zu haben. Selbst sein Bekenntnis zum Christentum wird manchmal als caesaro-papistisch kritisiert. Für nicht wenige ist auch die Indienststellung von Germanen der Anfang vom militärischen Untergang des Reiches. Aber gerade in diesen Vorwürfen zeigt sich ein herausragendes Kompliment: Was auch immer man kritisieren mochte, nie wurde der Vorwurf der Mittelmäßigkeit erhoben. Constantin war „der Große" dort, wo er Neues schuf und Unkonventionellem Raum ließ, ja fremde Anregungen sich nutzbar machte; aber er war auch dort „der Große", wo er bedenkenlos seinen Willen durchsetzte.

Kritik an Constantin

Dynastisches Erbe

Sein dynastisches Bewusstsein sah die Vererbung der Herrschaft unter den Familienmitgliedern vor, denen er Verantwortung im Rahmen kaiserlicher Repräsentanz gewährte. So erhielt der im Februar 317 geborene Fl. Claudius Constantinus die *praefectura* Galliarum* (Britannien, Germanien, Gallien, Hispanien) mit den Residenzen Trier und Arles, der am 7. August 318 (?) geborene Fl. Iulius Constantius die *praefectura Orientis* (die Gebiete Kleinasiens und Ägypten) mit den Residenzen Antiochia und Nicomedia, der jüngste, 320 geborene Sohn Fl. Claudius Constans die *praefectura Italia* *et Illyricum* (mit Nordafrika), wo die wichtigen Residenzen Mailand und Thessalonica lagen. Die „Reichshauptstadt", das heißt das politisch-ideologische Reichzentrum Rom, und die Neugründung Constantinopel blieben allerdings Städte des Herrschers.

Auch seine beiden Neffen Fl. Iulius Dalmatius und Fl. Iulius Hannibalianus wurden von Constantin in die Herrschaft eingebunden: Dalmatius wurde zum Caesar der *ripa Gotica* bestellt (vermutlich Dacia und Thracia), Hannibalianus zum *rex regum Ponticarum gentium* (Oberhoheit über die Clientelkönige um das Schwarzmeergebiet).

Constantin übertrug somit die genannten Reichssprengel an seine Caesaren, konnte jedoch jederzeit nach eigenem Ermessen durch Verwaltungsmaßnahmen, Edikte und Gesetze, natürlich auch militärisch, dort eingreifen: Constantin war persönlich Garant innenpolitischer und außenpolitischer Stabilität.

Leistung Constantins

Dennoch: Wenn wir vom „Christen" Constantin absehen, tritt uns der Kaiser selten als schöpferischer Geist entgegen, eher als Vollender der mit Diocletian begonnenen Reformen, aber er unterwarf alles seiner persönlichen Kontrolle. Er berief die Mitglieder des „Kronrates" (*sacrum consistorium**), kontrollierte die Liste der Senatoren in Rom (*clarissimi*) und Constantinopel (*clari*), ernannte neue Senatoren, bestimmte die Vergabe des Consulats, nachdem der Kandidat die Ämterlaufbahn (seit Diocletian unter dem Begriff *militia* = Reichsdienst zusammengefasst) absolviert hatte. Er schuf den neuen „Adelsrang" des *patricius**, der *ad personam* für geleistete Verdienste um den Staat verliehen wurde, der aber nichts mehr gemein hatte mit den alten Formen des vererbbaren Patrizierstandes der Republik oder der hohen Kaiserzeit.

Constantin, der seinen Aufstieg zum Alleinherrscher nicht zuletzt den germanischen Kontingenten verdankte, schuf nach der Schlacht an der Milvischen Brücke (312), in der die in ihrer Existenz bereits bedrohte Praetorianergarde nun militärisch unterging, eine neue Leibwache, die *scholae palatinae*, die, wie vorzeiten der *comitatus* des Caracalla, aus barbarischen Reitertruppen bestand und durch Gefolgschaftseid an den Kaiser gebunden war.

Das Geldwesen des Reiches wurde von ihm durch die Einführung neuer Gold- (*solidus*) und Silbermünzen (*siliqua, miliariense*) und unter Androhung von Höchststrafen stabilisiert. Auch das von Diocletian entworfene Steuersystem wurde perfektioniert, indem er die Staatsfinanzen und die Finanzen des Krongutes sowie des Hofes voneinander trennte und durch zwei ihm verantwortliche *comites*, den *comes* sacrarum largitionum* (Staatsfinanzen) und den *comes rerum privatarum* (kaiserliche Kasse) kontrollieren ließ.

Zudem war der Kaiser ein eifriger Gesetzgeber. Nicht nur griff er durch „Anordnungen" (*edicta*) in alle Bereiche des Lebens ein, er veränderte das bislang gültige System der Gesetzgebung dahingehend, dass er Anfragen der Verwaltung durch *rescripta* beantwortete, die Gesetzeskraft hatten und bislang gültige ältere Gesetze (*leges, edicta*) nicht nur ergänzen, sondern sogar aufheben konnten (CTh 11, 30, 9 vom 22. Juni 319), da Rescripte keine Revisionsmöglichkeiten vorsahen.

Constantin und die Kirche

Die Autorität Constantins war so groß, dass er auch als oberster Schiedsrichter von der zerstrittenen christlichen Kirche angerufen wurde. Seiner

Autorität ist das „Symbolon*" des Konzils von Nicaea 325 zu verdanken, das die „Wesenseinheit von Gottvater und Gottsohn" (*homousios**) feststellte; seine Autorität bewirkte, dass die im Osten virulenten theologischen Streitigkeiten zu Lebzeiten Constantins nicht wieder heftig aufflammten. Hingegen war der Kaiser enttäuscht, dass der Kirchenstreit nicht per Gesetz zu beenden war: Seit Constantin wurde die Geschichte des Reiches auch zu einer Geschichte der christlichen Kirche, ja der Kirchenspaltung.

Constantin war somit zur Verkörperung des Reiches geworden, und als schließlich im Jahr 334 die Perser den römischen Pufferstaat Armenien besetzten, sah sich der Kaiser persönlich herausgefordert. Zwar übertrug er erste Abwehrmaßnahmen seinem Sohn Constantius, wollte aber den Großangriff auf das von Schapur II. regierte Perserreich persönlich führen. Doch noch während der Vorbereitungen starb Constantin, ohne zuvor einen der Söhne beziehungsweise einen der vier Caesaren als Nachfolger, das heißt als rangersten Herrscher bezeichnet zu haben.

Der Tod des Kaisers hinterließ ein Machtvakuum, einen mehr als drei Monate dauernden „Stillstand", da keiner der Erben wagte, sich als erster den Rang eines Augustus zuzulegen. So vermerkt Eusebius von Caesarea in seiner Vita Constantini (4, 67, 3): „So war der Selige (das heißt Constantin) der einzige der Sterblichen, der auch nach seinem Tode noch herrschte."

2. Die Herrschaft der Brüder

337 Nach einem Massaker an den Familien des Dalmatius und Hannibalianus, das nur Gallus und Julian überleben, nehmen die Söhne Constantins am 9. September den Augustustitel auf. – Athanasius trifft nach seiner Verbannung in Alexandria ein.

339 Flucht des Athanasius nach Rom

340 Constantin II. fällt in Italien, dem Gebiet des Constans, ein.

346 Angriff des Perserkönigs Schapur II. auf Nisibis

Die Erben Constantins

Der Historiker Eutrop schreibt (Breviarium 10, 1, 1), Constantin habe als „Nachfolger ... seine drei Söhne und einen Neffen" hinterlassen, und die *Epitome de Caesaribus* merkt an, dass Constantin allen vieren den Caesartitel verliehen hat (41, 15). Daraus wurde häufig abgeleitet, der Kaiser habe die von ihm selbst in vielen Kriegen beseitigte Vierkaiserherrschaft (Tetrarchie) nunmehr als dynastisch ausgerichtete Regierungsform für die Zeit nach seinem Tode erwogen: zwei Augusti sollten zwei Caesaren zugeteilt werden. Doch aus der bei seinem Tode existierenden Disposition lässt sich nicht ableiten, welcher der Caesaren für den Rang eines Augustus vorgesehen war und wer sich mit der Stellung des „beigeordneten" Caesars begnügen sollte. Constantin der Große musste sich bewusst gewesen sein, dass nach dem geltenden Anciennitätsprinzip automatisch sein ältester Sohn Constantinus (II.) den Rang eines „ersten Augustus" besitzen würde. Zudem lag in dessen Gebiet die Reichshauptstadt Rom, deren Senat immer noch den von Constantinopel überragte. Der zweitälteste Sohn Constantius (II.)

war als Mitarbeiter des Vaters an der Vorbereitung des Perserfeldzuges beteiligt. Beim Tode des Vaters wäre ihm vermutlich Constantinopel zugefallen, verbunden mit dem Augustusrang. Dass sich Constans jedoch mit der Position eines Caesars abgefunden hätte wie sein Verwandter Dalmatius, scheint mehr als zweifelhaft, zumal die Brüder untereinander zerstritten waren. Damit kann aus der Konstellation beim Tode Constantins nicht unbedingt auf die Wiedergeburt der Tetrarchie geschlossen werden. Spekulationen setzten bereits beim Tode des Kaisers ein: So soll Constantius II., der als einziger im Osten Anwesender die Begräbnisfeierlichkeiten leiten konnte, ein von Constantin hinterlassenes Testament vernichtet haben. Der spätere Kaiser Julian wiederum behauptete – um sich mit Constantius II. gut zu stellen – Constantin habe seinen „Lieblingssohn" Constantius für die Position des rangersten Augustus vorgesehen. Die Quellen vermitteln somit nichts Zuverlässiges hinsichtlich der tatsächlichen Absichten des Verstorbenen.

Das Massaker von Constantinopel

Tatsächlich ergriffen nach unseren Quellen die Soldaten die Initiative zur Nachfolgegestaltung, auch wenn Constantius II. unterstellt wurde, die Ereignisse maßgeblich beeinflusst zu haben. Es wurden Gerüchte ausgestreut, Constantin sei von seinen Stiefbrüdern, die aus der eigentlich rechtmäßigen Ehe des Constantius Chlorus mit Theodora stammten, ermordet worden. In ungeheurer Wut metzelten nun die Soldaten die männlichen Nachkommen dieser Linie nieder. Lediglich zwei Kinder entkamen: der elfjährige Gallus, der so schwer krank war, dass man mit seinem Tode rechnen durfte, und der sechsjährige Julianus, den offenbar Priester in das Asylum des Altarraumes retteten. Die in Constantinopel versammelten Soldaten erklärten, dass nur die Söhne Constantins und der Fausta ein Recht auf Nachfolge hätten und verlangten für sie die Augustuswürde. Constantius II. soll während des Massakers in Constantinopel anwesend gewesen sein, ohne einzugreifen.

Drei Augusti

Am 9. September 337 schließlich nahmen dann Constantinus II., Constantius II. und Constans den Augustustitel auf und ließen ihn dem Herkommen nach vom römischen Senat bestätigen.

Die Hintergründe dieses Geschehens sind bis heute nicht völlig klar: Bischof Athanasius von Alexandria, im November 335 wegen Aufruhrs von Constantin nach Trier verbannt, wurde offenbar bereits im Juni 337 durch ein Schreiben des (rangältesten Caesars!) Constantin II. begnadigt und traf am 23. November 337 in Alexandria ein. War also im Juni die Nachfolgeregelung unter den Constantinsöhnen bereits ausgehandelt? Keiner jedoch wagte den ersten Schritt zur Beseitigung von „Konkurrenten": man überließ dies dem „dynastischen Empfinden" der Soldaten. Eine Absprache zwischen den Brüdern vor dem 9. September ist möglich, wenn auch nicht beweisbar und damit auch nicht die Verantwortlichkeit der Constantinsöhne am Massaker. Dies muss vor allem für Constantius II. gelten, der in den Quellen als ungeliebt, in der Forschung als misstrauisch und zögerlich (Otto Seeck), untalentiert, wenn auch fleißig (Jacques Moreau), selbstbewusst und selbstgefällig (Josef Vogt), misstrauisch und despotisch (Adolf Lippold) beurteilt wird. Die Römer kritisierten ihn, weil er die Neugründung Constantinopel und den neuen Senat dem der alten Hauptstadt gleichgestellt hat; die Heiden, weil er die von Constantin geübte gemäßigte Toleranz aufgab; die orthodoxen Christen, allen voran Athanasius und Lucifer von Calaris (Cagliari), weil er die Arianer* förderte und sich dabei auf den Auftrag Gottes berief; die Philosophen wegen krasser Unbildung, und schließlich der spätere Kaiser Julian, der ihm den Mord an seinem Vater Julius Constantius anlastete. So lassen die Quellen zu dieser Zeit das negative Bild eines Herrschers entstehen, dem man auch einen derartigen Mordbefehl zutraute.

Die Verteilung der Herrschaft

Die Tatsache, dass die Brüder gleichzeitig am 9. September 337 den Purpur aufnahmen, bedeutete jedoch keine Reichsteilung. Zwar erachteten alle drei ihren Reichteil als „Erbstück" (*hereditas*), aber doch als Teil des Ganzen, selbst wenn sie einander misstrauisch belauerten. Dies bedeutete, dass einer von ihnen den Vorrang im Kaiserkollegium (*summa auctoritas*) beanspruchen konnte auf Grund der Anciennität, das heißt entweder nach dem Datum der Herrschaftsübertragung (*dies imperii**) als Caesar oder, falls eine solche Unterscheidung nicht möglich wäre, gemäß dem Alter.

Flavius Claudius Constantinus II. (geb. Februar 317) besaß den Caesar-Rang seit 1. März 317, Flavius Julius Constantius II. (geb. 7. August 318) seit 8. November 324. Flavius Claudius Constans (geb. 320) wurde am 25. Dezember 333 zum Caesar erhoben. So kam der Rang des „ersten" Augustus automatisch nach Alter wie *dies imperii* Constantin II. zu, der damit das Recht der Gesetzgebungsinitiative genauso besaß wie das Recht, in die übrigen Reichteile einzugreifen. Daher wird er auch auf einem zyprischen Meilenstein als *maximus triumphator Augustus* bezeichnet zum Unterschied zu seinen Brüdern, die nur *victores semper Augusti* sind (Journal of Roman Studies 29, 1939 S. 187). Constantin II. besaß damals die Gebiete Britannien, Gallien, Hispanien und Westafrika, Constans hielt Italien, Nordafrika und Illyricum, Constantius II. den gesamten Orient. Die Reichshauptstadt Rom lag somit im Herrschaftsbereich des jüngsten der Brüder. Wir erkennen, dass Constantin II. die Vormundschaft (*tutela*) für seinen erst 14-jährigen Bruder Constans beanspruchte, was bald zu Konflikten führte.

Ein Bruderkrieg im Westen

Der Konflikt zwischen allen Brüdern zeigte sich von Anfang an. Constans hatte im Jahr 339 einige Erlasse (*edicta*) seines Vaters Constantins des Großen bestätigt, die seine Brüder zuvor außer Kraft gesetzt hatten. Zwar waren diese *edicta* relativ unbedeutend, doch griff er damit in die Kompetenzen der älteren Brüder ein. Constantius II. wiederum war ein überzeugter Arianer, während Constantin II. – er stand unter dem Einfluss des Trierer Bischofs Maximinus – für das „Symbolon" von Nicea eintrat. Dass er den auf der Synode* von Tyros 335 verurteilten und verbannten Athanasius nach Alexandria zurücksandte und auch andere orientalische Bischöfe rehabilitierte, bedeutete einen Affront für die Kirchenpolitik des Constantius; Alexandria – aber auch andere Städte – wurde umgehend in bürgerkriegsähnliche Zustände gestürzt. Constans seinerseits unterstützte den seit 6. Februar 337 amtierenden römischen Bischof Julius I., der die Rolle eines Schiedsrichters (zugunsten des Athanasius) beanspruchte.

Spannungen gab es ferner zwischen Constantin II. und Constans, da Constantin in die administrativen Belange des jungen Constans einzugreifen suchte. Letzterer, ein ebenso überzeugter wie intoleranter orthodoxer Christ, versuchte über Julius I. Einfluss auf die gallischen Bischöfe zu nehmen.

Bischof Athanasius

Es scheint, dass der Kirchenstreit zum Vehikel wurde, eigene Ambitionen gegen die Mitkaiser durchzusetzen. Constantius II. seinerseits wehrte sich gegen den vom Westen gestützten Athanasius, indem er 339 seinen Vertrauten Philagrius zum *praefectus Aegypti* ernannte mit dem Auftrag, an Stelle des Athanasius den Gregorius zum neuen Bischof von Alexandria zu erheben. Nach erbitterten Straßenschlachten, an denen vor allem Mönche und Krankenpfleger beteiligt waren, floh Athanasius Ende 339 nach Rom, wo er bei Bischof Julius Hilfe suchte. Dieses Ereignis, aber auch die Tatsache, dass Constans einen Feldzug gegen die Sarmaten und Goten gewonnen hatte, hob das Selbstbewusstsein des jungen Herrschers. Zudem war er nun unmittelbarer „Nachbar" des Constantius.

Ein solcher Machtzuwachs war nicht im Sinne Constantins II. Während Constans in Naissus, der Geburtsstadt Constantins des Großen, weilte, überfiel Constantin Anfang 340 das scheinbar unbewachte Italien, das er als Domäne des rangersten Augustus beanspruchte. Er durchzog die Po-Ebene, um die Rückkehr des Bruders zu verhindern, doch geriet er wider Erwarten bei Aquileia in einen Hinterhalt und fiel. Als nun Constans nach Italien zurückkehrte, war er Herr des gesamten lateinischen Westens geworden, bis auf die Diözese Tracia, die er Constantius abtrat.

Constantius II. Herr des Ostens

Constantius II. war damals nicht in der Lage, in die Verhältnisse im Westen einzugreifen. Nicht nur, dass er sich gegen die Orthodoxen wehren musste – Paulus, der ebenfalls von Constantin dem Großen verbannte Bischof von Constantinopel, war auf Weisung Constantins II. wieder eingesetzt worden –, es scheint, dass er sich erst mühsam aus dem langen Schatten des Vaters lösen musste. Nach dem Massaker von Constantinopel kam es zu einer Flut von Hochverratsprozessen, die vor allem die bedeutenden, noch von Constantin dem Großen eingesetzten Hofbeamten betraf, so etwa den *praefectus praetorio Orientis* Ablabius, dessen Tochter Olympias mit Constans verlobt war. Constantius wollte sich offenbar aus jeder Bevormundung lösen. Vielleicht liegt in eben diesem Streben nach Selbständigkeit – das ihn übrigens nicht von seinen Brüdern unterschied – die Ursache für den stets wiederholten Vorwurf, Constantius sei misstrauisch und unberechenbar gewesen. Es soll hier kein Psychogramm des Herrschers erstellt werden, aber man darf nicht vergessen, dass er am längsten unter der direkten Kontrolle des Vaters gestanden hatte.

Beginn des Perserkriegs

Constantius II. musste zunächst die Perser abwehren. Sein Vater hatte den Krieg zwar geplant, doch war es relativ schwierig, die entsprechenden Geldmittel aufzubringen. Seit Oktober 338 betonen verschärfte Edikte die Verpflichtung, das Amt des Stadtverordneten (*decurio*) zu übernehmen, das gleichbedeutend mit Steuerhaftung war. Niemand, der die Mindestanforderungen erfüllte (Grundbesitz, ererbte oder verliehene Ehren), durfte sich der Verpflichtung entziehen; der Verkauf des Vermögens, der Wechsel des Standes, ja sogar der bloße Versuch dazu wurde mit einer Strafe von 30 Pfund Silber belegt, immerhin fast 10 kg (genau 9810 g; CTh 12, 1, 23–32). Schließlich besitzen wir ein am 5. April 342 in Antiochia erlassenes Gesetz (CTh 12, 1, 33), das den Minimalbesitz, um *decurio* zu werden, auf 25 *iugera* (circa 6,25 ha) festlegte.

Durch Zahlungen bewog er die auf der Sinai-Halbinsel streifenden Araber, die Sarazenen, zum Einfall in Persien, warb gotische Soldtruppen an und verstärkte die Kontingente der Panzerreiter (*clibanarii*), die nach dem Vorbild der persischen Reiterei mit Kettenpanzern für Mann und Pferd, Lanze und Bogen ausgerüstet waren.

Die Grenzverteidigung

Bereits Ende 338 konnten die Römer erneut in Armenien einen Klientelkönig aus dem Hause der Arsakiden einsetzen, aber erst 343 gelang ein Vorstoß in die am oberen Tigris gelegene Adiabene. Stützpunkt wurde neben Antiochia die Stadt Nisibis, die schon 338 von ihrem Bischof Jacobus erfolgreich gegen die Perser verteidigt wurde, so wie überhaupt die christliche Kirche den Widerstand gegen die Perser organisiert hatte. Ein Angriff der Römer auf das persische Lager vor Singara im Jahr 344 endete hingegen beinahe in der Katastrophe: Gegen den Willen des Constantius, der den Feldzug leitete, stürmten die Truppen das Perserlager, doch die vertriebenen Perser überfielen in der Nacht die siegestrunkenen Römer. Der spätere Kaiser Julian, der das Ereignis beschrieb und datierte (Julian, Oratio I 18), warf Constantius vor, die Öffentlichkeit getäuscht und die Niederlage als Sieg ausgegeben zu haben.

Ein 346 erfolgter weiterer Angriff Schapurs II. auf Nisibis konnte ebenfalls abgewiesen werden, so dass der König einen Waffenstillstand vorschlug. 350 erfolgte ein dritter, ebenfalls erfolgloser Angriff auf die Grenzfeste Nisibis, doch dann musste sich Schapur eigenen Problemen zuwenden: Zu dieser Zeit war der aus Mittelasien kommende Stamm der Chioniten (sogenannte „Rote Hunnen") in das Gebiet von Kuschan eingebrochen, breitete sich in Baktrien aus und bedrohte Chorassan. Für fast ein Jahrzehnt herrschte nun relative Ruhe an der römisch-persischen Front.

Constans Herr des Westens

Nach dem Tod Constantins II. war Constans die Aufgabe zugefallen, die Grenzen an der Donau, am Rhein und in Britannien zu verteidigen, denn der Bruderkrieg hatte den Franken Gelegenheit gegeben, in Gallien einzufallen; vor allem die Eifel und das Moseltal waren ihren Angriffen ausgesetzt. In langwierigen Kämpfen konnten die Franken – es handelte sich nach Ammian (17, 8, 3) um die am Niederrhein ansässigen Salischen Franken – zurückgedrängt werden, und es scheint, als habe Constans ihnen die Landschaft Toxandrien (um Tongern) als Siedlungsgebiet überlassen. Offenbar wurden sie durch ein *foedus** zum Grenzdienst vor allem gegen die Sachsen verpflichtet.

Sachsen und Alamannen

Die Sachsen bedrohten von der Nordseeküste aus Britannien und suchten sich an der Themse und in Northumbria festzusetzen. Constans entschloss sich daher zu einer Militäraktion in Britannien (343), deren Ergebnis allerdings in den Quellen so undeutlich dargestellt wird, dass man eher auf eine Anerkennung des *status quo* durch die Römer schließen muss als auf einen großen militärischen Erfolg. Aufschlussreich ist aber der Mangel an Kaiserinschriften in Britannien nach 340, was man als abnehmendes Interesse des Reiches an dieser fernen Insel deuten kann.

Von größeren Kämpfen am Oberrhein, das heißt gegen die Alemannen, ebenso an der oberen Donau hören wir wenig. Hingegen wenden sich unsere Hauptquellen vermehrt dem Kirchenstreit zu.

3. Die Kirche in Ost und West

341 Synode in Rom; „Kirchweihsynode" (Enkämien-Synode) von Antiochia
342/3 Das Konzil von Serdica und der Beginn des Schismas
348 Der Donatisten*-Streit in Nordafrika und die Synode von Karthago

Constans als Christ

Constans war, wie bereits angedeutet, ein intoleranter, kämpferischer Katholik, der mit allen Mitteln die Durchsetzung der Beschlüsse von Nicaea betrieb und dabei auch den Konflikt mit dem weitgehend heidnisch ausgerichteten römischen Senat nicht scheute. So wirft ihm vor allem die heidnische Literatur (zum Beispiel Zosimus) vor, durch religiösen Übereifer Vorwürfe der Trunksucht und Päderastie verdecken zu wollen. Dies entspricht allerdings der Standardcharakterisierung für Tyrannen, so dass Zweifel berechtigt sind. Die von Constans erlassenen Gesetze hinsichtlich der Sittenreinheit von Christen, so etwa das Verbot der Wiederverheiratung von Witwen, Ehebruch, der wie *parricidium* (Vatermord) beurteilt wurde (CTh 11, 36, 4 vom Jahr 339), ferner ein Gesetz gegen die Knabenliebe (CTh 9,7,3 von 342) lassen Einflüsse der Schriften des Kirchenvaters Tertullian (2. Jahrhundert) erkennen. Die Heiden ihrerseits hatten unter Gesetzen zur Einschränkung der Opfertätigkeit und dem Verbot der *superstitio* zu leiden. Natürlich betraf das Verbot von *superstitio* = Aberglaube auch die Christen; aber hatte zur Zeit Trajans noch Plinius der Jüngere als Statthalter von Pontus und Bithynien das Christentum als verabscheuungswürdigen Aberglauben (*superstitio prava et immodica*) gebranntmarkt (Epist. 10, 96, 8), so erlebten die Heiden nun die schwer erträgliche Umkehrung des „Sachverhaltes". Noch aber war der Kaiser als *pontifex maximus** auch der Oberherr der heidnischen Kulte, in die er kontrollierend eingreifen konnte. Die harte Haltung wurde zudem von christlichen Eiferern wie Firmicus Maternus gestützt, der noch als Heide die Astrologie als ernsthafte Wissenschaft verteidigt hatte (Mathesis, verfasst um 335/7), nun aber eine regelrechte „Heidenverfolgung" forderte.

Maßnahmen gegen die Heiden

Constans und die Bischöfe

Constans, der zwischen Mailand und Trier pendelte, hatte gute Beziehungen zum Episkopat und wir können eine einflussreiche Gruppe von Kirchenpolitikern benennen: Athanasius von Alexandria, Ossius (Hosius) von Cordoba, Julius von Rom und Maximinus von Trier. Vor allem die auch vor Gewalt nicht zurückschreckende Linie des Athanasius kam letztendlich Rom zugute: Es ging um den Jurisdiktions- und Lehrprimat in der Kirche und deren Unabhängigkeit vom Kaiser.

Die Synode von Rom

Eusebius, Bischof in Constantinopel, hatte durch einen Konzilsbeschluss die Absetzung des Athanasius erreicht, Gregorius wurde zum neuen Bischof bestimmt, was Constantius II. durch ein Edikt bestätigte. Athanasius protestierte gegen den Eingriff des Kaisers und floh 339 nach Rom, wo sich Bischof Julius sofort auf seine Seite stellte. Dieser erklärte dessen Vertreibung aus Alexandria für ungültig und lud Anfang 340 zu einer Synode nach Rom.

Die Darstellung des Sozomenus (3, 8, 5) lässt klar erkennen, dass Julius keineswegs die Absicht hatte, das Urteil über Athanasius hinzunehmen;

vielmehr forderte er die Anhänger des arianischen Bischofs Eusebius auf, sich in Rom zu rechtfertigen. Eusebius war verärgert. Erst Anfang 341 würdigte er Rom einer Antwort, in der er bezüglich des Athanasius auf Beschlüsse früherer orientalischer Synoden verwies und forderte die Anerkennung ihrer Urteile. Im Falle einer Weigerung drohten die „Eusebianer" mit einer Kirchenspaltung (Schisma). Die Antwort enthielt keinen Hinweis auf die Frage der Rechtgläubigkeit des Athanasius, vielmehr wurde er als Unruhestifter im Sinne des Strafrechts vorgestellt und – was Rom zutiefst traf – die jurisdiktionelle Oberhoheit Roms abgelehnt. Vermutlich von Athanasius assistiert und unterstützt von anderen Bischöfen, die ebenfalls vor den „Eusebianern" nach Rom geflohen waren – so Marcellus von Ancyra (Ankara) und Paulus von Constantinopel –, berief Julius nun eine italische Synode ein, an der circa 50 Bischöfe teilnahmen. Die Exilierten wurden rehabilitiert und wieder in die Gemeinschaft (*communio*) aufgenommen, wobei der Vorwurf, eine Kirchenspaltung zu provozieren, an Eusebius zurückgegeben wurde. Gleichzeitig wurde argumentiert, dass Rom wegen der dort wirkenden Apostelfüsten Petrus und Paulus den geistlichen Primat besitze und damit das Recht, Synodalbeschlüsse zu überprüfen, die nicht von allen Bischöfen einer Provinz unter Vorsitz des Metropoliten getroffen worden waren. Dies zielte – unter Anwendung des Kanon* V von Nicaea – auf eine Ungültigkeitserklärung der im September 335 gefällten Beschlüsse von Tyros.

Julius von Rom hätte sich wohl kaum so weit vorgewagt, wäre die politische Lage nicht günstig gewesen: Constans war der Herr des größeren (westlichen) Reichsteils und Constantius militärisch gebunden. Aber Eusebius hatte es immerhin erreicht, Patriarch von Constantinopel zu werden. So stand der Bischof des „Alten Rom" gegen den Bischof des „Neuen Rom".

Die „Kirchweihsynode" von Antiochia

Eusebius war keinesfalls bereit, Roms Entscheidung hinzunehmen. Anlässlich der Einweihung der noch von Constantin gestifteten großen Kirche von Antiochia berief er seinerseits eine Bischofskonferenz dorthin, die im Sommer 341 von Constantius II. eröffnet wurde. Auf dieser sogenannten „Kirchweihsynode" (Enkämien-Synode) fanden sich 97 Bischöfe zusammen, die die Entscheide der römischen Synode ablehnten und ihrerseits gegen Marcellus von Ancyra den Vorwurf des Arianismus erhoben. Außerdem trug Eusebius eine eigene Definition der Dreifaltigkeit (Trinität) vor: die Wesensform (Hypostase) der Dreifaltigkeit sei nicht eine einzige und gemeinsame (*homos*), sondern nur gleichartig, ähnlich (*homoios*). Die besondere Wesensart (*usia*) lege den Rang und die Glorie jedes der Wesen fest, so dass sie der Hypostase nach drei, der Übereinstimmung („Symphonia") nach aber eins seien.

Rom sah sich herausgefordert und trug Constans die Idee einer Reichssynode vor. Constans zitierte daraufhin im Frühjahr 342 Athanasius nach Mailand, wo er diesem eröffnete, er habe sich mit seinem Bruder Constantius auf eine „große" Synode geeinigt.

Serdica und der Beginn des Schismas

Die Freude im Westen war groß: Julius von Rom, Ossius von Cordoba, der sich gerade in Trier aufhielt, sowie die Verbannten glaubten sich am Ziel. Constantius, an den Perserfeldzug gebunden, hatte zugestimmt, dass die Konferenz in Sardica (Serdica = Sofia), das heißt im Reichsteil des Constans, wenn auch an der Grenze zu seinem eigenen Herrschaftsbereich, stattfinden solle. Für die ‚Orientalen' war der Beschluss weniger günstig, da ihr streitbarer Anführer Eusebius bereits 341 verstorben war. Wie sehr beiden Herrschern daran gelegen war, den Kirchenstreit beizulegen, zeigt die Tatsache, dass die Staatspost angewiesen wurde, die Bischöfe aus den entferntesten Kirchenprovinzen ähnlich den hohen Reichbeamten gratis durch Erteilung von Reisefreipässen (sogenannte *diplomata*) nach Serdica zu befördern. Im Herbst 342 trafen 76 ‚Orientalen' und circa 100 ‚Abendländer' in Serdica ein.

Das Datum 342 ist nicht sicher: Athanasius nennt in der *Apologia* das Jahr 342, in den Festbriefen das Jahr 343, Sokrates (Historia ecclesiastica 2, 20, 4) wiederum das Jahr 347. Die Mehrzahl der Forscher hat sich für 342 als Beginn der Synode entschieden.

Die Sitzung, an der Julius nicht teilnahm, begann mit einem Eklat: Während die ‚Orientalen' die Anerkennung der Beschlüsse von Tyros und Antiochia erwarteten, mussten sie feststellen, dass der Westen die Rehabilitierung des Athanasius und des Paulus von Constantinopel bereits vollzogen hatte und von den ‚Orientalen' die Anerkennung des römischen Jurisdiktionsprimates forderte. Deshalb verweigerten diese die Teilnahme an den Sitzungen und fanden sich zu einer getrennten Synode in Philippopolis (Plovdiv), das heißt im Reichsteil des Constantius II., zusammen. Von dort aus protestierten sie gegen das Vorgehen der ‚Abendländer' und exkommunizierten die führenden Bischöfe, darunter Julius von Rom, Ossius von Cordoba und Maximinus von Trier.

Die in Serdica verbliebenen Westbischöfe versuchten nun ihrerseits, die ‚Orientalen' als Häretiker darzustellen und exkommunizierten diese unter Verweis auf das „Glaubensbekenntnis" von Antiochia. Das eigene vorgelegte Glaubensbekenntnis betonte hingegen die Einheit der Dreifaltigkeit: „Wir bekennen, dass es nur einen Gott gibt, und dass die Gottheit des Vaters und die des Sohnes eine einzige ist" (Theodoret, Kirchengeschichte 2, 8, 45 ff.).

Das Glaubensbekenntnis des Westens

Auf Antrag des Ossius von Cordoba beschloss die Westsynode zudem, dass ein angeklagter oder abgesetzter Bischof sich an den Bischof von Rom wenden könne, der in letzter Instanz über die Richtigkeit des Urteils (*iudicium*) oder die Wiederaufnahme (*renovatio*) des Prozesses entscheiden solle (Canon 3). Ein Schreiben der Synode an Kaiser Constantius II. forderte diesen auf, sich aus Kirchenstreitigkeiten herauszuhalten, zumal er nicht „rechtgläubig" sei.

Die Macht des Bischofs von Rom

Natürlich lehnten die ‚Orientalen' diese Beschlüsse ab und erarbeiteten ihrerseits ein Glaubensbekenntnis, das sie gegen Rom wie auch gegen den Arianismus abgrenzte, und leiteten es Constans zu. Ferner wurde eine eigene Berechnung des Osterzyklus vorgelegt.

Das Konzil von Serdica bewirkte also das genaue Gegenteil von dem, was sich die Kaiser erhofft hatten: Es wurde zum Ausgangspunkt des Schismas, das die Kirche in eine „römische" und in eine „orthodoxe" aufspalten sollte.

Constans seinerseits stellte sich voll hinter die Beschlüsse von Serdica: Unter Androhung eines Krieges zwang er seinen Bruder Constantius, die rehabilitierten Bischöfe wieder in ihre Diözesen einzusetzen. Athanasius seinerseits blieb noch bis Herbst 345 im Westen und kehrte am 21. Oktober nach Alexandria zurück. Für Constans bedeutete Serdica einen Sieg über den Arianismus (und über seinen Bruder Constantius!). Serdica war aber auch ein wichtiger Schritt zur religiösen Einheit des Westens. So griff Constans auch in den Donatistenstreit in Nordafrica ein.

Die Donatisten in Nordafrica

Anlass dafür bot die Tatsache, dass die donatistischen Bischöfe den Beschlüssen von Antiochia/Philippopolis zuneigten. Aber die Ursachen der nordafrikanischen Unruhen lagen eher im sozialen Bereich. Vor allem die seit circa 340 auftretende donatistische Splittergruppe der Circumcellionen* erhob den Anspruch auf bibelgerechte Besitzgleichheit und stellte sich auf die Seite der Kleinbauern gegen die senatorischen Großgrundbesitzer, was blutige Auseinandersetzungen zur Folge hatte. Nordafrica aber war wichtig für die Kornversorgung Roms. So benützte Constans die Unruhen zugleich als Vorwand, gegen die donatistischen Kleriker vorzugehen. Als eine nach Karthago entsandte kaiserliche Untersuchungskommission und eine kaiserliche Kirchenspende mit der Frage zurückgewiesen wurde: „Was hat der Kaiser mit der Kirche zu schaffen?", ließ der brüskierte Constans am 15. August 347 die Canones von Serdica per Gesetz für Nordafrika verkünden; Widerstand wurde blutig unterdrückt. 348 berief Gratus, der Bischof von Karthago, eine Synode, in der er sich bei Constans für die Wiedergewinnung der Glaubenseinheit bedankte. 50 Bischöfe unterschrieben das Einigungsdekret, die Donatisten verschwanden im Untergrund, verbündeten sich jedoch mit den Berbern.

4. Die Usurpation des Magnentius

350	Usurpation des Magnentius und der Mord an Constans; die „Usurpation" des Vetranio zugunsten des Constantius II.; die Umtriebe des Nepotianus
351	Niederlage des Magnentius bei Mursa
353	Selbstmord des Magnentius, Einzug des Constantius II. in Lyon
354	Constantius II. kämpft am Oberrhein

Das Ende des Constans

Die Methoden, mit denen Constans seine Ziele durchsetzte, ließen mangelnde Sensibilität für gewachsene Verhältnisse erkennen, so dass die Ablehnung gegenüber dem Kaisers wuchs. Vor allem in Gallien, wo Constans nach und nach die Anhänger Constantins II. aus ihren Ämtern entfernt hatte, wuchs der Widerstand bei Beamtenschaft und Militär. Seine militärische Zurückhaltung gegenüber Franken und Alemannen verbitterte die Soldaten, die auf Beute gehofft hatten; die rigorose Steuerpolitik belastete Grundbesitzer, Städte, Händler und Handwerker, die Spione des Kaisers waren allgegenwärtig. Zudem trieb Constans offenbar in Übereinstimmung mit dem Episkopat die Christianisierung Galliens voran. So kam es, dass vermutlich mit Wissen und Duldung des *praefectus praetorio* Fabius Titianus die Revolte ausbrach. Die Verschwörer luden anlässlich einer Geburtstagsfeier nach Augustodunum (Autun), wo sie den Führer der Palastgarde, den *comes rei militaris* Flavius Magnus Magnentius, zur Usurpation drängten.

Die Usurpation des Magnentius

Als sich der Kaiser am 18. Januar 350 vor den Toren Autuns auf der Jagd befand, erschien Magnentius im Purpur. Die Stadt schloss die Tore und Constans floh in Richtung Spanien. Kurz vor den Pyrenäen wurde er bei dem Orte Helena (Elne) eingeholt und von dem Germanen Gaiso getötet, erst 27 Jahre alt. Constans wurde später im Mausoleum von Centcelles bei Tarragona beigesetzt, das ihm Constantius errichten ließ.

Magnentius war ein sogenannter „Halbbarbar", sein Vater Brite, seine Mutter eine Fränkin, vermutlich eine Laetin. Seine militärische Karriere hatte unter Constantin dem Großen begonnen, bis er unter Constans den Rang eines *comes* bei den Palasttruppen erreichte. Es zeugt von der Bedeutung dieser Halbgermanen beziehungsweise Germanen, dass er und nicht ein anderer General zur Usurpation ermutigt wurde.

Die „Usurpation" des Vetranio

Magnentius wurde in Gallien und Italien sehr schnell anerkannt. Nur in Pannonien erhob sich Widerstand. Dort hatte Constantina, die Tochter Constantins des Großen und Witwe des Hannibalianus im Einverständnis mit Constantius II. den *magister peditum* (General der Fußtruppen) des Constans, Vetranio, zur Usurpation aufgefordert. Die am 1. März 350 erfolgte Proklamation sollte das pannonische Heer auf der Seite des legitimen Kaisers Constantius II. halten, der gerade in Mesopotamien gegen die Perser kämpfte. Als Constantius nach einem Waffenstillstand mit den Persern im Spätjahr 350 in Thrakien erschien, zog ihm Vetranio nach Serdica entgegen und versicherte den Kaiser seiner Loyalität. Anlässlich einer gemeinsamen Truppenparade in Naissus (Nisch) am 25. Dezember 350 – dem fiktiven *dies imperii* Constantins des Großen – legte Vetranio den Purpur nieder und wurde dafür als „Staatspensionär" mit einer Villa in Prusa (Bithynien) belohnt, wo er sechs Jahre später starb. Die pannonische Diözese war somit für Constantius gesichert. Um aber Magnentius wirksam bekämpfen zu können, brauchte er in seinem Rücken Sicherheit. So ernannte er am 15. März 351 seinen Vetter Gallus in Sirmium zum Caesar des Ostens und verheiratete ihn mit Constantina, die so die Rolle einer Vertrauten des Constantius übernahm.

Nepotianus

Constantius hatte – vermutlich noch im Spätsommer 350 – durch Geldsendungen die Alemannen zum Einbruch in das Elsass aufgefordert, so dass Magnentius nun seinen Bruder (?) Decentius zum Caesar erhob. Magnentius selbst bezog Stellung bei Emona (Laibach) und trat in Verhandlungen mit Vetranio und Constantius ein. Inzwischen sammelte Flavius Popilius Nepotianus, Sohn von Constantins Halbschwester Eutropia, eine Bande von Räubern und Abenteurern um sich und besetzte Rom. Am 3. Juni ließ er sich zum Augustus ausrufen und errichtete ein Terrorregime, das aber bereits am 30. Juni ein blutiges Ende fand: Marcellinus, von Magnentius zum *magister officiorum** ernannt, drang Dank der Hilfe des Senators Herakleides in die Stadt ein, Nepotianus und seine Mutter wurden erschlagen, mögliche Anhänger Nepotians hingerichtet.

Die Herrschaft des Magnentius

Magnentius versuchte eine Politik des Ausgleichs, die allerdings eine klare Linie vermissen ließ. Selbst ein überzeugter Heide, hob er, wie eine Meilensteininschrift der Straße von Pavia nach Turin bekundet, unter dem Schlagwort „Befreier der römischen Welt, Wiederhersteller der Freiheit und des Staaswesens" (*liberator orbis Romani, restitutor libertatis et rei publicae*, Dessau 742) die strengen anti-heidnischen Gesetze des Constans teilweise auf. Damit wollte er vor allem den heidnisch gesinnten senatorischen Adel gewinnen. Auch Nordafrika schloss sich dem Usurpator an, da er sich von

Kirchenstreitigkeiten fernhielt. Andererseits suchte er ein gutes Einvernehmen mit den Christen und ließ eine erstaunlich große Menge Münzen prägen, die das Christogramm sowie A + Ω zeigen und die vor allem aus der Münzstätte Trier stammen. Aber während er bei Constantius um Anerkennung als Mitregent nachsuchte, nahm er gleichzeitig Kontakt auf zu Athanasius und Paulus von Constantinopel, um die Gegner des Kaisers zu mobilisieren. In Steuerfragen verhielt sich der Usurpator allerdings eher unnachgiebig: Um die nach Italien mitgeführten fränkischen und alemannischen Hilfstruppen bezahlen zu können, wurden Abgaben unerbittlich eingetrieben, Prozesse und Konfiskationen häuften sich.

Das Ende des Magnentius

Constantius hielt sich nach dem Rücktritt des Vetranio für militärisch stark genug, um gegen den Usurpator zu ziehen. Im Sommer 351 marschierte er entlang der Save gegen Emona, geriet jedoch auf der Passhöhe bei Celeia (Cilli – Celje) in einen Hinterhalt und zog sich nach Cibalae zurück. Als er nun Magnentius Verhandlungen anbot, verlangte dieser den Rücktritt, eine völlig unangemessene Forderung, da die Streitkräfte des Usurpators denen des Constantius weit unterlegen waren (36000 zu 80000). So entschlossen sich beide bei Mursa (Osijek) nahe dem Zusammenfluss von Drau und Donau zur Schlacht. Hier, im offenen Gelände, kam die in den Perserkriegen geschulte Reiterei des Constantius voll zur Entfaltung. Zudem gelang es ihm, den Führer der gegnerischen Reiterei, den Franken Silvanus, zum Überlaufen zu bewegen. Der so geschwächte Magnentius unterlag am 28. September und floh nach Italien, um die Pässe zu sichern. Aber seine Herrschaft in Italien begann zu bröckeln: Nicht wenige Senatoren flohen zu Constantius in Erwartung seines Sieges. Doch Constantius war vorsichtig: Er hatte in der Schlacht circa 30000 Mann verloren. Durch die ägyptische Flotte ließ er neue Soldaten in die Adria transportieren, die vom Po-Delta aus die Stellung des Magnentius angreifen sollten. Er selbst stieß dann im September 352 auf Aquileia vor, von wo Magnentius nur knapp entkam. Dieser gab Italien verloren und zog sich rechtzeitig vor Wintereinbruch nach Gallien zurück. Constantius verbrachte den Winter in Mailand, wo er die später von Julian sehr bewunderte Griechin Eusebia aus Thessalonica, eine eifrige Arianerin, heiratete.

Erneut bereitete sich Constantius mit aller Umsicht auf die Entscheidung vor: Seine Flotte sicherte Nordafrika und die Balearen, ein Kontingent besetzte die Pyrenäenübergänge bei Perpignan, um Magnentius ein Ausweichen nach Süden unmöglich zu machen. Auch in Gallien scheint sich Widerstand formiert zu haben. So soll Trier dem Caesar Decentius die Tore geschlossen haben. Constantius selbst griff erst im Juli 353 an und schlug den Usurpator auf dem Mons Seleucus (Montsaléon) an der Passstraße vom Mont Genèvre in die Narbonensis. Magnentius floh nach Lyon, wo er sich und seine Familie am 10. August tötete. Decentius, der 352 oder 353 einen Angriff der Alemannen im Elsass kaum hatte abwehren können, besaß zu wenig Soldaten, um dem Bruder zu Hilfe eilen zu können. Auf die Nachricht von der Niederlage am Mons Seleucus hin zog er sich nach Sens zurück und erhängte sich am 18. Juli. Constantius selbst zog am 6. September 353 in Lyon ein, wo er eine allgemeine Amnestie für diejenigen verkündete, die nicht unmittelbare Mitarbeiter des Usurpators gewesen waren.

Die militärische Lage am Rhein

Die Auseinandersetzungen zwischen Magnentius und Constantius waren für die Rheingrenze verheerend gewesen: Die Franken stießen gegen Köln vor, die Alemannen brachen auf breiter Front ins Elsass ein. So wurde 1961 an der Nordmauer des spätantiken Kastells Kaiseraugst, das zum Schutz der Rheinbrücke (nahe Basel) angelegt war, ein aus 250 Teilen bestehendes reinsilbernes Tafelgeschirr entdeckt, 1965 ein Schatz aus 180 Münzen, Medaillen und 3 Barren, die alle – sorgfältig verpackt – versteckt worden waren. Aufgrund der Münzen lässt sich eine Vergrabung um 352/3 feststellen, ein Beweis für den Einbruch der Alemannen, der sie – wie andere Spuren zeigen – bis in die Umgebung von Besançon geführt hatte. Ammian berichtet aus eigener Anschauung für das Jahr 356, dass sich damals entlang des Rheins kaum ein unzerstörter Ort fand, „außer die Stadt Rigomagus [Remagen], bei Confluentia [Koblenz] gelegen, ein Ort, der nach dem Zusammenfluss von Mosel und Rhein so genannt wird, und ein einzelner Turm nahe der Stadt Colonia [Köln] selbst" (Ammian, 16, 3, 1). Sicherlich war dies nicht alles unter Magnentius geschehen, lässt sich aber zu einem nicht geringen Ausmaß in die Zeit zwischen 351 und 353 datieren. Die Zustände an Rhein und Mosel mögen dann auch Constantius davon abgehalten haben, die (verwüstete?) Residenz Trier aufzusuchen. Vielmehr bezog er die vom Krieg unberührte „Nebenresidenz" Arles, wo er dann im Winter 353/4 seine Tricennalien* feierte.

Constantius II. alleiniger Augustus

Die Alleinherrschaft als Augustus gab Constantius II. die Möglichkeit, die ihm von Constans aufgezwungenen religiösen Beschlüsse zu revidieren. Bischof Liberius, Nachfolger des am 12. April 352 verstorbenen Julius, hatte wie Bischof Paulinus von Trier, Nachfolger des Maximinus, die Beziehung zu Athanasius aufrechterhalten. Nun berief Constantius eine Synode nach Arles, die unter dem Vorsitz des Ortsbischofs Saturninus tagte. Dort legte der Kaiser den Bischöfen den Entscheid vor, Athanasius wegen Konspiration zu verbannen und forderte deren Zustimmung gegen Androhung von Verbannung. Die Bischöfe unterwarfen sich mehrheitlich, nur Paulinus von Trier weigerte sich und wurde umgehend in den Osten verbannt. Auch Liberius lehnte die Beschlüsse ab, da hier Grundfragen der Rechtgläubigkeit betroffen waren. Vielmehr forderte er ein allgemeines Konzil. Constantius hatte gehofft, den Streit politisch austragen zu können und weigerte sich, dem Wunsch des Liberius nachzukommen.

Die Synode von Arles

Foedus mit den Alamannen

Im Frühjahr 354 begab sich Constantius an den Rhein bei Basel, um gegen die Alemannen zu kämpfen, die damals von den Königen Gundomar und Vadomar, zwei Brüder, angeführt wurden. Aber es war den germanischen Offizieren des Constantius, Agilo und Scudilo, die laut Ammian (19, 10, 8), „damals als seine rechte Hand den Staat lenkten", zu verdanken, dass ein *foedus* abgeschlossen werden konnte. Zwar wurde Agilo später des Verrats verdächtigt, doch konnte er alle Anschuldigungen überstehen und stieg 360 sogar zum Heermeister (*magister peditum praesentalis*) auf.

5. Constantius II. und Gallus

351 Constantius II. erhebt Gallus zum Caesar des Ostens und verheiratet ihn mit seiner Schwester Constantina, der Witwe des Hannibalianus.
353 Aufstand der Isaurier gegen die Gewaltherrschaft des Gallus; Gallus wird zur „Berichterstattung" zu Constantius beordert.
354 Tod der Constantina in Bithynien; Anklage und Hinrichtung des Gallus in Pola
355 Usurpation des Franken Silvanus

Gallus Caesar und Constantina

Constantius hatte, wie oben gesagt, seinen Vetter Gallus als Caesar nach Kleinasien gesandt, um mögliche Unruhen zu verhindern und die Perserfront zu beobachten. Ammian beschuldigt Gallus und dessen Ehefrau Constantina, „diese Megäre in Menschengestalt" (14, 1, 2), der Unberechenbarkeit und Grausamkeit, die die jedes Tyrannen übertraf. Tatsächlich war Gallus weder durch politische noch militärische Tätigkeit je auf seine Aufgabe vorbereitet worden und konnte damit den Wirkungsrahmen, den ihm Constantius zubilligte, nicht abwägen. Constantina ihrerseits, Schwester eines Augustus, gefiel sich in der Überzeugung, bei der Usurpation des Magnentius als „Retterin" des Constantius aufgetreten zu sein und wollte sich mit ihrer untergeordneten Stellung nicht zufrieden geben. Zwar hatte Constantius dem Gallus vertrauenswürdige Männer beigeordnet, so den *praefectus praetorio* Thalassius, doch der Caesar suchte ihren Einfluss gering zu halten. Durch erstaunliche Ungeschicklichkeiten verursachte er gravierende Unruhen, darunter ein Judenpogrom in Mesopotamien. Als Gallus einige freigeborene Isaurier zwang, in der Stadt Iconium (Conia) als Gladiatoren aufzutreten, kam es 353 zu einem Aufstand in dem von Isauriern bewohnten Taurusgebiet, der von dem *comes Orientis* Nebridius niedergeworfen werden musste. Auf die Nachricht hin, ein von Magnentius inspiriertes Komplott gegen Gallus sei aufgedeckt worden, kam es zu Hinrichtungen vor allem in Antiochia, die ohne rechtmäßiges Urteil durchgeführt wurden.

Thalassius sandte besorgte Berichte an Constantius, zumal man immer mit einem Angriff der Perser rechnen musste. So entschloss sich der Kaiser zunächst, Gallus den Oberbefehl über die Truppen zu entziehen und diese dem Heermeister Ursicinus zu unterstellen. Nach dem Tode des Thalassius Anfang 354 sandte Constantius den kaiserlichen *notarius* (Sekretär) Domitianus als neuen *praefectus praetorio* nach Antiochia, um Gallus zu bitten, zu ihm in den Westen zu reisen. Domitianus, dem der Redner Libanius eine niedrige Herkunft und schlechte Manieren zuschreibt (Oratio 42, 24ff.), sowie der ihn begleitende *quaestor* Montius traten Gallus mit solcher Arroganz entgegen, dass dieser die Soldaten aufwiegelte und beide umbringen ließ.

Der Hochverratsprozess gegen Gallus

Nun forderte der Kaiser Gallus und Constantina auf, zu ihm nach Mailand zu kommen. Als Gallus zögerte, schickte Constantius seinen Vertrauten Scudilo, „unter dem Deckmantel bäuerlicher Einfalt ein verschlagener Meister der Überredungskunst" (Ammian 14, 11, 11). Constantina begleitete ihren Mann wunschgemäß, starb jedoch an der Grenze zu Bithynien. Gallus hielt sich kurz in Constantinopel auf und nahm anlässlich eines Wagenrennens im Hippodrom die Siegerehrung vor. Constantius ließ ihn nun, um weitere öffentliche Auftritte zu unterbinden, unter Bewachung stellen. In Poetovio (Pettau) schließlich wurde Gallus von seinem eigenen *magister officiorum* Barbatio im Namen des Constantius verhaftet, der kaiserlichen Insignien entkleidet und nach Flanona bei Pola gebracht, wo ihm der Hochverratsprozess gemacht wurde. Dabei beging Gallus die Ungeschicklichkeit, die Hauptschuld der Constantina zuzuschieben. Mit der Verunglimpfung der Kaiserschwester aber unterschrieb Gallus sein eigenes Todesurteil: Er wurde Ende 354 mit nur 29 Jahren enthauptet, Constantina hingegen mit allen Ehren im Mausoleum an der Via Nomentana bei Rom bestattet.

Hinrichtung des Gallus

Constantius wusste nicht, wie weit andere Personen in die Umtriebe des Gallus verwickelt waren, ob Gallus vielleicht sogar eine Usurpation beabsichtigt hatte. Deshalb befahl Constantius – gründlich wie er war – auch Julian, nach Mailand zu kommen. Dort erfuhr dieser von der Hinrichtung des Bruders, und während er auf die eigene Anklage wartete, lernte er die Kaiserin Eusebia kennen und schätzen.

Die Usurpation des Silvanus

Noch vor der Ankunft Julians hatte Constantius Mailand verlassen. Im Frühjahr 355 war der Alemannenkönig Chnodomar in die Pfalz und den Hunsrück eingebrochen und verwüstete das Moselland. Constantius entsandte daraufhin den Heermeister Silvanus, der in raschem Vorstoß Chnodomar wie auch Franken, die gleichfalls die Gelegenheit zu Raubzügen benützt hatten, vertrieb. Anfang August 355 nahm Silvanus Quartier in Köln.

Silvanus, ein Franke, war dem Kaiserhaus schon lange verbunden. Sein Vater Bonitus war bereits Offizier unter Constantin dem Großen, er selbst vor der Schlacht bei Mursa zu Constantius übergelaufen. Nun aber wurde er von dem Heermeister Flavius Arbetio, auch dieser ein ehemaliger Offizier Constantins des Großen, beschuldigt, mit den Franken im Einvernehmen zu stehen. Obwohl das von Franken durchsetzte Offizierscorps für Silvanus Partei ergriff, war dessen Lage aussichtslos. Constantius war durch die vorangegangene Affäre misstrauisch geworden, Silvanus wiederum zu weit entfernt, um sich wirksam verteidigen zu können. So trat er die Flucht nach vorne an und nahm den Purpur auf.

Constantius reagierte umgehend: Er schickte den Heermeister Ursicinus, der sich seit 354 in Mailand aufhielt, nach Gallien und nach nur 29 Tagen „Herrschaft" wurde Silvanus getötet.

Germanen im Reichsdienst (Militärdienst)

Der Vorwurf der Konspiration des Silvanus mit den Franken klingt wenig überzeugend. So schreibt Ammian, Silvanus habe zunächst daran gedacht, zu den Franken zu fliehen: „Dies widerriet ihm aber der damalige Tribun Laniogaisus [selbst ein Franke], indem er ihm klar machte, dass die Franken, von denen er stammte, ihn entweder töten oder für Geld verraten würden" (Ammian 15, 5, 15f.).

Die im römischen Reichsdienst stehenden Germanen waren in eine Art Zwitterstellung geraten: Sie empfanden proömisch, wurden jedoch von den „echten" Römern als Barbaren eingestuft, wohingegen ihre Stammesangehörigen sie als „Römer" oder gar „Verräter" ansahen. Dass es sich im Falle des Silvanus um eine Reaktion „nationalrömischer" Offiziere gegen das germanische Element im Heer gehandelt hat, ist jedoch unwahrscheinlich. Das germanische Element im Heer war seit Constantin dem Großen zwar angewachsen, doch die hier betroffene Gruppe war zu klein, um diesen Schluss zuzulassen. Wenn wir uns die Offiziere um Constantius II. ansehen, so finden sich noch zahlreiche andere Personen, die, wie Ammian bemerkt, Franken oder auch Alemannen waren, die nach dem Sturz des Silvanus in ihren Ämtern verblieben. Andererseits wurden auch Römer (Romanen), die der Unterstützung des Silvanus angeklagt waren, hingerichtet. Es handelte sich somit eher um eine Hofintrige, deren Urheber das stets wache Misstrauen des Kaisers benutzten, um ihre Gegner zu beseitigen.

6. Julians Berufung zum Caesar

351 Julians Bekanntschaft mit Libanios und Maximus von Ephesus
355 Constantius II. erhebt Julianus zum Caesar des Westens; die Abreise nach Vienne

Die Beseitigung des Silvanus bot den Franken die Gelegenheit, Köln einzunehmen; Chnodomar und seine Alemannen verwüsteten weite Teile der Provinz Belgica Prima. Ursicinus seinerseits hatte Mühe, die vormals unter Silvanus stehenden Soldaten zu befehligen, zudem wurde er selbst am Hofe verleumdet. In dieser Situation entschloss sich Constantius, am 6. November 355 seinen Vetter Julianus als Caesar in den Westen zu schicken.

Julian war überrascht: In einer Art Ehrenhaft in Mailand festgehalten, wartete er auf die Erhebung der Anklage: Es wurde ihm vorgeworfen, seinen Bruder Gallus in Constantinopel getroffen zu haben. Vor allem der intrigante und machthungrige *praepositus sacri cubiculi** („Kämmerer") Eusebius versuchte, ein persönliches Treffen zwischen Kaiser und Julian zu verhindern, doch dank der Fürsprache der Kaiserin Eusebia kam dieses dennoch zustande und Julian wurde mit Wohlwollen wieder entlassen. Erneut säte Eusebius Misstrauen und wieder wurde Julian befohlen, sich zur Verfügung zu halten. Doch nach erneuter Fürsprache Eusebias erhielt er sogar die Erlaubnis, in Athen Rhetorik zu studieren.

Julian Caesar

Constantius, der offenbar unter der stetigen Furcht vor Usurpationen litt, fasste unter dem positiven Eindruck, den Julian bei ihm erweckt hatte, den Entschluss, ihn als seinen Repräsentanten nach Gallien zu senden und Ursicinus an die Seite zu stellen. So rief er Julian nach Mailand und vollzog dort die Investitur. Zudem verheiratete er ihn mit Helena, der jüngsten Kaiserschwester.

Die Erziehung und Bildung Julians

Erneut hatte Constantius einen Caesar gewählt, der außer seiner Zugehörigkeit zur constantinischen Familie keinerlei Eignung (*dignatio*) für seine Aufgabe mitbrachte. Julian, wie sein Bruder Gallus dem Blutbad von Constantinopel knapp entronnen, wuchs in Nicomedia auf, erzogen und bewacht von dem arianischen Bischof Eusebius, seinem Vormund, und Mardonios, dem ehemaligen Vorleser von Julians Mutter Basilina. Dieser weckte Julians Liebe zum Hellenentum. 345 musste Julian auf Befehl des

Constantius auf die kaiserliche Domäne Fundus Macelli in Kappadokien übersiedeln, wohin auch Gallus befohlen worden war. Aber die Brüder waren grundverschieden: Gallus begeisterte sich für Körperertüchtigung, Julian liebte Bücher und träumte von den Taten homerischer Helden. Er wurde nun der Aufsicht des arianischen Bischofs Georg von Kappadokien unterstellt, der regelmäßig dem Kaiser berichten musste. Georg öffnete aber dem wissbegierigen Knaben seine eigene Bibliothek, in der sich außer exegetischen Schriften auch solche griechischer und hellenistischer Philosophen befanden, die Julian mit Eifer studierte. Solches ‚weltfremde' Verhalten des ‚Stubengelehrten' bewog schließlich Constantius, Julian mehr Bewegungsfreiheit zuzugestehen, und dieser reiste zunächst nach Constantinopel (347), wo ihm als Angehörigen des Kaiserhauses und wegen seines bescheidenen Auftretens die Bevölkerung Sympathie entgegenbrachte. Deshalb befahl ihm Constantius, nach Nicomedia umzusiedeln. Julian, der sich auf die neue, aufstrebende Hochschule der Hauptstadt gefreut hatte, musste sich nun mit einer ‚Klitsche' begnügen. Erst als Gallus zum Caesar erhoben wurde, erhielt Julian eine Bewegungsfreiheit zurück, die es ihm erlaubte, andere berühmte Rhetoren und sogar Philosophen aufzusuchen.

Georg von Kappadokien

Philosophie und Rhetorik

Die Philosophie hatte einen nicht unwesentlichen Impuls durch die Werke des Jamblichos von Chalcis (* um 270, † um 330) erfahren, der in Apamea eine eigene Philosophenschule gegründet hatte. Jamblichos stand ganz in der Nachfolge des Neuplatonikers Plotin und dessen Schüler Porphyrios, aber er versuchte stärker als diese die Dämonologie und die damaligen Strömungen des Okkultismus in seine Philosophie einzubeziehen, indem er die Dämonen zu erkenntnisphilosophischen Helfern erklärte. Dies nähert ihn den Neupythagoräern an. So entwickelte Jamblichos einen systematisierten Rationalismus, den er vor allem auf die Philosophie Platons anwandte: Seine Forderung war, alle Aussagen auf der jeweiligen Ebene der Physik, der Ethik und der Metaphysik zu untersuchen, da nur diese drei Ebenen gemeinsam die platonische Wahrheit erkennen ließen. Damit erhielten die Philosophiezentren Athen, Antiochia, Alexandria, Pergamon, Ephesus und Nicomedia neuen Aufschwung, auch wenn sich Nicomedia gegenüber Constantinopel nicht durchsetzen konnte. In diesen Bereich gehört auch die Theurgie, die sogenannte „weiße Magie", die religionsphilosophischen Charakter besaß. Damit stand das Christentum mit seiner Theologie in scharfer Konkurrenz zum Heidentum, wenn auch mit unterschiedlichen politischen Ausgangspositionen und Zielen.

Neben der Philosophie gewann vor allem die griechische Rhetorik an Gewicht. Ausgehend von der späten Sophistik*, die den Dienst am Staat als wünschenswert hervorhob, verbanden die Rhetorenschulen nun Bildungstradition mit rhetorischer Ausbildung, die zur Bekleidung höherer Staatsämter befähigte.

Julians Weg in die Apostasie

In diese Zwitterwelt der Bildung geriet Julian vor allem in Nicomedia, wo der Rhetor Libanios eine eigene Schule eröffnet hatte. Julian war zwar der Besuch seiner Vorlesungen verboten, doch verschaffte er sich die Mitschriften. Gleichzeitig zeigte er sich als eifriger Kirchgänger und erreichte offenbar den Rang eines *levita* (Lektor; Sokrates 3, 1, 20), was die Taufe voraussetzt. Nach 351 schließlich suchte er vor allem Kontakt zu den Jüngern des

Maximus von Ephesus

Jamblichos. Am meisten beeindruckte ihn der Theurg Maximus von Ephesus, der ihm das asketische Dasein des Philosophen vorlebte, ihn aber auch in den Okkultismus des Hekate-Kultes einführte, und Julian ließ sich weihen. So wird Maximus von Ephesus zumeist der Erfolg zugeschrieben, Julian zum Abfall vom Christentum (Apostasie) geführt zu haben. Julian selbst nennt das Jahr 351 für dieses Ereignis: In seinem 362/3 verfassten Sendschreiben an die Alexandriner erklärte er:

Q

> Wenn ihr euch von mir ... leiten lassen wollt, so lenkt euch selbst zur Wahrheit zurück. Ihr werdet den richtigen Weg nicht verfehlen, wenn ihr einem Manne folgt, der bis zu seinem 20. Lebensjahr ebenfalls jenen [falschen] Weg gegangen ist und, siehe, nun mit der Gnade der Götter sich das zwölfte Jahr auf diesem [richtigen] befindet. (Bidez-Cumont n. 111 = B. K. Weiß n. 61)

Jedoch scheinen die Grundlagen bereits von Mardonios in Macellum und sicherlich durch die Vorlesungen des Libanios gelegt worden zu sein. Hinzu kam sicher, dass Julian die unentwegten Streitigkeiten und Eifersüchteleien der Christen erlebte, die dem Aberglauben ebenso nahe standen wie die Neuplatoniker dem Okkultismus. So folgte Julian schließlich dem „hehren" Anspruch der hellenistischen Bildung, einem Hellenentum, das er bei Homer ebenso suchte wie bei den Lehren der Akademie, auch wenn die Realität seiner Bücherwelt nicht entsprach.

Trotz aller Vorsicht blieb das Verhalten Julians seiner Umgebung nicht verborgen: Die Tatsache, dass er nach dem Sturz des Gallus der Zauberei bezichtigt wurde, was sich nur auf die Initiierung in die Hekate-Riten beziehen konnte, ist aufschlussreich.

Julian der „Bücherwurm"

Julian war somit, als er zum Caesar erhoben wurde, ein höchst belesener und gebildeter junger Mann, dessen Fähigkeit zum Regieren sich aus Büchern, nicht aus der Praxis herleitete. Und dieses scheinbare Manko wurde zum Stolz Julians: Er trachtete danach, wie uns Eutrop (10, 16, 3) überliefert, als zweiter Marc Aurel, das heißt Philosophenkaiser, zu gelten. Aber gerade die mangelnde Praxis scheint den Ausschlag gegeben zu haben, dass Constantius ihn zum Caesar erhob, und Ernst Stein hebt hervor, dass die Funktionen des neuen Caesars „purement décoratives" waren.

Julians Stellung als Caesar

Constantius, gewarnt durch das Verhalten des Gallus, hatte Julians Befugnisse genau definiert: Das Heer war seinem Kommando entzogen, ebenso die Finanzen, sofern sie nicht die Ausgaben des kaiserlichen Haushaltes betrafen. Alle Beamten waren vom Augustus ernannt und diesem verantwortlich. So gab es in der Umgebung des neuen Caesar nur zwei Personen, zu denen Julian ein Vertrauensverhältnis entwickelte: Oreibasios von Pergamon, sein Leibarzt und selbst dem Heidentum nahestehend, dessen Tagebuchaufzeichnungen der Historiker Eunapios auswertete und der wiederum die Grundlage für die Darstellung bei Zosimus bildete; die andere Person war der *quaestor* Flavius Sallustius, ein Gallier (oder Spanier?) von hoher Bildung, der Julians Neigung zur Philosophie teilte.

Julian besaß noch ein weiteres Handicap: Trotz großer Belesenheit waren seine Lateinkenntnisse nur mäßig, und er scheint diese Sprache auch nie im gleichen Maße gelernt oder gar geliebt zu haben wie das Griechische. Nun aber musste er sich in einem lateinisch sprechenden Reichsteil bewegen, und auch die Amtssprache war Latein. So gehörte Caesars *Gallischer Krieg* zur Lektüre Julians. Aber in den Augen des Constantius mochte der Fehler ein Vorzug sein: Er konnte rhetorische Auftritte Julians verhindern.

Am 1. Dezember 355 reiste Julian mit einer Eskorte von 360 Mann, die er eher als Bewacher denn als Begleiter empfand, nach Vienne, wo er von Beamten und Offizieren empfangen wurde. Ob zu ihnen der *protector domesticus* (Gardeoffizier) Ammianus Marcellinus gehörte, der 355 unter Ursicinus gegen Silvanus gekämpft hatte, ist nicht zu erweisen, aber wir wissen, dass er bis 357 in Gallien diente und dann in den Osten zurückkehrte.

Schon beim Überqueren der Alpen hatte Julian erfahren, dass die Franken Köln eingenommen hatten. Damit wurde er sofort mit der militärischen Realität konfrontiert.

7. Neue Kirchenprobleme im Westen

355	Arianisch geprägte Synode in Mailand
356	Die Synode von Béziers: Verurteilung der Anhänger des Athanasius
357	Rombesuch des Constantius; 1. Synode in Sirmium
358	2. Synode von Sirmium
358/9	Constantius siegt über Quaden und Sarmaten.
359	Neuer Persereinfall

Das Jahr 355 ist aber auch gekennzeichnet durch die Kirchenpolitik des Constantius. Der römische Bischof Liberius, unterstützt von Lucifer von Calaris, erreichte endlich beim Kaiser die Einberufung einer Reichssynode, um über die Frage der Rechtgläubigkeit zu befinden. Doch Constantius, dessen Herzenswunsch war, endlich die religiöse Einheit des Reiches zu erreichen und damit einen Auftrag Gottes zu erfüllen, bestimmte die Residenz Mailand zum Tagungsort und nicht, wie es Liberius gewünscht hatte, Aquileia. Die politische Absicht war klar: Der Kaiser, der persönlich zu dieser Synode eingeladen hatte, wollte über seine vertrauten Bischöfe Ursacius von Mursa, Valens von Singidunum und den Kappadokier Auxentius die Beschlüsse nach seinem Willen lenken. Einziges Zugeständnis war die Aufhebung der in Arles gefällten (Verbannungs-)Urteile.

Die Synode von Mailand

Trotz aller Erwartungen des Constantius war die Zusammenkunft vom Sommer 355 lediglich eine mäßig besuchte Synode des Westens. Erneut legte der Kaiser ein gegen Athanasius gerichtetes Urteil zur Unterschrift vor, aber die anwesenden Vertreter des Bischofs Liberius, Lucifer von Calaris und Eusebius von Vercelli, argwöhnten, dass unter dem Deckmantel eines personenbezogenen Prozesses die Anhänger des Nicaenums verurteilt werden sollten. Dies bestätigte sich, als Eusebius seinerseits den Synodalen das Symbolon von Nicaea zur Unterschrift vorlegte: Der Arianer Valens von Singidunum zerriss die Vorlage vor aller Augen. Daraufhin drohte die Bevölkerung Mailands, die die Sitzungen mit äußerster Aufmerksamkeit verfolgt hatte, die Versammlung zu stürmen. So verlegte der Kaiser die nun streng bewachten Sitzungen in seinen Palast. Als mehrere Bischöfe Einspruch erhoben, soll ihnen Constantius geantwortet haben: „Was ich will, das hat als Kanon zu gelten. Auch die Bischöfe Syriens lassen es zu, dass ich so spreche. Entweder ihr gehorchet, oder ihr werdet verbannt" (Athanasius, Historia Arianorum 33, 3). Dies war der klare Anspruch von ‚Caesaropapismus', der den Gegensatz zwischen Ost und West zum Ausdruck brachte und eine konsequente Weiterentwicklung von Constantins Haltung auf dem Konzil von Nicaea darstellt.

Bischöflicher Widerstand gegen den Kaiser

Dennoch verweigerten mehrere Bischöfe die verlangte Unterschrift: Paulinus von Trier, Eusebius von Vercellae, Lucifer von Calaris, Dionysius von Mailand, Rhodanus von Toulouse gingen (erneut) in Verbannung, ebenso Liberius von Rom. Selbst der hundertjährige Ossius von Cordoba wurde nach Sirmium befohlen, wo sich der Kaiser 356 aufhielt, und zur Unterschrift aufgefordert. Doch Ossius verweigerte sie mit dem Hinweis, dass nach dem Bibelwort „Gebt dem Kaiser, was des Kaisers ist und Gott, was Gottes ist", die kaiserliche Gewalt nicht über, sondern neben der der Kirche stehe. Hier war der Anfang der Lehre von den zwei Gewalten gelegt, die vor allem die abendländische Kirche beeinflussen sollte.

Sieg der Arianer

In Gallien war Hilarius von Poitiers Führer des Widerstands, obwohl kaiserliche Beauftragte von Ort zu Ort reisten, um die Unterschrift des „Athanasius-Urteils" zu erzwingen. Schließlich verkündete Bischof Saturninus von Arles 356 auf der Synode von Baeterrae (Béziers) dessen Verbannung. Hilarius ging für vier Jahre nach Phrygien, der Arianer Auxentius wurde Ortsbischof von Mailand.

Aufruhr in Alexandria

Schwieriger erwies sich der Vollzug des Verbannungsurteils an Athanasius: Als ihm Ende August 355 das Urteil zugestellt wurde, brach in Alexandria ein Volksaufstand aus, sodass Constantius die Stadt im Januar 356 durch Legionen besetzen ließ. Athanasius, der sich in der sogenannten Großen Kirche (Thomas-Kirche) verbarrikadiert hatte, floh schließlich in der Nacht zum 9. Februar, agitierte aber aus dem Untergrund weiter. An seine Stelle trat Georg von Kappadokien, einst Lehrer Julians. Doch in Alexandria wüteten regelrechte Straßenschlachten, so dass Georg schließlich am 2. Oktober 358 aus der Stadt floh.

Constantius in Rom

Constantius hatte scheinbar einen Sieg errungen. Nun endlich, anlässlich der bevorstehenden Vicennalien seiner Erhebung zum Augustus, entschloss sich der Kaiser, die alte Hauptstadt Rom zu besuchen. Am 28. April 357 hielt er seinen feierlichen Einzug mit einer Prachtentfaltung, wie sie die Stadt seit Menschengedenken nicht erlebt hatte. Der Besuch des Kaisers – er sei wie ein Triumphator in eine eroberte Stadt eingezogen! – wird von Ammian (16, 10) genau beschrieben, die Auswirkung auf Senat und Heidentum von Q. Aurelius Symmachus in seiner berühmten „3. Relatio", in der er 384 von Kaiser Valentinian II. die Wiederaufstellung der *ara Victoriae* im Senat erbat. So beeindruckt Constantius von der Pracht Roms war, vor allem vom Forum Traiani, dem Capitol und dem Flavischen Amphitheater, so sehr waren es die Römer von der ‚kaiserlichen Haltung' des Herrschers, die zum Ideal der Herrscherpersönlichkeit selbst geriet.

Q

Die kaiserliche Haltung
(Ammian 16, 10, 9–10)

Der Augustus zeigte sich bei dem Glück verheißenden Geschrei, von dem Berge und Ufer donnernd widerhallten, so unbeweglich, wie man es bereits in seinen Provinzen an ihm festgestellt hatte. Doch obwohl klein von Gestalt, beugte er sich beim Durchqueren der hohen (Stadt-)Tore; er hielt, als ob sein Hals von einem Panzer umgeben sei, den Blick starr geradeaus und wandte das Gesicht weder nach rechts noch nach links; gleich wie eine menschliche Statue sah man ihn niemals beim Stoß des Rades schwanken, niemals spucken, niemals Mund und Nase berühren oder reiben, niemals mit der Hand eine Bewegung machen."

Ammian schreibt diese Haltung der ungewöhnlichen Selbstbeherrschung zu, sieht darin aber auch einen typischen Charakterzug des Kaisers, der sich so stilisiert, dass nichts Menschliches an ihm ist, er mit dem „Pöbel" nichts gemein hat. Aber gerade der Ausdruck Ammians „wie man es bereits in seinen Provinzen an ihm festgestellt hatte" (*qualis in provinciis suis visebatur*) zeigt, dass das „starre" Verhalten Teil des Kaiserzeremoniells war, „byzantinisch", wie es dann von späteren Kaisern ebenfalls beachtet wurde.

Der Eindruck, den das heidnisch geprägte Rom auf den Kaiser machte, äußerte sich vor allem darin, dass Constantius die alten Privilegien der Stadt, das heißt Steuerfreiheit und Getreideabgabe an die Armen bestätigte, aber auch darin, dass er die alten Priesterämter mit Personen aus hochangesehenen senatorischen Geschlechtern besetzte:

Q

Jener hat den heiligen Jungfrauen keines ihrer Privilegien entzogen, hat den Adligen Priesterämter zugewiesen, den römischen Kulten die Zuschüsse nicht verweigert, und er folgte dem hocherfreuten Senat durch alle Straßen der Ewigen Stadt, hat mit ruhigem Gesichtsausdruck die Heiligtümer angeschaut und die in die Giebel eingemeißelten Götternamen gelesen. Er ließ sich den Ursprung der Tempel darlegen, bewunderte die Erbauer und, obwohl er selbst einem anderen Glauben anhing, hat er diese [doch] dem Reich erhalten. (Symmachus 3, 7)

Es zeigt sich, dass der Kaiser in seiner Eigenschaft als *pontifex maximus* seiner Kultpflicht nachkam, aber man kann sich des Eindrucks nicht erwehren, dass er in Rom weniger die Verkörperung des Reiches sah als eine Art Museum der Vergangenheit, das als Nationaldenkmal erhalten bleiben musste. Und so beschuldigen weder Ammian noch Symmachus den Kaiser, den Altar der Victoria, das Symbol des unbesiegbaren Roms, aus dem Senatsgebäude entfernt zu haben. Hingegen ließ Constantius einen Obelisk im Circus Maximus aufstellen.

Der senatorische Adel und das Heidentum

Dem vorsichtig toleranten Verhalten des Kaisers schien eine Art geistige Wiedergeburt des Heidentums zu folgen. Gerade in Rom zeigte sich, dass das Heidentum zunehmend zu einem geistigen Refugium des senatorischen Adels geworden war, jedoch nicht mehr die Kraft eines „Volksglaubens" besaß. Für den Senatorenstand bedeutete das Heidentum nicht nur politische Tradition gegenüber dem „Neuen Rom" Constantinopel, sondern auch Bewahrung eines geistigen Erbes, das die christliche Kirche als gefährlich, ja sogar als korrumpierend verstärkt ablehnte. Es ist nicht ganz verfehlt, wenn manche modernen Historiker von einer „Bildungsfeindlichkeit" der christlichen Kirche sprechen. Aber die Tatsache, dass Constantius die antiheidnische Gesetzgebung nicht weiter verschärfte, lässt sich auch nicht als Toleranz gegenüber dem Heidentum schlechthin deuten: Constantius war sich seines christlichen Auftrags voll bewusst.

Die Synode von Sirmium

Am 29. Mai 357 begab sich der Kaiser nach Sirmium, da die Sarmaten (Argaraganten) über die Donau eingebrochen waren. Zuvor aber wollte Constantius die von ihm erstrebte Einheit des Glaubens für Ost und West verbindlich durchsetzen. So berief er im Herbst 357 eine Synode nach Sirmium, der er unter dem Einfluss der Bischöfe Ursacius und Valens eine Einigungsformel vorlegen ließ. Diese sogenannte „2. sirmische Formel" verbot den Gebrauch der Begriffe *homousios** (wesensgleich) und *homoiusios** (wesensähnlich) als nicht in der Bibel bezeugt, sowie Spekulationen über das Wesen (*usia*) Christi. Doch der Westen erachtete dies als „Freibrief" für die Arianer, der Osten als Angriff auf die Synode von Ankyra (Ostern 357), wo sich die „Gemäßigten" auf den Begriff *homoiusios* geeinigt hatten. Beide wandten sich an den Kaiser, der für 358 zu einer 2. Synode nach Sirmium lud. Dort ließ er zwar erkennen, dass er den Homoiusiern zuneigte, ließ jedoch eine Formelsammlung erstellen, die so wenig aussagekräftig war, dass sie sogar Liberius von Rom unterschreiben konnte. Nur die Verurteilung des Anastasius blieb bestehen. Constantius war zufrieden, obwohl jedem klar war, dass die Einigung von Sirmium lediglich ein schwacher Kompromiss war. So verhandelte Constantius im Frühjahr 359 mit den Orientalen über die Abhaltung einer Synode für den griechischen Osten.

Konflikte im Osten

Inzwischen besiegte Constantius 358 zunächst die Quaden, dann die Sarmaten und deren Stammesverwandte, die Limiganten. Doch bereits 359 wurde ein zweiter Krieg notwendig. Nun boten die Limiganten ihre Unterwerfung (*deditio*) an, wenn sie in römischem Gebiet angesiedelt würden, suchten jedoch Constantius in einem Hinterhalt zu töten. So kam es zu einem dritten Krieg, der allerdings nicht zu Ende geführt werden konnte, da der Kaiser sich an die Perserfront begeben musste.

Im Orient hatte der *praefectus praetorio* Strategius, der wegen seiner Gelehrtheit den Beinamen Musonianus trug, nach dem Weggang des Gallus versucht, den persischen Waffenstillstand in einen echten Frieden umzuwandeln. Die Voraussetzungen schienen günstig: Schapur II. musste die Chioniten bekämpfen, Armenien stand so weit unter den Einfluss Roms, dass der dortige Herrscher Arsakes III. bei Constantius um die Hand der Olympias, der ehemaligen Verlobten des Constans, bat. Mit der Hochzeit 357 (?) wurde Arsakes zum engen Verbündeten der Römer. Von den zunächst auf unterer Ebene geführten Verhandlungen erfuhr Schapur erst, als er eine Einigung mit den Chioniten erreicht hatte. So schrieb er im Vollgefühl seines Erfolges einen Brief an Constantius, der vom Kaiser zurecht als anmaßend zurückgewiesen wurde.

Q

Eine Kaiserkorrespondenz.
Der Brief Schapurs
(Ammian 17, 5, 3–8)

(3) Ich Schapur, König der Könige, Genosse der Gestirne, Bruder von Sonne und Mond, entbiete meinem Bruder Kaiser Constantius viele Grüße. Ich freue mich und sehe es mit Wohlgefallen, dass du endlich auf den richtigen Weg zurückgekehrt bist und die unverfälschte Stimme der Mäßigung erkannt und aus den Ereignissen selbst gelernt hast, welches Unheil die hartnäckige Gier nach Fremdem schon häufig angerichtet hat. (4) Weil nun die Stimme der Wahrheit ungebunden und frei sein muss und es sich bei herausgehobener Stellung geziemt, ebenso zu sprechen wie man denkt, will ich meinen Vorschlag in wenigen Worten zusammenfassen, zumal ich mich erinnere, das, was ich sagen werde, wiederholt vorgetragen zu haben. (5) Dass meine Vorfahren alles bis zum Fluss Strymon und bis an die Grenzen Makedoniens besaßen, bezeugen auch eure Geschichtsbücher. Dies einzufordern steht mir zu – und es ist, wie ich versichere, keinesfalls anmaßend –, zumal ich an Glanz und der Reihe ausgezeichneter Tugenden die alten Könige überrage; zudem trage ich den aufrichtigen Sinn in meinem Herzen, dem ich mich seit frühester Jugend verbunden fühle, so dass ich nichts zu bereuen habe, was ich getan habe. (6) Daher bin ich verpflichtet, Armenien und Mesopotamien zurückzugewinnen, was meinem Großvater durch schlauen Betrug entrissen worden war. Von uns wurde niemals akzeptiert, woran ihr mit großem Frohlocken festhaltet, dass ohne zwischen Tapferkeit und Hinterlist zu unterscheiden jeder glückliche Ausgang der Kriege zu loben ist. (7) Schließlich: Willst du meinem guten Rat folgen, so schau nicht auf das kleine Stückchen Land, das immer Verdruss und Blutvergießen brachte, um über das Übrige in Sicherheit zu regieren. Denke klug daran, dass auch Heilkünstler nicht selten ausbrennen, schneiden und Gliedmaßen amputieren, um die übrigen unbeschadet gebrauchen zu können. Auch die wilden Tiere verfahren so: Wenn sie bemerken, warum man sie mit großem Aufwand fangen will, geben sie ihr Eigentum freiwillig auf, um hernach ohne Furcht leben zu können. (8) Dies verkünde ich dir ganz offen: Sollte meine Gesandtschaft unverrichteter Dinge zurückkehren, werde ich nach Ende der ruhigen Winterzeit mit aller Heeresmacht und in der Hoffnung auf das Kriegsglück und den Erfolg meiner billigen Bedingung bauend, in größt möglicher Eile heranziehen.

Q

Das Antwortschreiben des Kaisers
(Ammian 17, 5, 10–14)

(10) Ich Constantius, Sieger über Land und Erde, immerwährender Augustus, entbiete meinem Bruder König Schapur beste Grüße. Ich beglückwünsche dich zu deinem Wohlbefinden, wenn du willst auch künftighin als dein Freund; doch muss ich deine unbeugsame und immer weiter um sich greifende Gier heftig rügen. (11) Du forderst Mesopotamien als dein Eigentum und ebenso Armenien und rätst, vom gesunden Körper einige Glieder abzutrennen, damit sein Wohlbefinden schließlich auf einer guten Grundlage basiere, was man eher zurückweisen als durch irgendeine Zustimmung bestätigen muss. Akzeptiere daher die Wahrheit, die nicht hinter Vorgeblichem versteckt sondern deutlich ist und sich durch keine eitlen Drohungen schrecken lässt. (12) Mein *praefectus praetorio* war der Ansicht, er nehme

ein dem Staate nützliches Werk in Angriff, als er mit deinem Feldherrn ohne Rücksprache mit mir durch irgendwelche unbedeutende Leute [= auf unterer Ebene] Friedensgespräche aufnahm. Wir stehen dem nicht entgegen noch lehnen wir den Frieden völlig ab: Er muss nur anständig und ehrenhaft sein und darf nicht unserer Selbstachtung oder Majestät Abbruch tun. (13) Es ist nämlich missklingend und ungeziemend, jetzt, da durch eine Reihe von Taten uns vielfacher Ruhm eingebracht wurde – die Ohren des Neides mögen es mit Fassung tragen! –, nun, da nach der Vernichtung von Tyrannen [= Usurpatoren] die ganze römische Welt uns gehorcht, das zu verraten, was wir, beschränkt auf die engen Grenzen des Ostens [das heißt noch als Augustus des Ostens], so lange ungeschmälert bewahrt haben. (14) Lassen wir also, bitte, die Einschüchterungen, die uns gewohnheitsmäßig befallen, da es doch keinen Zweifel gibt, dass wir nicht aus Unfähigkeit, sondern aus Zurückhaltung Schlachten inzwischen eher angenommen statt geführt haben, und jedes Mal, wenn wir angegriffen wurden, unseren Besitz mit höchstem Mute bester Gesinnung verteidigten, da wir aus eigener Erfahrung und Lektüre wissen, dass die Sache Roms nur selten im Kampfe schwankte, in der Gesamtheit der Kriege hingegen sich niemals zum Schlimmen wandte.

Schapur stieß im Frühjahr 359 mit einer riesigen Armee – die Quellen sprechen von 100000 Bewaffneten – über den Euphrat gegen Amida vor, das nach zweimonatiger Belagerung fiel.

Constantius erkannte, dass die im Orient stehenden Truppen keinesfalls ausreichten, da er Teile davon zum Kampf gegen Magnentius in den Westen geführt hatte. So entschloss er sich, selbst in den Osten zu gehen und forderte Julian auf, ihm Truppen von der Rheinfront zu schicken, da diese dort Dank der Leistung des Caesars jetzt entbehrlich seien. Als Julian, der sich gerade in seinem Winterquartier Paris befand, den Brief erhielt und den anwesenden Kommandeuren vorlegte, meuterten diese und riefen Ende Februar 360 Julian zum Augustus aus. Das, was Constantius hatte vermeiden wollen, eine Annäherung zwischen Caesar und Heer, war eingetreten.

8. Der Caesar Julian

357	Erfolgreiche Schlacht bei Straßburg gegen die Alemannen
358	Krieg gegen salische Franken, ihre Ansiedlung in Toxandrien
360	Julian erscheint während seiner Quinquennalien in Vienne erstmals im Purpur des Augustus.
361	Nach der Epiphaniefeier in Vienne erfolgt der offizielle Bruch mit dem Heidentum. Julians Krieg gegen Constantius II.; Constantius stirbt in Mopsucrenae und bestimmt testamentarisch Julian als Nachfolger.

Julian in Gallien

Nach der Ankunft in Vienne ließ sich Julian umgehend über die militärische Lage am Rhein und in Nordgallien informieren. Sofort wurde klar, dass der

Caesar sich nicht mit einer ausschließlich repräsentativen Aufgabe begnügen wollte. Möglicherweise übertreibt Julian etwas, wenn er später in dem Brief an die Athener, in dem er seine Usurpation rechtfertigte, davon spricht, dass die Barbaren (Alemannen, Franken) einen Streifen von 900 Stadien (circa 160 km) in unbewohnbares Niemandsland verwandelt hätten (Julian, Ep. an die Athener 279A ed. Bidez). Mit Sicherheit ist nachzuweisen, dass das Elsass und die Pfalz dem Feind völlig ungedeckt offen standen. Im Sommer 356 erhielt Julian den Befehl, das Hauptquartier in Reims aufzusuchen. Constantius beabsichtigte, in einem konzentrischen Angriff auf das Elsass die Alemannen zu vertreiben, was aber mit dem Verlust der Städte von Straßburg bis Mainz endete. Gegen eine beachtliche Ablösesumme gelang es wenigstens, Köln von den Franken zurückzugewinnen. Nach diesen Kriegen war das Grenzgebiet nicht mehr in der Lage, die Truppen zu versorgen, so dass ein Winterlager im Inneren Galliens gesucht werden musste. Julian hielt sich *apud Senones* auf, eine Ortsangabe, die sich auf Sens wie auf den bei Reims gelegenen Ort Senon beziehen kann, und wurde dort von den Alemannen eingeschlossen. Als der Heermeister Marcellus den Entsatz verweigerte, musste sich der Caesar selbst mit wenigen Bewaffneten der Belagerer erwehren. Hier zeigte sich zum ersten Mal das Talent Julians, Soldaten zu begeistern und im Kampf anzuführen; die Alemannen zogen ab. Als Constantius von dem merkwürdigen Verhalten des Marcellus erfuhr, berief er diesen im Frühjahr 357 von seinem Posten ab und übergab den Oberbefehl Julian persönlich. Unter Anleitung erfahrener Offiziere, unter ihnen auch der neu ernannte Heermeister Severus, entwickelte sich der Caesar zu einem Feldherrn, der zunehmend auf die unbedingte Loyalität seiner Truppen zählen konnte. Ende August 357 besiegte er in seiner ersten großen Schlacht bei Straßburg die Alemannen, die sich in einer Allianz von sieben Königen unter Führung Chnodomars zusammengeschlossen hatten. Das Heer Julians bestand weitgehend aus gallischen und belgischen Hilfstruppen, verstärkt durch eine Abteilung regulärer Panzerreiter. Der Sieg war somit vor allem den ‚Galliern' und der Fähigkeit Julians zu verdanken, und dieser begann, an eine Bevorzugung durch die Götter zu glauben.

Schlacht bei Straßburg

Nach einem Feldzug gegen die Franken schlug Julian sein Winterquartier in Paris auf, das auf der Seine-Insel genügend geschützt war. Im Frühjahr 358 musste er erneut gegen die Franken ziehen. Ammian spricht von Saliern, die zusammen mit den Chamaven das Gebiet von Brabant verheerten. In Einzelaktionen wurden sie geschlagen, wobei Julian mit dem Frankenführer Charietto ein *foedus* abschloss: Er überließ den Franken Toxandrien (Nordbrabant) als Siedlungsgebiet. Die Rheinkastelle Qualburg, Neuss, Bonn, Andernach, Bingen wurden wieder hergestellt, Julian selbst überquerte mehrfach bei Mainz den Rhein. Seine Restitutionspolitik war so erfolgreich, dass der Landflucht Einhalt geboten werden konnte. Getreide wurde per Schiff auch aus Britannien in die Gebiete am Rhein gebracht, so dass den Truppen eine bessere Verpflegung möglich war und die Landwirtschaft sich zu erholen begann.

Julians Usurpation

Diese Erfolge, die zu einer engen Bindung von Caesar und Heer führten, waren Constantius natürlich bekannt. Die Tatsache, dass die Germanen Roms Waffen wieder respektierten, die Alemannen im Streit mit den Burgunden um die Salzgewinnung bei Schwäbisch Hall Julian sogar als

Schiedsrichter anriefen, veranlasste Constantius zu der richtigen Ansicht, dass die kampferprobten Verbände nun im Osten notwendiger seien. Aber Constantius hatte sich in Gallien Feinde geschaffen, nicht zuletzt durch das Vorgehen gegen Silvanus. Als daher Julian das kaiserliche Schreiben vorlegte, meuterten die Soldaten und riefen ihn zum Augustus aus. Julian zögerte und versuchte die Soldaten zu beruhigen.

Q

Ausrufung Julians zum Augustus
(Ammian 20, 4, 17)

Nichtsdestoweniger erhob sich daraufhin von allen Seiten Geschrei, und mit ein und demselben leidenschaftlichen Eifer gab sich jeder Mühe, so dass sich der Cäsar, zumal inmitten des lauten Getümmels bereits Drohungen und Schmährufe zu hören waren, zur Zustimmung gezwungen sah. Man stellte ihn auf einen Schild, wie er beim Fußvolk üblich ist, hob ihn empor, rief ihn, wobei keiner schwieg, zum Kaiser aus und befahl ihm, sein Diadem hervorzuholen.

Julian hielt sich, wie Ammian zeigt, an das Ritual der „Zögerns" (*haesitatio*), um nicht als machtgierig zu gelten, das Kennzeichen des Tyrannen. Später berichtete er, in der Nacht sei ihm der *Genius populi Romani* erschienen und habe ihn zur Annahme des Auftrages gemahnt. Julian versprach den Truppen, sie in Gallien zu halten und sandte einen Brief an Constantius, in dem er ihm von den Geschehnissen Mitteilung machte, den Kaiser seiner Loyalität versicherte und um Anerkennung des Willens der Truppen nachsuchte.

Constantius reagierte vorsichtig: Er mahnte Julian in seinem Antwortschreiben, sich mit dem Caesarrang zu begnügen, und ernannte aus dem Kreis von Julians Beamten einen neuen *praefectus praetorio*, andere tauschte er durch Neuernennungen aus. Aber er beharrte auf seiner Forderung und der Treuepflicht Julians. Julian akzeptierte die Ernennungen, nicht aber die Entsendung von Truppen. Vielmehr unternahm er 360 einen Feldzug gegen die Chattuarier, die er nach seinem Sieg teilweise auf dem Plateau von Langres ansiedelte. Es war eine bereits öfters geübte Politik, durch Ansiedlung von Germanen als Laeten* die Landwirtschaft wie das Steueraufkommen zu heben und gleichzeitig die Verteidigung zu stärken.

Julians Apostasie

Julian selbst reiste nach Vienne, wo er sein Winterquartier bezog. Dort feierte er am 6. November seinen fünften *dies imperii*, die Quinquennalien. Aus diesem Anlass erschien er erstmals im vollen Purpur eines Augustus: die Usurpation war vollzogen. Mit diesem Schritt aber erfolgte auch der endgültige Bruch mit dem Christentum. Doch – so sagt Ammian (21, 2, 5) wohl richtig – erschien er am 6. Januar 361 anlässlich der Epiphanie-Feier in der Kirche, um nicht die Christen seiner Umgebung zu verprellen. Aber die Apostasie war innerlich schon längst vollzogen.

Kampf um die Herrschaft

Natürlich konnte Constantius diese Herausforderung nicht hinnehmen; wiederum begann der Kampf um die Macht. Constantius war von Antiochia nach Edessa gereist, um die Verteidigung der Ostgrenze zu reorganisieren. Für eine offene Feldschlacht mit den Persern fühlte er sich noch zu schwach, erst mit dem Eintreffen der gallischen Kontingente sollte die Offensive beginnen. Das Verhalten Julians brachte ihn daher in eine schwierige politische wie militärische Lage. Noch wollte er die Auseinandersetzung vermeiden, indem er Julian weiterhin offiziell als Caesar ansprach. Aber die verdeckte Absicht, auf diese Weise Julians Verhalten in legale Bahnen zu lenken, sah er bald getäuscht.

Julian sammelte im Frühjahr 361 sein Heer bei Augusta Raurica (Augst) gegen die Alemannen, ließ aber deren Führer Vadomar während einer Unterredung überfallen und nach Spanien deportieren; die Alemannen zogen sich zurück. Julian ließ nun die Kommandeure auf seine Person vereidigen und vollzog so den endgültigen Bruch mit Constantius. Dann marschierte er durch Oberitalien ins Illyricum, besetzte den Pass von Succi und schlug sein Hauptquartier in Naissus auf, der Geburtsstadt Constantins des Großen.

Constantius hatte mit voller Überlegung gehandelt und durch sein Verhalten Julian ins Unrecht gesetzt. Julian gibt dies nicht nur selbst zu erkennen, indem er sich in mehreren Briefen an Vertraute oder an die Ratsversammlung (Boulé) von Athen für seine Tat rechtfertigte. Er musste sich auch den Vorwurf gefallen lassen, gegenüber Constantius Treu und Glauben (*fides* und *pietas*) verletzt zu haben. Der römische Senat brachte dies sehr deutlich zum Ausdruck, als sich Julian in einem Brief über die schlechten Handlungen und Laster des Constantius (*probra … et vitia*) beschwerte: „Da rief man nämlich einstimmig, und alle stimmten in dieser Auffassung überein: ‚Wir verlangen mehr Ehrerbietung gegenüber Deinem Urheber [als Caesar]'" (Ammian 21, 10, 7). Julians Handlungsweise fand also keineswegs überall Zustimmung und man warf ihm Verrat vor, als das Reich gerade bedroht war. Ein Teil der hohen Beamten, einschließlich der Consuln, floh zu Constantius, Afrika erklärte sich für den Augustus, Aquileia, wo Julian einen Stadtkommandanten einsetzte, vertrieb die Besatzung.

Julian selbst blieb in Naissus stehen: Der Marsch war schlecht geplant und er hatte mit circa 23 000 Mann zu wenig Soldaten, um in raschem Vorstoß Constantinopel zu erreichen. Das Heer entsprach zwar ungefähr dem „Ausgangskontingent" eines Alexanders des Großen, war aber zersplittert in Besatzungs- und Angriffstruppen. Der Widerstand in den Provinzen regte sich, die Versorgung bereitete Schwierigkeiten, da die aus Afrika angeforderte Getreideflotte zu Constantius nach Kleinasien weitergesegelt war.

Tod des Constantius

Constantius selbst kehrte im Juli zurück nach Antiochia, wo er die Truppen erneut auf seine Person vereidigen ließ. Vermutlich um seine Sicherheit und Überlegenheit zu demonstrieren, heiratete er dort in zweiter Ehe Faustina, bevor er Ende Oktober gegen Julian zog. Zuvor hatte er erfahren, dass die Perser sich überraschend hinter den Euphrat zurückgezogen hatten, so dass er freie Hand hatte. Doch unterwegs erkrankte der Kaiser in Tarsus. Er ließ sich nun vom Bischof von Antiochia taufen und starb bald darauf in dem eine Tagesreise entfernten Mopsucrenae am 3. November, erst 44 Jahre alt.

Constantius, der sich selbst als Werkzeug Gottes sah und alles, was ihm widerfuhr, als gläubiger Christ dem Wirken Gottes zuschrieb, sah auch in der Revolte Julians ein Zeichen der Allmacht. Und so, um nicht das Reich in einen Bürgerkrieg zu stürzen, bestimmte er Julian in seinem Testament zum Erben und Nachfolger der Dynastie, empfahl ihm zudem seine junge

Gattin, die er selbst der Obhut des Heermeisters Agilo anvertraut hatte. Wenige Monate später wurde seine Tochter Constantia geboren, die später den Kaiser Gratian heiratete.

Versuch einer Bewertung

Obwohl der Historiker Ammian in Buch 21, 16 den Kaiser mit einer Charakter- und Leistungsstudie fast objektiv würdigt, ist Constantius nur schwer zu beurteilen, da ihn unsere heidnischen und (Rom-)christlichen Quellen eher negativ darstellen, ihm Despotismus, Grausamkeit und krankhaftes Misstrauen vorwerfen; manche modernen Historiker sprechen von „Byzantinismus", das heißt übertrieben herrscherliches Auftreten und Machtbewusstsein; auch wird meist hervorgehoben, dass er die Geheimpolizei (*agentes in rebus**, eigentlich Kommissare) vermehrt habe, jedoch seine Bemühungen um die Einheit des Reiches im Christentum werden weniger objektiv gewürdigt. Constantius war ein „bemühter" Kaiser, ein Herrscher, der rastlos seine Präsenz im Reich unter Beweis stellte, seine Kriege, wo immer möglich, selbst führte. Er wollte das Werk des Vaters in Verwaltung, Heer und Rechtsprechung fortsetzen und war zudem um mehr Gerechtigkeit, um größere Steuererleichterung bemüht. Dass er Constantinopel und dessen Senat (die „Sýnkletos") so weit förderte, dass wir nun von einer zweiten Reichshauptstadt gleichen Ranges mit Rom sprechen können (*altera Roma*) – die Senatoren erhielten den Rang von *clarissimi* –, ist nicht zu übersehen. Aber das Verhalten des römischen Senates wie das der höheren Beamten zeigt, dass er als Herrscher hohes Ansehen genoss.

Die kaiserliche Kanzlei

Die Hauptleistung des Constantius ist wohl im administrativen Ausbau des Reiches und der kaiserlichen Kanzlei zu sehen, die zu einer festen Hierarchie in den *scrinia* (Büros), im *consistorium* (offizieller Beraterstab) und im Amt des *magister officiorum* (Staatskanzler) führten. Letzterer war nunmehr oberster Leiter der Verwaltung, aber auch oberster Polizei- und Geheimdienstchef. Damit stieg er zum zweitmächtigsten Mann des Hofes auf neben dem *quaestor sacri palatii*, der zuständig wurde für die kaiserliche Gesetzgebung sowie für die Kontrolle des *laterculus minus*, die niedereren militärischen Ämter und zivilen Amtsbereiche. Zu dieser hohen Funktionärsgruppe zählten die beiden Vorsteher der Finanzressorts, der *comes rerum privatarum* und der *comes sacrarum largitionum*. Beide besaßen eine besondere Machtfülle dadurch, dass den militärischen *duces* jeder Zugriff auf die Finanzen – und damit auch auf die Besoldung der Soldaten – entzogen war.

Diese vier „Minister" gehörten nunmehr als feste Mitglieder zum „Kronrat" (*sacrum consistorium*); sie kontrollierten nicht nur die Administration des Reiches, sondern auch den *cursus honorum*, die Laufbahn der Beamten wie der Offiziere. Sie waren dem Kaiser allein verantwortlich, und wir können feststellen, dass Constantius II. ihre Tätigkeit streng überwachte. Der Kaiser hinterließ somit seinem Nachfolger ein festgefügtes Reich, das wohl fähig war, äußere (militärische) Krisen zu bewältigen.

Die Münzprägung

Lediglich die Münze erfuhr eine Korrektur: Schon Constantin hatte bei der Neuordnung der Nominale *solidus* (Gold), *miliarense* (Silber) und *follis* (*aes* = Bronze) wenig Wert auf die *Aes*-Prägung gelegt, so dass diese von circa 310 bis 335 von 5,2 g auf 1,5 g verfiel. Aus diesem Grunde wurde sie nun durch eine versilberte *Aes*-Prägung ersetzt, die *maiorina* von 4 bis 5 g und der kleinere *centionalis* von 2 bis 3 g. Auch die Silberprägung (*siliqua*) wurde durch eine leichtere Kurrantmünze ergänzt, die circa 2,27 g wog. Verursacht war diese Änderung durch eine Anpassung des Wertverhältnisses von Gold zu Silber für den Markt und das Steueraufkommen. Die Korrekturen erwiesen sich als gut genug, um bis in die Zeit des Theodosius des Großen zu bestehen. Dass Münzfälschung durch drakonische Strafen geahndet wurde, unterschied Constantius II. nicht von seinen Vorgängern.

Q

Drei Münzgesetze
(Codex Theodosianus 9, 21, 5,6 und 22,1)

(5): Constantius [II.] Augustus an Leontius PPO*: Wer auch immer als Fälscher von Goldmünzen entdeckt oder von jemandem (als solcher) zur Anzeige gebracht wird, der soll unverzüglich dem Flammentod überantwortet werden. – *Interpretation:* Wer Münzfälscher anzeigt, erhält eine Belohnung; und derjenige, der angezeigt wird, soll den Feuertod erleiden, wenn er der Münzfälschung überführt wird. [Antiochia, 18. Februar 343].
(6): Der gleiche Augustus an den PPO Limenius: Wir haben erfahren, dass manche Fälscher die Maiorina nicht weniger kriminell wie häufig „reinigen" (*purgare*), indem sie das Silber von der Bronze trennen (ausschmelzen). Wenn also jemand bei dieser Machenschaft ertappt wird, soll er wissen, dass er die Todesstrafe erleiden werde. Ferner sollen Personen, die ihren Grund und Boden dafür zur Verfügung stellen, ihren Besitz an die (*sacra*) *largitio* verlieren. Unsre Gnaden soll über deren Namen in Kenntnis gesetzt werden. [12. Februar 349].
(22,1): Constanti[n]us Augustus an Leontius PPO: Alle *solidi*, die unser Bild tragen und daher gleiche Verehrung beanspruchen, müssen zum gleichen Preis bewertet und verkauft werden, selbst wenn sie von Form und Maß unterschiedlich sind. Weder besitzt er einen höheren Wert, wenn er ein größeres Münzporträt zeigt, noch einen geringeren, wenn das Porträt kleiner ist, sofern das Gewicht das gleiche ist. Wenn jemand anders verfährt, soll er entweder enthauptet oder den Flammen übergeben werden oder eine andere Todesstrafe erleiden. Die gleiche Strafe soll erleiden, wer den Rand einer Münze beschneidet, so dass er das Gewicht mindert, desgleichen der, der eine Fälschung für einen echten *solidus* verkauft. 26. Juli [o. J.] – *Interpretation*: Wer auch immer einen Solidus (Goldstück) beschneidet oder einen falschen unterschiebt oder Falschgeld herstellt, soll die Todesstrafe erleiden.

Im Grunde kann man Constantius einen Erfolg seines Wirkens nicht absprechen, auch wenn seine Vorsicht ihn von spektakulären Handlungen abhielt. Dass aber sein Misstrauen nicht unbegründet war, zeigt nicht zuletzt das Verhalten Julians. Hingegen kann man von einem Scheitern seiner Religionspolitik nur dann sprechen, wenn man sich den Standpunkt der an Rom orientierten Westkirche zu Eigen macht.

9. Julianus Augustus

362 Julian verkündet das Philosophengesetz/Schulgesetz
363 Julians Aufbruch zum Perserfeldzug; sein Tod

Mit der Nachricht von Constantius' Tod stand Julian der Weg nach Constantinopel offen. Selbst Aquileia ergab sich, als Agilo den Belagerten persönlich die Nachricht vom Tode des Kaisers überbrachte. Aber Julian besaß nicht die Großherzigkeit des Verstorbenen: Dass Julian noch auf dem Marsch Ämter an Personen seines Vertrauens vergab – der Historiker Aurelius Victor wurde Statthalter der *Pannonia inferior*, Valerius Maximus, der mit Julians Bruder Gallus verwandt war, wurde *praefectus Urbi**, der *praefectus praetorio* Claudius Mamertinus zusammen mit dem General germanischer Herkunft Flavius Nevitta für das Jahr 362 zum Consul bestimmt –, war nichts Besonderes. Aber Julian begann seine Herrschaft mit einer Prozesswelle: Als er am 11. Dezember 361 in Constantinopel einzog, ließ er einen Militärgerichtshof berufen, der eine Reihe der engsten Zivilberater des Constantius zum Tode verurteilte, andere mit Exil bestrafte. Waren die Todesurteile gegen den „Oberkämmerer" Eusebius und den berüchtigten Untersuchungsrichter (*notarius*) Paulus ‚Catena' verständlich, so fielen laut Ammian andere der persönlichen Rache Julians zum Opfer, da sie Constantius bei der Verhandlung mit Julian falsch beraten hätten.

Prozesse in Constantinopel

Andererseits versuchte Julian die Senatoren Constantinopels und andere Städte für sich zu gewinnen, indem er das „Kranzgold" (*aurum coronarium**) zur „freiwilligen" Zahlung beziehungsweise gegebenenfalls zur Sonderabgabe erklärte. Gleichzeitig stellte er Gelder für die Ausschmückung Constantinopels bereit. Die Getreideversorgung Constantinopels wurde überprüft, ein neuer Getreidehafen angelegt.

Um das notwendige Geld zu erhalten reduzierte Julian den Beamtenbestand des kaiserlichen Hofes (*palatini*), vor allem das Büro (*schola*) der *agentes in rebus*, sowie die Zahl der Postreiter (*tabellarii et veredarii*). Hierbei berief sich Julian auf Trajan, der ebenfalls die „Angeber" (*delatoren*) des Domitian beseitigt hatte und stilisierte sich gemäß dem Panegyricus des Plinius des Jüngeren, der Trajan, den *optimus princeps* (Bester aller Herrscher), als Muster der *civilitas* (Respektierung des Staatsrechtes) vorgestellt hatte. Aber die Bescheidenheit des neuen Kaisers, die sich auch in der betont nachlässigen Kleidung des Philosophen, des Kynikers, zeigte, wurde von seiner Umgebung schnell durchschaut. Dies veranlasste später Otto Seeck zu der Formulierung: „Constantin (der Große) war eitel genug, sich gerne zu schmücken; Julian vernachlässigte sein Äußeres bis zur Unsauberkeit; doch auch aus den Löchern *seines* Mantels blickte die Eitelkeit hervor" (Geschichte des Untergangs IV S. 243). Julian war stets darauf bedacht, Eindruck zu machen, versteckte diese Absicht jedoch nicht selten hinter der Kritik an den Vorgängern. So finden sich nicht wenige Schriftstücke, die unter Verweis auf Constantin den Großen oder Constantius II. eine „notwendige" Änderung bewirken sollten. Dies aber darf nicht verdecken, dass Julian Verordnungen erließ, die auf mehreren Ebenen Erleichterungen bringen sollten.

Die Städte erhielten Ländereien zurück, die vormals vom Staat oder von Privatpersonen in Steuerprozessen weggenommen beziehungsweise zugunsten der Kirche enteignet worden waren. Die Klasse der Curialen wurde erweitert, so dass nun auch ansässige Fremde oder reiche Nichtcurialen in den *ordo decurionum** aufgenommen werden konnten. Die Curialen beklagten zwar die „Inflation" des Standes, doch kam dies der Wirtschaftskraft der Städte zugute, ebenso der städtischen Selbstverwaltung. Die Doppelbesteuerung hingegen wurde aufgehoben. Die Lasten der Staatspost wurden gemindert, indem die Zahl derer, die zur unentgeltlichen Benützung berechtigt waren, eingeschränkt wurde. Dies traf vor allem die privilegierte Schicht der Kleriker. Steuerprivilegien oder Befreiung von Leistungen (*munera sordida*, Hand- und Spanndienste) wurden überprüft und häufig zu Lasten der Kirche beschnitten oder aufgehoben beziehungsweise damit heidnische Kulte bedacht.

Die Reformen

Angeprangert wurde die Langsamkeit der Verwaltung wie der Justiz, ihre Effizienz sollte gehoben werden (sogenannte „Dreißig-Tage-Dauer"), der Beklagte erhielt höheren Rechtsschutz (Vertagung zu Lasten des Klägers). Vor allem wurde das Latein als Sprache der Juristen und der Rechtswissenschaft verbindlich, die Tradition der römischen Juristenschulen somit fortgesetzt. Das klassische römische Recht wurde als vorrangig gegenüber griechisch-hellenistischen Rechtsformen aufgewertet, Gesetze und Edikte der frühen Principatszeit dort belebt, wo sie das Privatrecht betrafen.

Ehegesetze

Besondere Aufmerksamkeit schenkte Julian der Ehegesetzgebung. Er bestimmte, dass eine minderjährige Ehefrau (unter 18 Jahren) Schenkungen (vor allem Grundbesitz!) annehmen durfte, dass hingegen bei Verkäufen aus ihrem Vermögen nicht nur die Zustimmung des Ehemanns, sondern auch ein *decretum* der Munizipalbehörde vorgelegt werden müsse. Dies sollte verhindern, dass Frauen dem Zwang des Ehemannes ausgeliefert waren. Ebenso wurde der Ehemann zur Einhaltung des Ehevertrags gezwungen, was die Stellung der Ehefrau stärkte. Eine Emanzipation durfte, wie bereits im Zwölf-Tafel-Gesetz verfügt, nicht verhindert werden.

Das Gesetz, dass bei einer Verbindung einer Freigeborenen mit einem „Staatssklaven" (*servus publicus*) die Frau der schwächeren Hand folgen musste, wurde aufgehoben. Im Falle, dass sie sich mit einem „Privatsklaven" (*servus privatus*) einließ, sollte sie erst nach dreimaliger Verwarnung der schwächeren Hand folgen, wie es vormals das „Senatus consultum Claudianum" des Kaisers Claudius vorsah (CTh 4, 12, 5).

Wir haben es somit mit einer „aufgeklärten" Gesetzgebung zu tun, die jedoch aufgrund der kurzen Regierungszeit Julians bruchstückhaft und selten von langer Dauer blieb.

Julian und das Heidentum

Seine Hauptaufgabe sah Julian in der Wiederbelebung der alten Kulte. Wie der Redner Claudius Mamertinus in seiner Neujahrsansprache 362 versicherte, war dem Bauer nun wieder ungestraft erlaubt, das Wetter, dem Seemann die Gestirne zu beobachten. All dies sei der Philosophie zu verdanken, die nun im Purpur einherschreite (Paneg. lat. 11, 23). Man hat beim Lesen der Rede den Eindruck leiser Ironie, so als ob auch er an der Möglichkeit einer philosophischen Wiedererweckung des Heidentums gezweifelt habe. Julian selbst sicherte den Heiden nicht nur volle Kultfreiheit zu, er erlaubte auch die Wiederherstellung verfallener Tempel und ordnete die Rückgabe rechtswidrig entfremdeten Tempelgutes an.

Andererseits gewährte Julian dem Christentum eine gefährliche Toleranz: Die exilierten Bischöfe und Priester durften heimkehren und auch Athanasius traf am 21. Februar 362 erneut in Alexandria ein. Julian, der die Kirchenstreitigkeiten wohl kannte, ergriff so die Gelegenheit, die Kirchenführer gegeneinander zu hetzen.

Am 17. Juli 362 schließlich erging das berühmte Philosophengesetz.

Q

Philosophengesetz
(CTh 13, 3, 5)

Es geziehmt sich, dass die Studienmagister und die Professoren (*doctores*) sich zunächst durch ihre Sitten, dann aber durch ihre Fähigkeiten auszeichnen. Weil ich aber in den einzelnen Städten nicht persönlich anwesend sein kann, ordne ich an, dass derjenige, der unterrichten will, sich nicht plötzlich und kühn auf diese Aufgabe stürzt, sondern durch ein Urteil des Stadtrates (*iudicium ordinis*) geprüft ein Dekret der Curialen (*decretum curialium*) verdient, dem die Besten ihre Zustimmung geben. Dieses Dekret aber ist mir zur Beurteilung zuzuleiten, damit durch unser allerhöchstes Urteil gleichsam die Ehre der Schulen in den Städten vergrößert wird. Gegeben am 15. Tag vor den Kalenden des Juli, empfangen am 4. Tag vor den Kalenden des August zu Spoleto unter dem Consulat des Mamertinus und Nevitta (= 17. Juli beziehungsweise 29. Juli 362).

Diese Bestimmung ließ noch keinen spezifisch antichristlichen Inhalt erkennen, obwohl von der „rechten moralischen Einstellung" (*mores* = Überzeugung) gesprochen wird. Sie wurde eindeutig zum antichristlichen Edikt durch ein an alle Munizipien und Professoren gerichtetes Sendschreiben, vermutlich aus dem gleichen Jahr 362, das ihnen bei fehlender rechter Gesinnung die Interpretation der griechischen Klassiker verbot (Brief 61 c Bidez = 55 Weiss). Dies war ein Schlag gegen die christlichen Rhetoriklehrer, nicht gegen deren Schüler, die so zum „rechten Glauben" geführt werden sollten. Julian agierte vorsichtig, da er das Ausmaß der Christianisierung beim Heer, am Hofe, in den Munizipien und Hochschulen noch nicht abschätzen konnte.

Julian in Aniochia

Als er erfuhr, dass Libanios in Antiochia lehrte, reiste der Kaiser über das vom Erdbeben zerstörte Nicomedia – das er reich beschenkte –, Ankyra und Pessinus, wo der Haupttempel der Kybele stand, dorthin. Seine Ankunft fiel zusammen mit dem Fest des Adonis, einem Totenfest, was Julians Umgebung als böses Omen wertete. Die Begegnung mit Libanios war zurückhaltend. Der Theurg Maximus hatte großen Einfluss auf Julian und wollte ihn zum Eiferer stilisieren. Libanios erkannte, dass sich Philosophie und Ekstase nicht vertrugen und versuchte vorsichtig, den Kaiser in maßvolle Bahnen zurückzulenken. Bereits hier wird erkennbar, dass sich der philosophisch-aufgeklärte Synkretismus* leichter mit dem Christentum arrangieren konnte als es die Jünger des Jamblichos vermochten. So geriet gerade der Besuch in Antiochia zum Desaster. Julian fand eine lebendige christliche Weltstadt vor, in der auch die verschiedensten heidnischen

Kulte miteinander wetteiferten, und er mischte sich eifrig unter die Opfernden. Zudem versuchte er, den Wohlstand der Stadt zu heben, indem er die Zahl der Curialen um 200 „Neureiche" vermehrte, dafür andere verarmte Curialen von ihren Verpflichtungen entband, was auch Verlust von Privilegien bedeutete. Die Aufregung bei den städtischen Honoratioren war perfekt, und als Julian zudem eine Art Höchstpreisedikt verkündete, um dem durch die Anwesenheit des Hofes bedingten Preisanstieg entgegenzusteuern, geriet die Stadt in Aufruhr. Die Bewohner äußerten sich respektlos über einen Kaiser, der so wenig wie ein Herrscher auftrat und mit seinem Bart die Philosophen „imitierte". Dies traf Julian besonders, da er offen Marc Aurel nacheiferte, und um sich zu wehren, verfasste er die sarkastische Schrift *Misopogon* (*Der Feind des Bartes*). Darin ironisierte sich der Kaiser selbst, warf aber gleichzeitig den Antiochenern Undankbarkeit vor. Der *Misopogon* ist die Schrift eines Mannes, der sich in seinem innersten Wesen unverstanden fühlt.

Der Brand von Daphne

Hinzu kam noch ein weiteres Missgeschick: Nahe Antiochia befand sich der Wallfahrtsort Daphne mit seinem berühmten Apollotempel. Gallus, Julians Bruder, hatte dort die Reliquien des heiligen Babylas bestatten lassen; Julian sah darin eine Beleidigung Apollons und ließ die Märtyrergebeine an einen anderen Ort bringen. Die Christen begannen sich zusammenzurotten. Da vernichtete am 22. Oktober 362 ein Feuer das Heiligtum. Nun bezichtigte Julian offen die Christen der Brandstiftung und ließ seinerseits die Hauptkirche Antiochias schließen. Damit aber wurde sein Aufenthalt in der Stadt untragbar für beide Seiten. Zutiefst gekränkt verließ der Kaiser die Stadt der „Ungläubigen", das heißt der Christen. Aber wie vor Jahrzehnten unter Diocletian der Brand des Palastes von Nicomedia, wurde der Brand von Daphne zum Auslöser einer christenfeindlichen Politik. Bereits am 24. Oktober wurde Athanasius erneut verbannt als „Hauptrrädelsführer", die Alexandriner, die bei Julian um Gnade baten, brieflich aufgefordert, sich zu den alten Göttern zu bekehren, denen sie alles verdankten, allen voran dem großen Helios, „das lebende, beseelte, vernunftbegabte, wohltätige Abbild des geistig wahrnehmbaren Vaters" (Ep. 111 Bidez = 61 Weiß).

Brief an die Alexandriner

Julians Religionsphilosophie

Die Religionsphilosophie, mit der Julian dem Heidentum zur Überwindung des Christentums verhelfen wollte, ist nicht leicht darzustellen. Der Kaiser, der das Amt des *pontifex maximus* sehr ernst nahm, versuchte, seine Absichten den Statthaltern und Munizipalbehörden durch Sendschreiben zu erläutern. In seiner 4. Rede (auf Helios) und 5. Rede (auf die Göttermutter) fasste er seine Gedanken zusammen: Ausgehend von der platonischen Definition der Idee des Guten, die die Welt beseelt, setzte er die Idee in der sinnlich wahrnehmbaren Welt mit Helios-Sol (Helios-Apollo) gleich. Dieser Helios aber ist zugleich der König der denkenden Welt. Julian arbeitete somit auf drei Ebenen: der Welt der „Idee", der denkenden Welt und der sinnlich wahrnehmbaren Welt. Helios aber ist der Mittelpunkt der Welten, der die denkende wie die sinnliche Welt in sich vereint. Helios wirkt mit und in den anderen Göttern und auch durch sie, da er die Elemente ebenso beherrscht wie das Geschehen in der sinnlich wahrnehmbaren Welt. Helios selbst, der von der Idee abhängt und ihr verantwortlich ist, hat einen Sohn, Asklepios, der als Retter (Soter) in die Welt kam. Asklepios aber war von Anbeginn bei Helios-Apollon.

Es wird ersichtlich, dass das religionsphilosophische Gebäude Gedankengänge des Platonismus und des Christentums in sich vereint, also ein Spiegel der Erziehung und Studien Julians ist. Julian fühlte sich verpflichtet, seinem Weltverständnis die Präsenz und das Wirken der Götter einzufügen, zu denen auch Mithras, der beliebte Soldatengott zählte. Mithras wurde dargestellt als Mittler zwischen Gott und Menschen. Da aber diese Rolle auch von Helios, dem „vernunftbegabten Abbild" wahrgenommen wurde, waren Mithras und Helios eins wie Vater und Sohn: Mithras konnte zu Helios werden.

Was dem Kaiser offenbar keine gedanklichen Schwierigkeiten bereitete, machte seinen Untertanen Mühe. So können wir feststellen, dass sein Freund Sallustius, der am 1. Januar 363 zusammen mit Julian den Consulat bekleidete, eine Art „Katechismus" formulierte: *Über die Götter und die Welt.* Sallustius stellte als Grundforderung auf, dass jeder Gläubige an das Gute, das Unwandelbare der Götter glauben muss. Sie sind leidensunfähig, denn sie sind von unvergänglicher Natur. Die Göttermythen bieten lediglich eine Hilfestellung zum Verständnis. Die Götter müssen durch Opfer und Gebete verehrt werden, da ein Opfer ohne Gebet keine Aussage besitzt.

Julian trachtete ferner, dem Heidentum auch eine innere Organisation zu geben, die der des Christentums nachgebildet war: Jede Gemeinde erhielt einen „Erz-Priester", der die Kulte überwachte, und staatliche Zuwendungen, die zum Teil an die Armen weitergegeben werden mussten. Er und seine Gemeinde wurden zur Armenspeisung und Krankenpflege verpflichtet, ähnlich den Christen und den Juden.

Julian und die Juden

Julian hob auch die antijüdische Gesetzgebung, die seit Constantin dem Großen bestand, auf. Für ihn war Jehova eine ethnische Gottheit, und so kam er Anfang 363 dem Wunsche der Juden nach, den Tempel in Jerusalem wieder aufbauen zu lassen. Aber er sah in der Unternehmung auch ein antichristliches Propagandawerk: Er wollte beweisen, dass das Bibelwort von der endgültigen Zerstörung des Tempels (unter Titus) falsch war. Als jedoch während der Bauarbeiten die Fundamente bei einem Erdbeben zusammenbrachen, schob er die Absicht auf.

Benachteiligung der Christen

Nach überkommenem Schema ging Julian gegen die Christen vor: Christen wurden zunehmend aus dem Offizierscorps entfernt, zudem wurde das Labarum Constantins, das Feldzeichen mit dem Christogramm, wieder durch die alten heidnischen Feldzeichen ersetzt. Auch für die Hofämter wurden Heiden bevorzugt. Aber Julian achtete darauf, dass fähige Militärs oder Beamte nicht unter die Maßnahmen fielen. Anders verfuhr er mit Städten, deren Tempel verfallen waren: Waren die Städte nicht bereit, die Tempel zu restaurieren, wurden ihnen alle Privilegien entzogen. Ferner konnten Priester zum Militärdienst herangezogen werden, und anlässlich des Perserkrieges wurden Christen, vor allem die Bischöfe, zu Sonderabgaben gezwungen. Ja, nach Orosius (Historia adversus paganos 7, 20, 2–5) hatte er offenbar die Absicht, nach Beendigung des Feldzuges eine Christenverfolgung durchzuführen.

Der Perserfeldzug

Julian wollte den von Constantius geplanten Perserfeldzug führen, nicht zuletzt, um die Unfähigkeit seines Vorgängers zu beweisen. Die Perser selbst hatten kein Interesse an der Wiederaufnahme des Krieges und suchten zu verhandeln, doch Julian wies alle Angebote zurück. Bei Antiochia zog er ein Heer von 65000 Mann zusammen und verließ am 5. März 363 die Stadt. In seinem Gefolge befand sich als Kommandant der Reiterei der persische Prinz Hormisdas, der bereits 324 zu den Römern geflohen war und nach dem Sieg auf den Perserthron gesetzt werden sollte. Am 15. März erreichten die Truppen die Stadt Carrhae, den Ort der Niederlage des Crassus [im Mai 53 v. Chr.]. Julian opferte dort den Göttern. Dabei übergab er im Beisein engster Vertrauter seinem Verwandten Procopius den Purpur.

Procopius

Procopius, vermutlich ein Verwandter von Julians Mutter Basilina, gehörte zu den maßgeblichen Offizieren Julians. Als ehemaliger *tribunus notariorum* unter Constantius II. war er mit den römisch-persischen Beziehungen vertraut. Wie Julian war er Heide und von hoher Bildung. Es ist viel gerätselt worden, warum diese Aktion im Geheimen durchgeführt wurde – Ammian sagt *occulte*, Zosimus spricht von unbekannten Beweggründen. Die Übergabe des Purpurs bedeutete seit jeher die Berufung zum Mitregenten, sei es als Caesar, sei es als Augustus. Procopius erhielt aber keinen entsprechenden Rang zugesprochen: Julian „habe ihn beauftragt, auf die Nachricht von seinem Tod in Parthien sich ohne Zögern der Herrschaft zu versichern" (Ammian 23, 3, 2). Natürlich wurde im Nachhinein von der „Vorahnung" Julians gesprochen, doch ist die Haltung des Kaisers nicht leicht verständlich. Es liegt nahe, dass er, wie andere Herrscher vor ihm, an die Nachfolgesicherung dachte, sich ihm aber bei Berücksichtigung dynastischer Gegebenheiten nur Procopius als männlicher Verwandter anbot. Es ist möglich, dass Julian den Fehler des Constantius II., einen Caesar zu ernennen, der damit die „Eignung" zur Usurpation erhielt, vermeiden wollte, doch dass Julian in Procopius lediglich einen „Aufbewahrer" der *imperii insignia* sehen wollte, ist schwer nachvollziehbar. Allerdings erkennen wir, das die Ereignisse nach Julians Schlachtentod Procopius „überrollten", da er nicht anwesend war.

Der Verlauf des Krieges

In Carrhae teilte Julian das Heer in zwei Säulen: Ein Teil (16000 Mann) sollte sich unter Führung des Procopius und des *comes rei militaris* Sebastianus – beide mit gleicher Machtfülle ausgestattet (*pari potestate*! Ammian 23, 3, 5) – mit dem Heer des Armenierkönigs Arsakes vereinen und von Nisibis den Tigris abwärts ziehen; Julian selbst marschierte mit dem Gros des Heeres (49000 Mann) nach Babylon. So gelang es ihm, Schapur zu täuschen, der den Angriff bei Nisibis erwartet hatte. In Babylon traf Julian auch auf seine Versorgungsschiffe, die mit Getreide und Kriegsmaschinen den Euphrat hinabgefahren waren. Die Truppen überquerten zu Schiff den Kanal, der den Euphrat mit dem Tigris verband und vernichteten dann bei Ktesiphon eine erste große Verteidigungsarmee der Perser. Der Ort besaß Symbolkraft, da hier einst Trajan den Thron des Partherkönigs gewonnen und nach Rom gebracht hatte (im Jahr 116).

Der weitere Feldzug verlief wenig glücklich: Schapur hatte Procopius und Sebastianus den Weg verlegt, beide mussten in Nordmesopotamien stehen bleiben. Julian selbst hatte bei seinem Zug das Prinzip der verbrannten Erde angewandt, so dass die Soldaten nur geringe Beute machten, die Bevölkerung floh. Als sich seine Armee, zunehmend unzufrieden, als zu schwach erwies, Ktesiphon zu erobern, entschloss sich der Kaiser, direkt gegen Schapur zu marschieren und sich so mit den Truppen in Nordmesopotamien zu verbinden. Nun erwiesen sich die Transportschiffe außer Stande, die Strömung des Tigris zu bewältigen, so dass Julian entgegen dem Rat der Generäle – Ammian bezichtigt hier Hormisdas des Verrats – den Befehl gab, die Flotte zu verbrennen. Damit aber verschloss sich Julian den Weg zum Persischen Golf, den einst Trajan eingeschlagen hatte.

Julians Tod

Die Entscheidungen erwiesen sich bald als verhängnisvoll: Sommerhitze und Mangel an Trinkwasser setzten den Römern zu, die nun von den Persern angewandte Taktik der verbrannten Erde brachte sie in ernste Versorgungsschwierigkeiten; hinzu kamen Überfälle von Kataphrakten (gepanzerte Reiter). Am 26. Juni 363 erfuhr Julian nach kurzer Nachtruhe von einem Überfall auf die Nachhut. Ohne seinen Panzer anzulegen, eilte er, die Soldaten anzufeuern. Im allgemeinen Getümmel wurde der Kaiser von einer Reiterlanze in die Seite getroffen. Er wurde in sein Zelt getragen, während der Kampf um ihn herum bis zum Abend tobte. Man ist an die Szene erinnert, die Homer um den Tod des Patroklos entwirft: an den Untergang eines Heros.

In der folgenden Nacht starb Julian, nachdem er in Gegenwart von Freunden, dem mitreisenden Philosophen Maximus und dem Leibarzt Oreibasios, über die Unsterblichkeit der Seele philosophiert hatte. Auch hier drängt sich die Erinnerung an ein Vorbild auf, an Cato den Jüngeren, der, während er in Utica von den Caesarianern belagert wurde, Platons Schrift *Phaidon* (*Von der Unsterblichkeit der Seele*) las und anschließend Selbstmord beging.

Vor allem Oreibasios verdanken wir unsere Kenntnis von den letzten Stunden Julians. Seine Notizen sind eingegangen in die Werke des Eunapios, des Ammian und Zosimus.

Julians Beurteilung

Sofort nach Julians Tode erhob sich der Streit, ob es die Lanze eines Persers oder eines Römers, eines Heiden oder eines Christen war. Dies zeigt uns, dass Julian als Heerführer wie als Kaiser keineswegs unumstritten war. Ammian selbst lässt in seiner Darstellung erkennen, dass man zwischen dem lernbegierigen, umgänglichen, begeisternden Caesar Julian und dem hektisch agierenden, oft ungerechten, reizbaren Kaiser unterscheiden muss. So vertrat Gerhard Wirth die Ansicht, Julian habe der Belastung als Herrscher und Kaiser nicht standhalten können und es sei ein psychischer Wandel eingetreten. Julian habe sein Scheitern erkannt und den Tod gesucht.

Julian ist jedoch nicht völlig gescheitert: Sein Engagement für die Philosophie und das Heidentum führte zu einer geistigen Renaissance des späten Hellenismus, mit dem sich seine Nachfolger auseinanderzusetzen hatten. Wohl gewann das Christentum seine Freiheit zurück, ging Julians „Heidenkirche" unter, aber die gebildeten Heiden traten nun den Christen, den christlichen Herrschern, mit größerem Selbstbewusstsein entgegen, so dass diese gezwungen waren, mit vorsichtiger Toleranz zu agieren. Obwohl Julians Regierung keine drei Jahre währte, kann sie nicht als ephemer gewertet werden. Die Restauration des Heidentums war zwar gescheitert, aber nicht wenige bedeutende christliche Lehrer hatten in Athen, Constantinopel oder Alexandria bei heidnischen Rhetoren gelernt. Die antike Kultur hatte ihren Stellenwert als gemeinsames, unverzichtbares Erbe zurückgewonnen, wurde – trotz der ablehnenden Haltung eines Hieronymus – zum Maßstab höherer Bildung.

Dass aber das Reich nicht mehr zum Heidentum zurückkehren konnte, zeigt die Tatsache, dass Julians Nachfolger Jovian erneut ein Christ war.

Aspekte des Herrscherideals

Wie zuvor bei Constantius II. entwarf Ammian anlässlich Julians Tod ein Charakterbild des Kaisers. In diesem Falle ist es aber besonders interessant, weil er versucht, die Eigenschaften des „Philosophenkaisers" mit dem Tugendkatalog seiner Zeit zu vergleichen. Es zeigt sich sehr schnell, dass dieser Katalog auch dem Katalog des Herrscherideals entspricht.

Q

Herrscherideal
(Ammian 25, 4, 1)

Wenn es nämlich nach der Definition der Weisen [Philosophen] vier Haupttugenden gibt: Mäßigung, Klugheit, Gerechtigkeit, Seelenstärke, zu denen andere äußerliche Tugenden treten: Kriegskunst, Ansehen, Glück und Freigiebigkeit, so hat er [Julian] diese im Allgemeinen wie im Einzelnen mit hohem Eifer gepflegt.

Es ist hier nicht der Ort, die Entwicklung des Herrscherideals nachzuzeichnen, aber es ist erkennbar, dass sich das vom Senat gegenüber Augustus formulierte Ideal dreihundert Jahre lang nur wenig geändert hatte. Wenn in einer bei Tralles in Karien gefundenen Inschrift Constantius II. als jemand bezeichnet wird, der „alle früheren Herrscher an Tugend, Ruhm, Frömmigkeit und Gerechtigkeit übertroffen" habe (*virtute gloria pietate iustitia cunctos retro principes supergressus*, CIL III 445 = Dessau 733), so lehnt sich diese Formulierung eng an die Inschrift des „Tugendschildes" (*clupeus virtutis*) an, mit dem Augustus geehrt wurde: „um der Tugend, Güte, Gerechtigkeit und Frömmigkeit willen" (*virtus clementiaeque et iustitiae et pietatis causa,* Res gestae 34). Selbst wenn in der Zeit des 4. Jahrhunderts der Anspruch „Zum Wohle des Staates geboren" (*bono rei publicae natus*) zur stereotypen Formel wurde, legten die Kaiser doch Wert darauf, ihre Verpflichtungen gegenüber Staat und Volk zu betonen. Die Formulierung, die der in consularischem Rang stehende Aelius Claudius Dulcetius auf seiner in Pergamon für Kaiser Julian errichteten Inschrift wählte, entspricht denn auch bei etwas verändertem Wortlaut dem, was für Constantius II. formuliert wurde: „Dem Herrn des gesamten Erdkreises, dem Lehrer der Philosophie, dem verehrungswürdigsten Princeps, dem frömmsten Herrscher (Imperator), dem siegreichsten Kaiser (Augustus), Mehrer der Freiheit und des Staatswesens" (Dessau 751).

Dass dieser Anspruch, den Schutz der *res publica* zu gewährleisten, nicht unterging, das heißt das Bild des verantwortungsbewussten Herrschers dem des Tyrannen entgegengesetzt wurde, versteht sich von selbst, auch wenn die Inhalte zunehmend im christlichen Sinne interpretiert wurden. Aber wenn unter Jovian, dem Nachfolger Julians, die „Seligkeit glücklicher Zeiten" (*beatitudo felicium temporum,* Dessau 756) gepriesen wurde – als allgemeines Propagandawort zu fassen –, so finden wir unter Valentinian eine Zusammenführung der „Augusteischen" wie der Ammian'schen Formulierungen: „Unserem Herrn Flavius Valentinianus, dem stärksten, unbesiegbarsten Kaiser und immerwährenden Augustus, Herrn der römischen Gesetze, Lenker von Gerechtigkeit und Billigkeit, Bezähmer der Barbarenvölker, Bewahrer der Freiheit" (Dessau 765).

Natürlich war jedem bewusst, dass das spätantike Herrschertum nicht mehr dem frühen Principat entsprach, wie es Plinius in seiner Dankesrede („Panegyricus“) im Jahr 100 für Trajan entworfen hatte und dessen Zentralbegriff die *civilitas*, der Respekt vor der staatlichen Ordnung war; aber es betonte trotz aller Hellenisierung den Anspruch seiner Entstehung, nämlich – so behauptete einst Augustus – auf Schutz der innen- wie außenpolitischen Freiheit, „um des Staatswesens willen“ (*rei publicae causa*). Das Herrschertum „leugnete“ somit weiterhin die dem hellenistischen Königtum innewohnenden dynastischen, hegemonialen Ansprüche: Der Herrscher war immer noch jemand, der vom Volk und den Göttern/Gott einen Regierungs-, besser einen Schutzauftrag erhalten hatte, dem er sich persönlich verpflichtet fühlte, auch wenn er seine Herrschaft der Zugehörigkeit zu einer herrschenden Familie (gr. Dynast) verdanken mochte, wie dies bereits Tacitus kritisiert hatte (Historien 1, 15–16).

Dieses Prinzip muss auch dort gesehen werden, wo die gemeinsamen Interessen (*consensus*) der zur Nachfolgewahl schreitenden Personen nicht auf einen Verwandten des Kaisers fielen: Der neue Kaiser trat ohne Einschränkung seiner *auctoritas* in die Position des Vorgängers ein und verpflichtete sich bei der Aufnahme des Purpurs, des äußeren Zeichens für die Annahme des *consensus*, sofort zur Wahrung der *libertas rei publicae*.

II. Die Valentinianische und Theodosianische Dynastie

Kaiser:

27. Juni 363–17. Februar 364	Jovian
25. Februar 364–17. November 275	Valentinian I.
28. März 364–9. August 378	Valens
24. August 367–25. August 383	Gratian
22. November 375–15. Mai 392	Valentinian II.
19. Januar 379–17. Januar 395	Theodosius I.
Frühjahr 383–28. August (?) 388	Magnus Maximus (Usurpator)
22. August 392–Anfang September 394	Eugenius (Usurpator)
16. (?) 383–1. Mai 408	Arcadius (Osten)
20. November 393–15 (?) August 423	Honorius (Westen)

Päpste:

17. Mai 352–24. September 366	Liberius
355–22. November 365	Felix II. (Gegenpapst)
1. Oktober 366–11. Dezember 384	Damasus I.
366–367	Ursinus (Gegenpapst)
384–26. November 399	Siricius

1. Kaiser Jovian

363 Wahl Jovians zum neuen Kaiser; Armenien wird zwischen Persern und Römern aufgeteilt.
364 Widerruf des „Schulgesetzes"; Tod Jovians auf dem Weg nach Constantinopel

Die Wahl Jovians

Mit dem Tode Julians war die männliche Linie der constantinischen Familie erloschen. In der kritischen Situation, in der sich Julians Armee befand, dachte niemand an den entfernt stehenden Procopius. Die Generäle suchten nach einem neuen Kaiser, der den Rückzug organisieren konnte und man einigte sich auf den *praefectus praetorio Orientis* Saturninius Secundus Salutius, einen Freund Julians. Der lehnte die angebotene Würde jedoch für sich und seine Familie ab. So proklamierten die Soldaten unter Führung der Generäle des Ost- und Westheeres fast in einer Notlösung am 27. Juni 363 den knapp 32-jährigen Kommandanten der Garde (*primicerius domesticorum*) Fl. Jovianus. Dieser, 331 in Singidunum (Belgrad) geboren, war Christ, und wir dürfen davon ausgehen, dass das christliche Element im Heer – zumindest im Ostheer – überwog.

Der Perserfriede

Jovian verhandelte umgehend mit den Persern: Man vereinbarte, dass die Römer auf die Gebiete jenseits des Tigris verzichteten, ebenso auf Nisibis und Singara, die Bevölkerung erhielt das Recht, ins Imperium zu übersiedeln. Armenien wurde zwischen beiden Mächten geteilt. Der Vertrag sollte

30 Jahre gelten. Ammian warf später Jovian vor, er habe ohne Zögern alles Bisherige aufgegeben (25, 7, 11), und Eutrop nennt es einen zwar notwendigen, jedoch schändlichen Frieden (10, 17, 1). So sah sich Jovian veranlasst, den Vertrag auf einer Münzserie als „Sieg" zu feiern; auch der einigermaßen geordnete Rückzug sollte dies demonstrieren. Tatsächlich scheint die römische Armee nicht so sehr geschwächt gewesen zu sein, wie die Perser gehofft hatten, zumal die Truppen des Procopius weitgehend intakt waren. Umso verärgerter reagierten die Zeitgenossen, dass man das umstrittene Armenien zu vier Fünfteln den Persern ausgeliefert hatte.

Tod Jovians

Jovian vereinigte sich nun mit der Nordarmee des Procopius, der die Aufgabe übernahm, Julian in Tarsos zu bestatten. Im Winter erreichte Jovian Antiochia und reiste nach kurzem Aufenthalt nach Constantinopel weiter. Doch unterwegs, am 17. Februar 364, starb der neue Kaiser, erst 33 Jahre alt, vermutlich an einer Kohlenmonoxyd-Vergiftung in seinem Zelt. Er wurde in Constantinopel bestattet.

Seine Regierungszeit war zu kurz, um als „Reichsherrschaft" zu wirken, aber wir erkennen, dass Jovian auf die Linie des Constantius II. einschwenken wollte: Der heidnische Redner Themistius (317–388), der im Namen des Senates von Constantinopel die Rede auf das Consulat des neuen Kaisers hielt (Oratio V, im Januar 364), zeigt auf, dass nicht wenige Mitarbeiter des Constantius in hohe Positionen berufen wurden.

Aber der neue Kaiser war sich der Reaktion des Heidentums im Westen nicht sicher und zeigte vorsichtige Toleranz. Er sprach von einem „Höchsten Wesen", das anzubeten sei, und ließ nach seiner Wahl zum Kaiser entsprechende Opfer mit Eingeweideschau vornehmen. Gleichzeitig nahm er Kontakt zu den Bischöfen auf, widerrief deren Verbannung und traf sich mit Athanasius, um über die „rechte Glaubensformel" informiert zu werden. Doch auch andere Bischöfe nutzten die Gelegenheit, Jovian ihr jeweiliges Glaubensbekenntnis vorzulegen, so dass der Kaiser in völliger Verwirrung nur die eigene „Rechtgläubigkeit" betonte. Die Kirche erhielt ihre früheren Besitzungen zurück – allerdings nur zur Hälfte –, das „Schulgesetz" Julians wurde am 11. Januar 364 widerrufen (CTh 13, 3, 6). Dennoch: Themistius lobte die Toleranz des Kaisers.

Jovian trat sein erstes Consulat am 1. Januar 364 in Antiochia zusammen mit seinem minderjährigen Sohn Varronianus an. Während dieser nach dem Tode des Vaters aus den Quellen verschwindet, verfügte Jovians Nachfolger Valentinian die Konsekration* des verstorbenen Kaisers.

2. Die Doppelherrschaft Valentinians und Valens

364	Wahl Valentinians I. in Nicaea zum Augustus; er beruft seinen Bruder Valens zum Mitregenten; Aufteilung der Praefecturen unter den beiden Herrschern
365/6	Usurpation des Procopius
367	Erhebung Gratians zum Augustus

ab circa 370	militärische Auseinandersetzungen mit Persien
373/375	Aufstand des Firmus in Nordafrica
375	Tod Valentinians I. in Brigetio

Valentinian und Valens neue Augusti

Nach dem Bekanntwerden von Jovians Tod traten in Nicaea die Generäle erneut zusammen, angeführt von dem Heermeister der Reitertruppen (*magister equitum*) Dagalaif, ein Germane und Repräsentant des Westheeres, sowie dem der Fußtruppen (*magister peditum*) Arintheus, ebenfalls ein Germane und Führer des Ostheeres. Sie schlugen nun den 321 geborenen Tribun der II. kaiserlichen „Schild"-Wache (*tribunus scholae secundae scutariorum*) Flavius Valentinianus aus Cibalae am 25. Februar 364 als neuen Herrscher vor. Die anwesenden Militärs verlangten jedoch, dass der neue Kaiser sich sofort einen Kollegen wähle. Welche Erwartungen sie auch immer hegten, der neue Herrscher erhob am 28. März 364 seinen 328 geborenen Bruder Valens, damals „Kommandant des Marstalls" (*tribunus stabuli*), zum Mitregenten als Augustus. Beide Kaiser waren Christen.

Die Aufteilung der Herrschaft

Die allgemeine militärische Situation – Kriege an Rhein und Donau, Angriffe der Goten auf Thracien und Pannonien, Raubzüge der Sachsen in Britannien, der Mauren in Afrika und die Armenienfrage – ließ es geboten erscheinen, die Aufgaben zu teilen, und so wählte Valentinian auch zur eigenen Sicherheit den Mitregenten aus der eigenen Familie. Der rangältere Valentinian übernahm den Westteil, beraten von Dagalaif, Valens den Osten, beraten von Arintheus. Wenige Tage später erkrankten beide Herrscher, und die Ursache wurde in magischen Praktiken der Anhänger Julians vermutet. Zwar fanden sich keine Beweise, doch wurde Julians Freund, der Philosoph Maximus von Ephesus, der sich magischer Kräfte rühmte, verbannt. Nach ihrer Genesung begaben sich beide nach Sirmium (Mitrovitza), wo sie die jeweiligen territorialen Aufgabenbereiche festlegten. Anschließend reiste Valentinian weiter nach Mailand, Valens kehrte nach Constantinopel zurück.

Die Bedeutung der *Roma aeterna*

Ammian wunderte sich zwar, dass Valens nicht erst zum Caesar erhoben wurde, doch konnte Valentinian eine Usurpation auf diese Weise am besten verhüten. Militär und Hofstaat wurde zwischen beiden Brüdern geteilt, Valentinian besaß allerdings die höhere, vor allem gesetzgeberische Autorität. Überrascht scheint die Wissenschaft von der Tatsache, dass Valentinian sich für den wirtschaftlich schwächeren Westen entschieden hatte, aber es muss betont werden, dass trotz der wachsenden Bedeutung Constantinopels das „alte" Rom im politischen wie ideologischen Gefüge den Vorrang besaß: Der römische Senat sprach noch immer die formale Bestätigung des Herrschers (Augustus) aus und übergab ihm damit das Vorrecht der Gesetzgebung. Zudem war der Westen im 4. Jahrhundert Ausgangspunkt gefährlicher Usurpationen gewesen, in die auch der Senat involviert war. Dort manifestierte sich auch deutlicher der Übergang vom Heidentum zum Christentum. Die Bedeutung der *Roma aeterna* für den Staat hatte schon Constantius II. gespürt, und so war es nur logisch, dass ein Kaiser, der Nachfolger der Constantinischen Dynastie wurde, den Rom-Gedanken aufnahm, selbst wenn er in Mailand oder Trier residierte. Rom war (noch) das Symbol der Reichseinheit, selbst bei einer Mehrherrschaft.

Aber es gab vermutlich noch einen recht realen Grund für Valentinians Entscheidung: Er selbst hatte unter Julian in Gallien gekämpft, hatte erkannt, dass die Gebietsverluste am Rhein bedrohlicher waren als die Situation im Osten, wo die Perser durch Jovians Vertrag zufriedengestellt schienen.

Germanen im römischen Reichsdienst

Es ist nicht unwichtig bereits hier darauf zu verweisen, dass ab der Zeit Valentinians die germanischen Offiziere verstärkt in den Vordergrund traten und die militärische wie politische Entwicklung des Reiches mitbestimmten. Der Name des Vandalen Stilicho ist wohlbekannt, aber auch andere, meist alemannische oder fränkische Namen erscheinen, bis dann unter dem Burgunden Gundobad das letzte Kapitel des weströmischen Kaisertums geschrieben wurde. Wilhelm Ensslin widmete dieser Tatsache einen maßgeblichen Beitrag, und Karl Friedrich Stroheker hat in mehreren Aufsätzen herausgestellt, dass Germanen unter schwachen Herrschern eine fast kaiserliche Machtfülle erreichten. Festzuhalten sind dabei zwei Tatsachen: Diese als Reichsfeldherren wirkenden Germanen waren in die römische Zivilisation voll integriert, sprachen perfektes Latein und gutes Griechisch, wurden aber von der römischen Oberschicht selten als vollwertige Mitglieder des eigenen sozialen Standes akzeptiert, so dass mit Ausnahme der kurzen Usurpation des Franken Silvanus unter Kaiser Constantius II. keiner dieser Generäle selbst nach dem Purpur gegriffen hat. Selbst Theoderich der Große lehnte später unter Verweis auf dieses Verhalten ein derartiges Ansinnen ab.

Die Usurpation des Procopius

Mit der Wahl seines Bruders Valens scheint Valentinian Schwierigkeiten provoziert zu haben: Procopius, der die unter Schlachtfeldbedingungen getroffene Wahl des Jovian akzeptiert hatte, fühlte sich diesmal übergangen und entschloss sich am 28. September 365 in Constantinopel zur Usurpation. Als Verwandter Julians rechnete er mit der Zustimmung von dessen Anhängern und den Heiden, doch konnte er sich nach anfänglichen Erfolgen, die ihn in Besitz von Bithynien und Thracien brachten, nicht halten. Als Valens, der sich gerade in Caesarea (Kappadokien) aufhielt, mit seinem Heermeister Arbetio gegen Procopius marschierte, wurde dieser von seinen eigenen Generälen Gomoar und Agilo verraten und am 27. Mai 366 hingerichtet.

Procopius hatte unter Verweis auf ein unter Constantin dem Großen 332 geschlossenes *foedus* die Goten zur Heeresfolge aufgefordert, so dass sich Valens gezwungen sah, diese nun aus Thracien zu vertreiben. Der Kaiser wählte daher die Stadt Marcianopel (Moesia inferior) als Hauptquartier und sicherte die Donaufront durch Kastelle. Aber erst 369 gelang ein größerer Erfolg: Valens griff den gotischen Führer Athanarich in dessen eigenem Gebiet an und erzwang ein neues *foedus*. Auf neutralem Gebiet, einem Floß inmitten der Donau, schlossen beide einen Vertrag: Rom stellte früher vereinbarte Zahlungen an Hilfsgeldern ein, die Goten verzichteten darauf, die Donau in kriegerischer Absicht zu überschreiten. Die Nordfront schien gesichert, Valens konnte sich dem Armenienproblem widmen.

Das Armenienproblem

Schapur II. hatte gegen alle Abmachung die innerrömischen Auseinandersetzungen sowie die Gotenkriege benützt, auch den bei Rom verbliebenen Teil Armeniens zu besetzen und König Arsakes III. 368 gefangenzunehmen. Valens setzte zwar dessen Sohn Papa (Bab) als neuen König ein, sah sich aber außer Stande, ihn zu unterstützen. Inzwischen war am Euphrat ein nicht erklärter Krieg ausgebrochen, Papa geriet zunehmend unter persischen Einfluss. 374 ließ er das Oberhaupt der armenischen Kirche, den Katholikos Narses vergiften, der ihn an seine Pflicht gegenüber Rom gemahnt hatte. Valens ließ nun Papa nach Tarsos bringen und, als dieser zu fliehen trachtete, ermorden. An seine Stelle wurde Varazdat gesetzt, ein Neffe des Arsakes III. Eine neue Konfrontation mit den Persern war unausweichlich, doch bevor der Krieg ausbrach, musste Valens erneut an die Donau, wo die Goten mit aller Macht angriffen. Es war das Jahr 375, das Jahr, in dem das mühsam gehaltene Gleichgewicht der Kräfte an der mittleren und unteren Donau schlagartig zusammenbrach: Die Hunnen kamen.

Valentinian I. im Westen

Valentinian besaß aus erster Ehe mit Marina Severa den am 18. April 359 geborenen Sohn Gratian. Nun trennte er sich von ihr, da sie angeblich in einen Prozess wegen Vermögensbetrug verwickelt war und heiratete in zweiter Ehe Justina, die ihm vier Kinder schenkte: den späteren Kaiser Valentinian II., Justa, Grata und Galla, die später den Kaiser Theodosius I. heiratete. Der familiäre Hintergrund der neuen Kaiserin ist bedeutsam: Ihr Vater Justus gehörte zum italischen senatorischen Adel, vermutlich verwandt mit den großen Adelsgeschlechtern der Neratii und der Vettii. Statthalter (*corrector*) im Picenum unter Constans hatte er später seine Tochter Justina mit dem Usurpator Magnentius verheiratet, weshalb ihn Constantius II. hinrichten ließ. Alles deutet darauf hin, dass die Trennung von Marina Severa politische Motive hatte, das heißt, dass Valentinian mit seiner neuen Ehe die italische und gallische Opposition, wenn nicht den italischen und gallischen senatorischen Adel für sich gewinnen wollte. Zudem war Justina eine überzeugte Arianerin, besaß somit in Mailand und in Arles entsprechenden Rückhalt.

Valentinian widmete sich umgehend dem Germanenproblem: Den von Julian einst nach Spanien exilierten Alemannenkönig Vadomar sandte er zu Valens in den Osten, wo dieser bald zu einem bedeutenden Feldherrn aufstieg; dessen Sohn Vithikab hingegen wurde einer der bedeutendsten alemannischen Anführer. Als der Kaiser in Mailand einzog, erschienen die alemannischen Fürsten, um die gewohnten „Geschenke", das heißt Jahrgelder, einzufordern. Doch Valentinian lehnte ab und ließ nur einige Gaben verteilen. Zornig verließen diese Mailand und mit Beginn des Jahres 365 begannen die Raubzüge unter Vithikab. Als der fränkische General Charietto bei einem der Überfälle getötet wurde, ging der Kaiser selbst nach Gallien und schlug in Paris sein Hauptquartier auf. Bis 367 vertrieb er die Alemannen weitgehend aus dem rechtsrheinischen Gebiet, aber erst als Valentinian 368 Vithikab ermorden ließ, ließen die Raubzüge nach.

Gratian wird Mitaugustus

Während eines Aufenthaltes in Amiens Mitte 367, der der Vorbereitung eines Britannienfeldzuges diente, erkrankte Valentinian ernsthaft, so dass die Offiziere über die Wahl eines neuen Kaisers nachdachten, statt sie dem Kaiserbruder Valens zu überlassen. Doch Valentinian genas und ließ am 24. August 367 sein 8-jähriges Söhnchen Gratian zum Augustus proklamieren. Im Oktober begaben sich beide nach Trier, das nun erneut den Glanz einer Residenz erlebte. Die Stadt muss damals als ‚sicher' angesehen worden sein, entfernt genug von den Überfällen der Alemannen und Franken. Die Vorbereitungen zur Aufnahme des Hofes lassen sich nicht nur in der neuen Bautätigkeit erkennen, sondern auch daran, dass vielleicht schon Ende 366 die Trierer Münzanstalt neu eröffnet wurde: Festmünzen in Gold feierten die „glückliche Ankunft der Kaiser" (FELIX ADVENTVS AVGGG). Im benachbarten Ort Contionacum (Konz) entstand eine große Prachtvilla, die Gardetruppen wurden wahrscheinlich in der Villa von Pfalzel (*Palatiolum*) kaserniert. Zur Erziehung seines Sohnes Gratian berief Valentinian den um 310 in Bordeaux geborenen Redner Decimus Magnus Ausonius an den Hof nach Trier.

Ausonius in Trier

In den Jahren 366/367 wurden die Chamaven aus dem Gebiet der Rheinmündung vertrieben und sächsische Seeräuber an der Themsemündung bekämpft. Ein weiterer Feldzug galt den Pikten und Skoten, die den Hadrianswall überrannt hatten, aber es zeigte sich, dass der Schutz Britanniens kaum mehr zu gewährleisten war, zumal die Grenzsicherung an Rhein und Donau zum Abzug britannischer Kontingente führte.

368 zog Valentinian gegen die Alemannen des Decumatlandes, die aber dem Angriff auswichen. So entschloss sich der Kaiser nach einem verlustreichen Gefecht nahe Rottweil, das *foedus* mit ihnen zu erneuern. Obwohl Ammian ihn dafür lobt, „Kastelle im Barbarenland" errichtet zu haben, wurde vor allem die Rheinlinie von Altrip bis zum Bodensee durch eine dichte Folge von Wachstationen (*burgi*) gesichert.

Theodosius der Ältere

Einer der bedeutendsten Generäle im Westen, die von Britannien bis Nordafrika an verschiedensten Brennpunkten kämpften, war Theodosius, der Vater des späteren Kaisers. Er stammte aus der vergleichsweise wenig romanisierten spanischen Provinz Galaecia. Hinter der Bezeichnung Theodosius „der Spanier" steckt somit der Nachhall des Halbbarbarentums. Seine früh christianisierte Familie gehörte zu den Anhängern des Nicaenums. Der militärische Aufstieg des älteren Theodosius ist nicht völlig klar, doch wissen wir, dass sein am 11. Januar 347 geborener Sohn unter dem eigenen Vater diente. Im Sommer 373 erhielt Theodosius der Ältere den Auftrag, gegen den afrikanischen Usurpator Firmus vorzugehen.

Soziale Spannungen in Nordafrika

In Nordafrika standen die reichen senatorischen Großgrundbesitzer und die städtische Aristokratie in unversöhnlichem Gegensatz der ärmeren Landbevölkerung gegenüber, die den Donatisten und Circumcellionen zuneigte. Hinzu kam, dass Mauren, Berber und Kabylen sich zwar mit der römischen Herrschaft arrangiert hatten, aber nicht romanisiert waren. So bestanden auch Feindschaften innerhalb der einheimischen Fürstenfamilien, die sich gegenseitig der Kollaboration bezichtigten. Als daher der Maurenfürst und römische General Firmus seinen Bruder umbringen ließ, griff Rom ein. Firmus trat die Flucht nach vorne an und ließ sich selbst zum Kaiser ausrufen. Nun wurde Theodosius der Ältere nach Nordafrika entsandt und Firmus unterwarf sich nach einer ersten militärischen Auseinandersetzung. Doch auf das Gerücht einer neuen Rebellion hin ließ Theodosius alle Soldaten hinrichten, die vormals auf der Seite des Usurpators gekämpft hatten. Damit wurde Firmus zu einer Art Symbolfigur des Widerstandes, um die sich Donatisten, Kleinbauern und Mauren scharten. Der jetzt mit aller Härte geführte Krieg konzentrierte sich schließlich auf die Gegend von Sétif, wo Firmus schließlich im Winter 374/375 Selbstmord beging. Doch auch Theodosius konnte sich seines Erfolges nicht freuen: Aufgrund einer Hofintrige – vielleicht durch Berichte geschädigter Großgrundbesitzer verursacht – wurde er seines Amtes enthoben und in Karthago interniert. Von Valentinian zum Tode verurteilt, wurde er schließlich Anfang 376, das heißt bereits in der Regierungszeit Gratians, hingerichtet.

Die Vorgänge um die Anklage gegen den älteren Theodosius sind völlig undurchsichtig. Aber die Tatsache, dass sein Sohn zunächst ebenfalls in Ungnade fiel, doch bereits 378 wieder als Heermeister tätig war, zeigt, dass eine Rehabilitierung der Familie stattgefunden haben muss, die zur Vertuschung der Vorgänge beigetragen haben wird.

Der Tod Valentinians I.

Valentinian seinerseits sah sich Anfang 375 veranlasst, die Verteidigung der Rheinfront seinem Sohn Gratian beziehungsweise dessen Generälen zu überlassen, da er einen Einbruch der Quaden und Sarmaten an der Donau abwehren musste. Dem jüngeren Theodosius gelang es, die Sarmaten zu vertreiben, Valentinian selbst überschritt die Donau bei Aquincum (Ofen-Budapest), um die Quaden zu einem *foedus* zu zwingen. Danach hielt er in Brigetio einen Hoftag ab, um die Unterwerfung der Quadenfürsten entgegenzunehmen. Im Verlauf dieser Zeremonie aber geriet der Kaiser über eine Bemerkung der Quaden dermaßen in Zorn, dass er vom Schlag getroffen wurde:

Q

Der Tod Valentinians
(Ammian 30, 6, 3–6)

Nach und nach wurde er sanfter und zur Milde geneigt, als man bemerkte, dass er wie vom Blitz getroffen dastand, atemlos und mit erstickter Stimme, von feuriger Röte überzogen. Plötzlich brach Blut hervor, er wurde von Todesschweiß übergossen, und damit er nicht vor den armseligen Leuten, die zuschauten, zusammenbreche, wurde er von den persönlichen Dienern, die zusammengelaufen waren, in die Privatgemächer gebracht. Dort legte man ihn auf ein Bett; er war kurzatmig, dennoch war seine Wahrnehmungskraft noch nicht gemindert, und er erkannte alle Umstehenden, die die Kämmerer, damit man sie nicht des Mordes verdächtige, in höchster Eile zusammengerufen hatten. [...] Er fühlte, dass die Kraft der Krankheit ungeheuer zunahm und sein Lebensende nahe war; er wollte noch sprechen oder Anordnungen erteilen, wurde wie von Aufstoßen heftig geschüttelt, klapperte mit den Zähnen und schlug heftig mit den Armen um sich wie es die Boxkämpfer tun; schließlich schwand die Kraft, er wurde von blauen Flecken übergossen, dann hauchte er nach langem Kampfe seine Seele aus. Er starb im 55. Lebensjahr, im zwölften Jahr seiner Regierung weniger 100 Tage.

Der Zustand des Imperiums

Obwohl die Hauptaufgabe des am 17. November 375 verstorbenen Valentinian zunächst im Militärischen lag, darf die Leistung des Kaisers nicht ausschließlich danach beurteilt werden. Die verlustreichen Kriege Roms hatten die Grenzen militärischen Vermögens aufgezeigt, eine Selbstverteidigung war nur noch mit Hilfe foederierter *gentes* (Kelten, Germanen) möglich. Wir besitzen zahlreiche Gesetze gegen die Selbstverstümmelung von Wehrpflichtigen oder den Versuch, sich durch Übernahme curialer Ämter der Wehrpflicht zu entziehen. Die Mindestgröße der Rekruten – bislang 1,69 m – wurde auf 1,62 m herabgesetzt und die „Burschen" der Soldaten der kämpfenden Truppe zugeschlagen. Da die Verwaltung, das Militär und das gesamte ökonomische System auf der Berufsbindung basierten, war es notwendig, alle Ressourcen für die Verteidigung auszuschöpfen; auch die Einbindung der „Nichtrömer" wurde unumgänglich. Das Angebot an reichsfremden Kriegern war zwar bedeutend, aber das Misstrauen ihnen gegenüber doch erheblich: der Begriff der *fides Germanica* = „Germanische Unzuverlässigkeit" war an die Stelle der republikanischen *fides Punica* = „Punische Unzuverlässigkeit" getreten.

Der Kaiser als Schützer der Schwachen

Innenpolitisch hatte Valentinian I. den Ausgleich mit dem Senat und der Kirche gesucht, doch warf man dem Kaiser Ungeduld und Jähzorn vor, ja, bei der Wahl der Berater Fehlgriffe getan zu haben (Epitomator de Caesaribus 45, 6). Aber dies ist die Stimme des italischen senatorischen Adels, der sich in seiner Machtstellung bedroht sah: Valentinian stellte sich nämlich offen auf die Seite der Schwachen (*tenues* und *humiles*) gegen die Mächtigen (*potentes*). So schuf er um 368 das Amt des *defensor plebis*: Ehemalige Provinzgouverneure oder kaiserliche Beamte sollten in den Städten als kaiserliche Richter mit weitgehender Entscheidungsfreiheit bei alltäglichen Streitigkeiten fungieren. Damit sollte der Amtsmissbrauch städtischer Curialen unterbunden werden, die mit Hilfe von Prozessverschleppung und Urteilen die ärmeren Schichten – von Valentinian häufig als *innocentes* (Unschuldige) bezeichnet – in Abhängigkeit bringen konnten (CTh 1, 29). Gleichzeitig ordnete er eine schärfere Überwachung der Provinzverwaltungen an. Die Steuern wurden zwar rigoros – vorzugsweise in Gold (*solidi*)! – eingetrieben, aber die Behörden angewiesen, sich eher an die Reichen zu halten, die eine höhere Möglichkeit der Steuerhinterziehung besaßen.

Das „Studentengesetz"

Interessant ist eine Maßnahme, die die Hochschulen betraf: Um Unruhen der Studenten zu verhindern, durften nur Personen, die eine Erlaubnis der Provinzialbehörden besaßen, studieren. Jeder Student musste einen festen Wohnsitz am Studienort nachweisen und durfte sich nicht an politischen Vereinigungen beteiligen. Ihr Lebenswandel wurde vom städtischen Aufsichtsbeamten (*magister census**) kontrolliert, der sie jederzeit relegieren durfte (CTh 14, 9, 1 vom 12. März 370). So gut gemeint dieses Gesetz war, es war kaum durchzuführen: Aus den *Bekenntnissen* (*Confessiones*) des Augustinus wie aus der Autobiographie des Libanios erfahren wir, dass die Studenten ihre „Freiheiten" so voll genossen, dass ein echtes Studium kaum möglich war: Es wurde politisiert, Professoren wurden niedergeschrieen, ja sogar massiv bedroht.

Religiöse Toleranz

Bezüglich der Kirche übte Valentinian weitgehend Zurückhaltung, mischte sich nicht in die Streitigkeiten der Sekten und verfügte sogar den Schutz der Synagogen (CJ 1, 9, 4, Jahr 370). So ging er auch nicht gegen das Heidentum vor, für dessen Anhänger damals der Ausdruck *pagani** erscheint.

Einen Nachhall der Toleranz bietet ein Gesetz vom 29. Mai 371 (CTh 9, 16, 9), das genau zwischen Aberglaube, Magie und echter religiöser Überzeugung unterscheidet. Die Kulte der Hauptstadt Rom wurden wie unter Constantius II. von Staats wegen gefördert, hingegen der unter Julian enteignete Besitz christlicher Kirchen nur teilweise zurückerstattet. Dies war, zusammen mit dem Angebot, Tempelrestaurierungen von staatlicher Seite zu unterstützen, ein Entgegenkommen gegenüber dem Heidentum, das seinen stärksten Rückhalt in Rom und im Senat besaß.

3. Die Kirche im Westen

366 Doppelwahl des Damasus und Ursinus nach dem Tode des Liberius
372 Verbannung des Ursinus; Martin wird Bischof von Tours
373 Tod des Athanasius von Alexandria
374 Ambrosius zum Bischof von Mailand gewählt

Trotz der auch auf dem Konzil von Serdica gegenüber dem Osten geforderten erhöhten Autorität des Bischofs von Rom besaßen die Ortskirchen und vor allem die Bischöfe der Residenzen hohen Einfluss auf das Kirchenvolk und prägten so die Kirchenpolitik vor allem in der Zeit des Gratian und des Theodosius des Großen.

Die Doppelpapstwahl in Rom

Bischof Liberius war am 24. September 366 in Rom verstorben und am 1. Oktober 366 wurde von der Mehrheit der Presbyter, Diakone und dem wahlberechtigten *populus* Damasus zum neuen Bischof gewählt, gleichzeitig aber von anderen Würdenträgern der Diakon Ursinus. Er wurde in aller Eile im Lateran „inthronisiert", und erst danach Damasus. Somit erlebte Rom eine Doppelwahl, die erst nach langen blutigen Auseinandersetzungen 373 zugunsten des Damasus mit der Verbannung des Ursinus beendet wurde. In den Streit musste schließlich auf Befehl Valentinians sogar der Stadtpraefect Vettius Agorius Praetextatus, selbst ein überzeugter Heide, eingreifen. Dieser soll laut Hieronymus („Contra Johannem" 3) gesagt haben, er würde sofort Christ werden, gäbe man ihm die Macht und den Reichtum eines Bischofs von Rom. Ammian seinerseits benützt die Gelegenheit, das höchst unchristliche Verhalten der beiden Geweihten und ihrer Anhänger zu beschreiben:

Q

Das Verhalten von Damasus und Ursinus in Rom
(Ammian 27, 3, 11 ff.)

Es kam als sein Amtsnachfolger [das heißt des Lampadius] der gewesene Quaestor am Kaiserpalast Viventius, ein unbescholtener und kluger Mann aus Pannonien, dessen Verwaltungstätigkeit ruhig und zufrieden stellend verlief, da ihm alles im Überfluss zur Verfügung stand. Aber auch ihn erschreckten die blutigen Aufstände des zerstrittenen Volkes, hervorgerufen durch folgende Umstände: (12) Damasus und Ursinus brannten in alles Menschliche übersteigender Gier darauf, den Bischofssitz an sich zu reißen und kämpften in gegensätzlichen Bestrebungen äußerst erbittert gegeneinander; und es kam in den Auseinandersetzungen zwischen den Anhängern beider bis zu Straßenschlachten mit Toten und Verwundeten, die Viventius weder unterbinden noch besänftigen konnte. So wich er der großen Gewalt und zog sich in die Vorstadt zurück. (13) In diesem Streit behielt Damasus die Oberhand dank der großen Unterstützung durch seine Parteigänger. Es steht fest, dass in der Basilika des Sicinius, wo ein Versammlungsort des christlichen Ritus ist, an einem Tage die Leichen von 137 Erschlagenen gefunden worden sind, und der lange Zeit aufgestachelte Pöbel später nur mühsam wieder besänftigt werden konnte. (14) Ich leugne auch nicht, wenn ich das Zurschaustellen städtischer Verhältnisse betrachte, dass alle, die danach Verlangen tragen, unter vollem Körpereinsatz dafür streiten müssen, das Ziel zu erlangen; denn haben sie es einmal erreicht, sind sie für alle Zukunft sicher, bereichern sich an den Opfergaben ehrwürdiger Frauen, bewegen sich in der Öffentlichkeit nur noch im Wagen sitzend, ziehen mit ihrer Kleidung aller Augen auf sich und veranstalten derart verschwenderische Schmausereien, dass ihre Gastmähler selbst königliche Tafeln überbieten. (15) Sie könnten wahrhaft glücklich sein, wenn sie unter Missachtung der Größe der Stadt, hinter der sie ihre Laster verstecken, und nach dem Beispiel gewisser Provinzbischöfe leben würden, die sich durch äußerste Bescheidenheit beim Essen und Trinken, auch in der Schlichtheit des Gewandes und zu Boden gesenktem Blick der ewigen Gottheit und ihren wahren Verehrern als reine und wahrhaftige Männer empfehlen. Doch genug der Abschweifung: Nun will ich zum Ablauf der Ereignisse zurückkehren.

Damasus, Führer der westlichen Kirche

Um 305 geboren, hatte Damasus noch die Nachwirkungen der Diocletianischen Verfolgung und den Sieg des Christentums unter Constantin miterlebt. Nach seinem Erfolg über Ursinus berief er 372 ein Konzil nach Rom, um dort das nicaenische Glaubensbekenntnis beschwören zu lassen. Damit galt er nach dem Tod des Athanasius am 3. Mai 373 automatisch im Osten als dessen politischer Erbe. Dort hatte Basilius, seit 370 Bischof von Caesarea, eine Einigung zwischen Nicaenern und Arianern herbeizuführen gesucht und Damasus gebeten, ihn gegen Kaiser Valens zu unterstützen, der als überzeugter Arianer den Stuhl von Alexandria mit einem entsprechenden Bischof besetzen wollte. Damasus verlangte jedoch, Basilius solle zuvor ein in Rom ausgearbeitetes Glaubensbekenntnis unterschreiben, was dieser aber ablehnte. Dies vertiefte das Zerwürfnis zwischen Rom und den Orthodoxen weiter. Andererseits gewann der Stuhl von Rom gerade unter Damasus deutlich an Selbstbewusstsein: Erstmals wurde der Anspruch des Vorranges der *sedes Apostolica* gegenüber den „Residenzkirchen" im Westen wie im Osten klar formuliert, nicht zuletzt als Reaktion auf die Vorgänge in Mailand.

Ambrosius von Mailand

Trotz der in Rom getroffenen Synodalbeschlüsse, die auch gegen Auxentius, den arianischen Bischof von Mailand, gerichtet waren, verweigerte Valentinian dessen Absetzung. Erst nach dessen Tod im Oktober 373 gestattete der Kaiser die Neuwahl unter Vorsitz des zuständigen Beamten Ambrosius. Dieser, zwischen 334 und 340 vermutlich in Trier als Sohn des gleichnamigen *praefectus praetorio Galliarum* geboren, hatte in Rom Rhetorik studiert und dann die Verwaltungslaufbahn eingeschlagen. 370 wurde er Leiter (*corrector*) der Provinz Liguria, deren Verwaltungssitz Mailand war. Obwohl ein Laie, schlug ihn die Versammlung selbst als Bischof vor. Als kaiserlicher Beamter musste er erst die kaiserliche Zustimmung einholen und am 1. Dezember erfolgte dann die Bischofsweihe, der die Taufe vorausging. Mit Ambrosius gelangte ein versierter Politiker auf einen Bischofsstuhl, der die Bedeutung einer Residenzkirche besaß. Ambrosius war kein Theologe, aber besser als Damasus auf die Zusammenarbeit beziehungsweise die Auseinandersetzung mit dem Hof vorbereitet. Sein Selbstbewusstsein entsprach dem eines erfolgreichen Beamten, der seine Karriere für die Kirche aufgegeben hatte. Unter ihm, einem überzeugten Anhänger des Nicaenums, wurde

Mailands Bischofstuhl dem von Rom gleichwertig, ja, Rom wäre unter einem schwächeren Mann als Damasus wohl in die zweite Reihe zurückgefallen.

Martin von Tours

In Gallien hatte nach der Verbannung des Paulinus von Trier Hilarius von Poitiers die Führung der Nicaener übernommen. Auch Martin, der spätere Bischof von Tours, zählt zu den eifrigen Verfechtern. Sohn einer Soldatenfamilie aus Savaria (Pannonien), hatte er gemäß der Berufsbindung die Militärlaufbahn begonnen und unter Constantius II. und Julian in Gallien in der kaiserlichen Gardereiterei gedient (*inter scholares alas*); in Amiens fand dann die bekannte Geschichte der Mantelteilung statt. Nach fünf Jahren Dienstzeit wurde er Eremit bei Savona (nahe Genua), unterhielt aber Beziehungen zu Hilarius. Aufgrund seiner Wundertätigkeit 372 zum Bischof von Tours gewählt, vertrat er nun die kirchenpolitische Linie des 367 verstorbenen Hilarius.

Als daher Valentinian I. am 17. November 375 starb, standen dem jungen Gratian im Westen drei politisch versierte Bischöfe gegenüber, die die Geschicke der Kirche und deren Ziel, die Unabhängigkeit vom Kaiser, verfolgten.

Aber, wie bereits gesagt: 375 war nicht nur das Jahr des Kaiserwechsels im Westen, es war auch das Jahr, da sich die Verhältnisse an der Donaugrenze grundlegend veränderten durch die Ankunft der Hunnen am Don.

4. Hunnen und Goten

370 Basilius zum Bischof von Caesarea gewählt
371 Gregor zum Bischof von Nyssa gewählt
372 Gregor von Nazianz wird Bischof von Sasima, wenig später Bischof (Koadjutor des Vaters) in Nazianz, schließlich 379 Bischof in Constantinopel
375 Untergang des Ostgotenreiches, König Ermanarich fällt im Kampf gegen die Hunnen; Tod Valentinians I. in Brigetio; Valentinian II. (vier Jahre alt) wird von den Offizieren in Brigetio zum Kaiser erhoben
378 Schlacht bei Adrianopel gegen die Westgoten, Schlachtentod des Valens

Die Hunnen

Die Herkunft der Hunnen ist noch nicht gelöst. Sie kamen aus Zentralasien und man hat versucht, sie mit den in chinesischen Quellen erwähnten Hiung-Nu in Verbindung zu bringen, die seit dem 3. Jahrhundert v. Chr. die Nordgrenze Chinas bedrohten. Auch der in der westlichen Mongolei und Ostturkestan ansässige Stamm der ‚Hun' wird manchmal als ethnische Herkunft bezeichnet. Sie gehörten zu einer Reihe von mongolischen Steppenvölkern, die ab dem 2. Jahrhundert n. Chr. an der iranischen Nordgrenze erschienen und offenbar untereinander verwandt waren. Bei ihrem Vordringen nach Westen trafen sie zuerst auf die Skythen, die in das Gebiet der iranischen Alanen und Sarmaten vordrangen. Teile dieser Völkerschaften wiederum wichen zur Wolga und zum Don hin aus, wo sie mit den Goten in

Berührung kamen. Bei diesem Vorgang wurden die Alanen weitgehend germanisiert, während die zwischen Don und Dnjestr lebenden Goten ihrerseits sich zum „Reitervolk“ entwickelten. Um 350 setzte eine neue Westbewegung der Hunnen ein, die sich aber nicht genau rekonstruieren lässt.

Ihr fremdartiges Aussehen und Verhalten war den Zeitgenossen im Imperium unheimlich, ja unbegreiflich: Sie unterschieden sich zu sehr von den Barbaren, die an den Grenzen zu Rom oder Persien die Zivilisationen der Nachbarstaaten akzeptiert hatten. Die Hunnen waren „wilde Völkerschaften“ (*ferae gentes*), die die Christen mit Gog und Magog gleichsetzten, einem Bild aus der Endzeiterwartung. Ammian seinerseits gibt uns eine knappe Charakteristik dieser Horden, die Staunen und Entsetzen gleichermaßen widerspiegelt.

Q

Das Bild der Hunnen im Imperium
(Ammian 31, 2, 2–10)

Sie besitzen alle gedrungene und starke Gliedmaßen sowie einen dicken Nacken, sind aber von so seltsamer Gestalt und verkrümmt, dass man sie für zweibeinige Bestien oder für plump zubehauene (Menschen-)Klötze halten könnte, wie man sie an den Brückenrändern aufstellt. [...] Sie werden von keinen Gebäuden geschirmt, meiden sie vielmehr wie Gräber, die ja ebenfalls dem gemeinsamen Gebrauch fern stehen; [...] Vielmehr durchziehen sie unstet Berge und Wälder, von klein auf daran gewöhnt, Frost, Hunger und Durst zu ertragen. [...] Ihre Kleidung besteht aus Leinen oder aus zusammengenähten Fellen von Waldmäusen, und sie besitzen kein anderes Kleid für zu Hause und außerhalb. [...] Keiner pflügt bei ihnen oder berührt eine Pflugschar. Alle streifen ohne feste Wohnsitze, ohne Heim, Gesetz oder feste Bindung umher mit ihren Wagen, in denen sie leben, stets Flüchtligen gleich.

Der Offizier Ammian hebt dabei besonders ihre unorthodoxe Kampfweise hervor, bei der sie auf schnellen Pferden den Feind umrunden und aus jeder Lage Pfeile verschießen.

Die gotischen Völkerschaften

Bei ihrem Vordringen nach Westen stießen sie auf das Gotenreich, das damals unter König Ermanarich seine größte Ausdehnung und eine zentralstaatliche Form gefunden hatte. Dass dieses Reich nun 375 beim ersten Ansturm zusammenbrach, löste nicht nur Entsetzen aus, sondern setzte eine Wanderbewegung in Gang, die Ambrosius in knappen Worten wie folgt beschreibt: „Die Hunnen erhoben sich gegen die Alanen, die Alanen gegen die Goten, die Goten gegen die Taifalen und Sarmaten“ (Expositio in Lucam 10, 10).

Über die Geschichte der Goten sind wir verhältnismäßig gut informiert. Obwohl die von Cassiodor im Auftrag des Gotenkönigs Theoderichs des Großen verfasste *Gotengeschichte* (*Historiae Gothorum*) verloren ist, besitzen wir in der Schrift *Über die Herkunft und Taten der Goten* (*De origine actibusque Getarum*) des Goten Iordanes doch einen – wenn auch schmalen – Ersatz, da dieser das Werk des Cassiodor nachweislich benützt, aber auch andere lateinische und griechische Quellen eingesehen hat. Iordanes nennt als Urheimat der Goten Skandinavien (*Scandia insula*). Die Archäologie verweist auf die Insel Gotland und die gegenüberliegende schwedische Küste. Es soll hier nicht auf die Gründe der Abwanderung eingegangen werden, die um die Zeit von Christi Geburt stattfand und später zur Gliederung in „Ost"-Goten, „West"-Goten und Gepiden führte. An der Weichsel entwickelte sich der gotische Traditionskern, der sich mit dem Königsgeschlecht der Amaler verbindet. Die Amaler aber waren keine „Heerkönige", sondern von „göttlicher" Abstammung und mit einer starken Königssippe. Von der Weichsel zog ein Großteil der Goten weiter in die „Skythia". Beim Überschreiten des Flusses Dnjepr brach nach der Sage die Brücke, so dass zwei getrennte Wandergruppen entstanden (Iordanes, Getica 26–28).

Visigoten und Ostrogoten

Der erste gotische Teilstamm wird dann am Dnjepr bezeugt: Unter dem Namen „Terwingen" drängten sie in die Gebiete entlang der Donau und bedrohten die römischen Provinzen. Sie sind es, die in den Quellen des 3. Jahrhunderts als Goten (beziehungsweise Skythen) schlechthin erscheinen. Nach dem zwischen 391 und 394 entstandenen Staatshandbuch, der *Notitia Dignitatum,* führen sie in späterer Zeit die Doppelbezeichnung „Tervingi-Visi".

Das zweite, bis Mitte des 4. Jahrhunderts noch wenig bekannte Teilvolk sind die Greutungen, zunächst am Don ansässig. Sie erscheinen in der *Notitia Dignitatum* unter der Doppelbezeichnung „Greutungi-Ostrogothi". Die Bedeutung der Namen ist schwierig zu erklären: einerseits scheinen sie sich auf den Siedlungsraum zu beziehen, andererseits nach dem Eigenverständnis gewählt:

Tervingi sind „Waldleute" – Vesi die „Guten", die „Edlen".

Die Vesi-Goten sind die „West"-Goten, die entlang der Donau, der *ripa Gothica* leben.

Greutungi sind die „Steppenleute" – Ostro die „Sonnenaufgangsleute", die „Strahlenden".

Die Ostro-Goten sind die „Ost"-Goten, die entlang der Schwarzmeerküste, vor allem zwischen Dnjepr und Dnjestr leben.

Amaler und Balthen

Die uns überlieferte gotische Königsliste ist die der Amaler, die mit den Ostgoten verbunden bleiben. Natürlich haben wir auch für die Westgoten Herrscher überliefert, aber erst Alarich, der Eroberer Roms, kann dem Königsgeschlecht der „Balthen" (= Kühnen) zugeordnet werden.

Gepiden

Zur gotischen Sprachgruppe zählt auch das Volk der Gepiden, das als letztes unter einem eigenen Königtum von der Weichsel nach Süden abgewandert war. Im 3. Jahrhundert siedelten sie unter ihrem König Fastida westlich des Dnjestr und bedrohten Dacien.

Während die westgotischen Gruppen seit Constantin dem Großen immer wieder in *foedera* zu Rom eingebunden wurden, also mit den Romanen in Kontakt standen, wenn auch noch nicht – wie etwa Alemannen oder Franken – zu hohen militärischen Rängen aufgestiegen waren, so blieb das ostgotische Gebiet weitgehend außerhalb des politischen Einflusses des Imperiums. Unter ihrem König Ermanarich hatten die Ostgoten ein weiträumiges Reich geschaffen, das vom Baltikum bis zur Schwarzmeerküste reichte. Die Ostgoten waren zu einem Reitervolk geworden, das von den iranischen (skythischen, alanischen) Steppenvölkern die Panzerreiter übernommen hatte, sich ihnen in der Kultur – zum Beispiel in der Schmelz- und Ornamenttechnik – annäherte und vielleicht sogar ein „iranisches" Königsornat besaß. Die

Hauptkraft lag beim Stammesaufgebot, dem die Aufgebote heerespflichtiger Stämme zugeordnet waren. Nur diese Form und die große Beweglichkeit gewährleistete die großräumige Herrschaft. Als jedoch die Don-Alanen und vermutlich auch Teile der an der Maeotis-Küste lebenden Heruler einen Aufstand wagten und sich dafür mit den Hunnen verbanden, wurde das Reich des Ermanarich 375 von diesen überrannt. Ermanarich soll Selbstmord verübt haben, ein allerdings „ungermanisches" Verhalten, da nur der Schlachtentod ehrenvoll war. Die Ostgoten wurden den Hunnen dienstpflichtig.

Sieg der Hunnen über Ermanarich

Die Schlacht bei Adrianopel

Auf ihrem Zug nach Westen stießen die Hunnen 376 auf die Westgoten, die sich über die Pruth zurückzogen. Während ein Teil unter Führung Athanarichs versuchte, den Hunnen standzuhalten, suchte ein anderer, größerer Teil unter Fritigern Zuflucht im römischen Reich, und Kaiser Valens wies ihnen in Thracien neue Wohnsitze an. Die Anzahl der übersiedelnden Goten ist nicht genau feststellbar: Eunapios (frgm. 55) spricht von 200000 Kriegern, doch dürften es insgesamt kaum mehr als 80000 Goten – Krieger und deren Familien – gewesen sein, wie aus späteren Auseinandersetzungen zu schließen ist. Dennoch, die Ansiedlung einer derart großen Volksmenge mit etwa 15–20000 Kriegern schuf Probleme, nicht zuletzt solche der Versorgung. Da die Römer ihnen die Lebensmittel zu Wucherpreisen verkauften, kam es schließlich zu Raubzügen und bewaffnetem Aufstand. Valens entsandte nun Truppen, doch diese erlitten vor Marcianopel eine empfindliche Niederlage. Zudem strömten immer weitere Goten, auch Ostgoten, über die Donau. So entschloss sich der Kaiser, persönlich einzugreifen und begab sich, nach einem dringenden Hilfegesuch an Gratian, nach Adrianopel (Edirne). Die Goten des Fritigern wichen zunächst aus, um weiteren Zuzug ostgotischer und auch alanischer Kontingente abzuwarten, was Valens verleitete, die Stärke des Gegners zu unterschätzen: Er verließ die befestigte Stadt. Inzwischen war jedoch die Verstärkung für Fritigern eingetroffen, das heißt, die zu Fuß kämpfenden Westgoten wurden durch beträchtliche ostgotische und alanische Reiterei verstärkt. So schlug Fritigern zu, und Valens nahm entgegen dem Rat seiner Generäle, erst Gratians Ankunft abzuwarten, die Schlacht an: die Römer wurden vor Adrianopel völlig vernichtet, Valens selbst und eine große Anzahl hoher Offiziere fielen (9. August 378). Es war ein glänzender Sieg der germanischen Reiterei über die – bis dahin noch zahlenmäßig stärkeren – römischen Fußtruppen. Lediglich die Unerfahrenheit der Goten in Belagerungstechnik rettete Adrianopel vor der Einnahme. Erst als die Goten sich gegen Constantinopel wandten, wurden sie von der sarazenischen Reiterei zurückgetrieben.

Tod des Valens

Die Schlacht bei Adrianopel wurde als Katastrophe für das Reich empfunden, und Ambrosius wertet das Ereignis als eine Art Zeitenwende: *In occasu saeculi sumus* („Wir befinden uns am Untergang eines Zeitalters." Expositio in Lucam 54, 10, 10).

Die Innenpolitik des Valens

Auch Valens beabsichtigte, den Schutz der ärmeren Schichten zu verstärken, doch ist festzustellen, dass die Abhängigkeit der Kleinbauern und der Pächter (*coloni**) von den Großgrundbesitzern eher verstärkt wurde. Ein Pächter durfte eigenen Besitz nur mit Zustimmung seines Pachtherrn verkaufen, die Großgrundbesitzer wurden zu Interessensvertretern der *coloni* erhoben. Ursache dafür war die zunehmende Landflucht und der Drang, sich der Berufsbindung zu entziehen, sich den Anachoreten* anzuschließen. So wurde auch das System der *defensores* abgeschwächt, indem Valens diese Aufgabe den Senatoren überließ.

Wie sein Bruder war Valens ungeheuer abergläubisch und erließ Gesetze gegen Magie. Vor allem verbot er im Jahre 370 den Unterricht und die Tätigkeit der *mathematici** (CTh 9, 16, 8), und eine nicht geringe Anzahl von auch – oder gerade – hochgestellten Personen wurde in Prozesse verwickelt. Dass der Vorwurf der Magie natürlich auch die Anhänger des Jamblichos und des Hekate-Kultes traf, versteht sich von selbst, so dass bei der Durchsicht entsprechender Hinweise bei Themistius, Eunapius (*Das Leben der Philosophen = Vita Sophistorum*) und Ammian der Eindruck einer „Philosophenverfolgung" entsteht, vergleichbar der unter Domitian.

Die arianische Kirchenpolitik des Valens

Aber im Gegensatz zu Valentinian übte Valens in Kirchenfragen wenig Toleranz. Als überzeugter Arianer erließ er bereits am 5. Mai 365 ein Edikt, in dem er die unter Julian zurückgekehrten nichtarianischen Bischöfe seines Rechtsteils erneut verbannte und damit die Linie des Constantius II. in aller Schärfe weiterverfolgte. Die Bitten des Basilius an Damasus zeigen uns, dass die Kirchen von Antiochia und Alexandria mit einer Verfolgung rechneten. Vor allem dass Valens 370 einen Arianer zum Patriarchen von Constantinopel bestimmte und die protestierenden Kleriker auf ein Schiff gesetzt und dieses angezündet haben soll – ob Tatsache oder Gerücht ist kaum zu entscheiden (Sokrates 4, 16) –, erregte alle gemäßigten Kirchenführer, und Basilius von Caesarea, ebenfalls 370 Bischof geworden, hoffte auf eine Intervention des Westens.

Die Kirche im Osten

Wie Damasus, Ambrosius und Martin im Westen, so prägten auch im Osten drei Kirchenführer das kirchenpolitische und geistige Klima der kommenden Jahre: Basilius von Caesarea, Gregor von Nyssa und Gregor von Nazianz. Diese drei miteinander verwandten beziehungsweise eng befreundeten Bischöfe werden gemeinhin die „Kappadokier" genannt, weil sie die drei kappadokischen Bischofstühle Caesarea, Nyssa und Nazianz innehatten.

Basilius der Große

Basilius von Caesarea, „der Große", circa 330 in Caesarea geboren, war Sohn christlicher Eltern. Sein Vater zählte zur städtischen Oberschicht und lehrte Rhetorik in Neocaesarea, so dass sich auch Basilius der Rhetorik und Philosophie zuwandte. Er studierte in Constantinopel und Athen, wo er 351 Gregor von Nazianz kennenlernte. Der christlichen Askese zugetan, die seine künftige Lebenshaltung prägte, kehrte Basilius 356 nach Caesarea zurück, ließ sich taufen und schloss sich nach kurzer Lehrtätigkeit einer Eremitengemeinde an. Aus dieser Erfahrung erwuchs später eine Mönchsregel, die das gesamte östliche Mönchtum beeinflusste. Hochgelehrt erkannte er den Wert der heidnischen Bildungstradition auch für Christen. So entwarf er eine Art „Bildungskatalog", wie wir ihn auf lateinischer Seite erst wieder mit Cassiodor besitzen.

360 wurde Basilius Berater der Bischöfe Caesareas, 364 dann Presbyter, der sich vor allem der Armenpflege widmete. Diese Komponenten – liberales Denken, kirchenpolitische Erfahrung und tätiges Christentum verbunden mit persönlicher Askese – waren ausschlaggebend für seine Wahl 370 zum Bischof von Caesarea. Als Anhänger des Symbolons von Nicaea versuchte er, die Orthodoxie gegen die Kirchenpolitik des Kaisers Valens zu verteidigen, aber sein großes Ziel, die christologische Spaltung der Kirche zu beseitigen, konnte er nicht erreichen. Ursache dafür war nicht zuletzt seine Lehre

vom Hl. Geist: Indem er über die Hypostasen der Dreifaltigkeit reflektierte, versuchte er dem „Geist“ (*Pneuma*) zwar den notwendigen Platz *neben* Vater und Sohn zuzuerkennen, vermied es aber, ihn als „Gott“ im Sinne der Dreifaltigkeit zu definieren. Damit aber wurde er im Westen als der Häresie* verdächtig angesehen. Nach Nicaea hatte sich im Osten eine Gruppe gebildet, die die Gottheit des Geistes ablehnte, weil sie auf dem Konzil nicht festgelegt worden war (sogenannte Pneumatomachen). Was nun Basilius als vorsichtiges Entgegenkommen gegenüber dieser Gruppe verantworten konnte, wurde ihm von Athanasius und Damasus als Anhängerschaft an diese Ketzer angelastet und deshalb die gewünschte Unterstützung versagt. Aber Basilius selbst war eng mit dem Kirchenkampf im Osten verbunden, was sein Eingreifen bei der Besetzung von Bischofsstühlen zeigt.

Gregor von Nyssa

Sein um 335 geborener Bruder Gregor („von Nyssa“) hatte offenbar keine auswärtigen Studien absolviert und bezeichnet den älteren Bruder als seinen „Lehrer und Vater“. Aber auch er war sehr belesen und verehrte den heidnischen Rhetor Libanios. So wandte er sich auch nicht der Askese zu, sondern widmete sich zunächst der allgemeinen öffentlichen Rhetorik, die er aber bald zugunsten vertiefter theologischer Studien aufgab. Dass er die Absicht hatte, in den Kirchendienst zu treten, ist zweifelhaft, doch brachte er dafür die besten geistigen Voraussetzungen mit. So überzeugte ihn Basilius, 371 den Bischofsstuhl von Nyssa zu übernehmen, um eine Besetzung mit einem Arianer zu verhindern. Allerdings entwarf Gregor nun eine eigenständige, pronicaenische Theologie, die ihn in Konflikt mit Basilius brachte: Er vertrat offen die Dreifaltigkeitslehre des Athanasius. Zudem kämpfte Gregor für ein Zurückdrängen des Kaisers in Kirchenfragen und geriet damit in Konflikt mit Valens, der ihn 376 unter dem Vorwurf der Unterschlagung absetzen und durch einen arianischen Bischof ersetzen ließ. Aber 378 durfte Gregor sein Amt in Nyssa wieder übernehmen.

Gregor von Nazianz

Der dritte „Kappadokier“ war Gregor, ca 329/30 nahe Nazianz geboren. Er gehörte wie Basilius zu den athenischen Studenten und entstammte dem christianisierten munizipalen Adel. Sein Vater, ursprünglich jüdisch orientiert, hatte sich unter dem Einfluss der strenggläubigen Gattin taufen lassen und war Bischof in Nazianz geworden. Der philosophisch interessierte Gregor wollte die Rhetorenlaufbahn einschlagen, um sie im Sinne des Christentums zu nutzen, doch bei seiner Heimkehr aus Athen 356 ließ er sich auf Wunsch der Eltern taufen und wurde 361 zum Presbyter geweiht. Gregor gilt als begabt, aber ohne Durchsetzungsvermögen. So beurteilt man seine enge Freundschaft mit Basilius, dessen „Heiligenvita“ er verfasste, als Bund und Lebensstütze. Er engagierte sich im Kirchenkampf auf der Seite des Basilius und wurde von diesem überredet, den neu gegründeten Bischofsstuhl von Sasima zu übernehmen, um eine Besetzung durch Arianer zu verhindern (372). Dies erwies sich als Missgriff, denn Gregor floh vor der Auseinandersetzung, kehrte nach Nazianz zurück und unterstützte seinen Vater bis zu dessen Tod 374. So wenig politische Begabung Gregor aufwies, er wurde zum wortgewaltigen Sprecher, zum Philosoph der Orthodoxie. Dies zeigte sich, als er 379 aufgefordert wurde, die kleine nicaenische Gemeinde in dem von Arianern beherrschten Constantinopel zu übernehmen. In dieser Position war er maßgeblich an der kirchenpolitischen Entwicklung unter Kaiser Theodosius beteiligt.

5. Kaiser Gratian

379 Der Heermeister Theodosius wird von Gratian in Sirmium zum Kaiser (des Ostens) erhoben
380 Das Edikt *Cunctos populos* definiert die „katholischen Christen"
381 Das Konzil von Constantinopel definiert das katholische Glaubensbekenntnis
382 Foedus mit den Westgoten (Fritigern) und deren Ansiedlung in Niedermoesien; Entfernung der Ara Victoriae aus der Curia in Rom
383 Theodosius erhebt Arcadius zum Augustus; Usurpation des Magnus Maximus und gewaltsamer Tod Gratians in Lyon
384 Prozess gegen Priscillian wegen Magie

Valentinian II.

Mit dem Tode Valentinians war Gratian Kaiser im Westen geworden. Um die Legitimität der Dynastie zu untermauern, hatte ihn sein Vater 374 mit Constantia, der nachgeborenen Tochter des Constantius II., verheiratet. Aber die Offiziere Valentinians, allen voran der Franke Merobaudes und der *magister militum* per Illyricum* Flavius Equitius, beschlossen, Valentinians gleichnamigen Sohn aus 2. Ehe, der nahe Sirmium lebte, zum Mit-Augustus zu erheben. Im Herbst 371 vielleicht in Trier geborenen, wurde das gerade vier Jahre alte Kind am 22. November 375 in Aquincum den Soldaten als Kaiser für die Bereiche Illyricum, Italia und Afrika vorgestellt. Der in Trier verbliebene Gratian sah sich gezwungen, die Wahl der Offiziere zu akzeptieren, trachtete aber danach, den Machtbereich Valentinians II. zu beschränken.

Die Beweggründe, Valentinian II. zum Kaiser zu erheben, sieht Ammian (30, 19) darin, dass man so eine selbständige Kaiserwahl der anwesenden gallischen Legionen verhindern wollte, was wie ein Hinweis auf deren Rolle bei der Usurpation Julians anmutet. Möglich ist auch, dass Valentinian II. als Gegengewicht zur Einflussnahme einer Hofclique um Ausonius auf den erst 16-jährigen Gratian zu werten ist. Valentinian II. wurde zusammen mit seinem Onkel Valens zum Consul von 376 bestimmt, Merobaudes, jetzt Berater des jungen Herrschers, für das Jahr 377 als Consulkollege des Gratian.

Gratian und der Senat in Rom

Gratian ließ zunächst die noch von seinem Vater verhängten Urteile vollziehen, was bei den Senatoren große Enttäuschung hervorrief; sie hatten auf eine Amnestie gehofft. Dennoch bedeutet das Jahr 376 auch den Beginn eines Ausgleiches zwischen Kaiser und Senat. Der Grieche Themistius, von Valens als Überbringer der Glückwünsche an Gratian nach Italien entsandt, sagt, dass es vor allem Ausonius war, der diese Wende verursacht habe; aber Ausonius nutzte seinen Einfluss auch, um die eigene Familie und Verwandtschaft in hohe Positionen zu bringen. Selbst seinem greisen Vater Julius Ausonius, damals circa 90 Jahre alt, konnte er 377 das Amt des *praefectus praetorio Illyrici* verschaffen.

Ein erster wichtiger Akt der Versöhnung war die Verurteilung des *praefectus praetorio Galliarum* Maximinus, der während seiner Amtszeit als *vicarius* Urbi* (370/371) die Befehle des Kaisers Valentinian rücksichtslos vollzogen hatte, Urteile, unter denen vor allem die Heiden zu leiden hatten. So bedankte sich der angesehene Redner Q. Aurelius Symmachus bei Gratian, als dieser auf Anraten des Ausonius 376 Rom besuchte, im Namen des Senates für die Hinrichtung dieses Mannes. Gerade Ausonius war durch seine Korrespondenz mit vielen hochgebildeten christlichen und heidnischen Aristokraten eine Art Interessenvertreter des Senates. Da aber Gratian sich bis 381 zumeist außerhalb Italiens, vornehmlich in Trier, aufhielt, konnte eine tiefere Bindung zur Hauptstadt und deren eifersüchtig bewahrter politischer Tradition nicht entstehen.

Ausonius

Ausonius, seit 378 *praefectus praetorio Galliarum*, ab Mitte 378 gemeinsam mit seinem Sohn Hesperius, lobt in seiner „Dankesrede" (Gratiarum actio) für das ihm 379 verliehenen Consulat die „Milde" (*clementia, indulgentia*) des Kaisers: Er verweist auf den Erlass von Steuerrückständen, desgleichen auf einen Gnadenerlass für Verbannte, der auch kirchliche Würdenträger betraf, was im Osten erhebliche Unruhe schuf, die Valens seinerseits mit Gewalt unterdrückte. Der Rang des *vicarius* wurde vor dem des *comes* notiert, was möglicherweise auf eine Erweiterung der verwaltungstechnischen und juridischen Belange hindeutet (CTh 1, 15, 7 vom Januar 377). Ferner verbot Gratian die peinliche Befragung von Decurionen, eine Praxis, die sich im 3. Jahrhundert, vor allem aber unter Constantin dem Großen in die Gerichtsbestimmungen „eingeschlichen" hatte. Eine große Bautätigkeit entfaltete sich in seinem Regierungsgebiet.

Aber so sehr man nun ein glückliches Zeitalter, die *Saturnia regna*, erwartete, weder Kriege noch innere Unruhen blieben Gratian erspart.

Die Kriege Gratians

377 erschien der *comes domesticorum* Richomer, ein hochgebildeter Franke, bei Gratian, um Hilfe gegen die Goten zu erbitten. Gratian sagte zu, aber sofort nach seinem Abzug überschritten die im Hegau/Linzgau lebenden *Alamanni Lentienses* Anfang 378 bei Breisach den zugefrorenen Rhein. Von einem einheimischen Aufgebot zurückgeschlagen, kamen sie kurz darauf unter Führung des Königs Priarius zurück und vernichteten nahe Colmar die von Gratian entsandten Truppen des *comes domesticorum*, des Franken Mallobaudes. Nun überquerte der Kaiser selbst bei Basel den Rhein und zwang die Alemannen zu einem *foedus* und zur Stellung von Hilfstruppen. In Eilmärschen zog er anschließend nach Sirmium und die Donau abwärts, wo ihn die Nachricht von der Niederlage des Valens erreichte. Gratian kehrte nach Sirmium zurück und berief im Herbst 378 Theodosius, den Sohn des hingerichteten älteren Theodosius, zum Heermeister.

Zwei Ursachen können für diese Berufung angeführt werden: 374 hatte der jüngere Theodosius als *dux* Moesiae* die Sarmaten besiegt, war also ein ebenso ortskundiger wie erfolgreicher General. Zudem war er Schwiegersohn des Aelius Flaccillus, Nachfolger des hingerichteten *praefectus praetorio* Maximinus. Gratian entsandte seinen Feldherrn erneut gegen die Sarmaten und erhob ihn nach einem Sieg am 19. Januar 379 in Sirmium zum Augustus für den Reichsteil des Valens. Dies war nicht nur eine militärisch kluge Wahl, sondern auch ein gekonnter Schachzug gegenüber den Anhängern Valentinians II., die auf eine Einsetzung des Knaben als „Ost-Kaiser" gehofft hatten.

Theodosius, Augustus des Ostens

Mit dem Tode des Valens endet bedauerlicherweise auch das Geschichtswerk Ammians. Damit verfügen wir nicht mehr über eine große zusammenhängende zeitgenössische Darstellung, da die um 420 entstandene *Geschichte gegen die Heiden* (*Historia adversum paganos*) des Orosius trotz interessanter Details kaum als gleichwertig angesprochen werden kann. Die Lücke füllen vor allem die byzantinischen Historiker, ferner die Reden und Schriften der Panegyriker, des Ausonius, des Symmachus und des Synesios von Kyrene.

Nach einem kurzen gemeinsamen Feldzug kehrte Gratian nach Mailand zurück. Er hatte die Donaupolitik mit Theodosius weitgehend abgestimmt und unterstützte diesen gegen die Goten mit Truppen unter Führung der Generäle Arbogast und Bauto. Im Frühjahr 380 hatten Westgoten unter Führung des Fritigern Makedonien überfallen, und Theodosius war nur knapp der Gefangennahme entkommen. Im September verabredeten beide Kaiser, Teile der Vandalen, Alanen und Goten innerhalb des Reiches, vor allem in Pannonien, anzusiedeln. Es handelte sich hierbei um die sogenannten „Athanarich-Goten", die unter der stetigen Feindschaft mit Fritigern zu leiden hatten und nun Theodosius um Hilfe baten. Ende 380 überquerte Athanarich die Donau und unterwarf sich dem Kaiser, der ihn nach Constantinopel einlud und, als Athanarich am 25. Januar 381 starb, ehrenvoll bestatten ließ. Die mit ihm nach Constantinopel übersiedelten Goten traten großenteils in römische Dienste.

Ansiedlung von Germanen im Reich

Auch mit Fritigern wurde eine Einigung erzielt, nachdem seine Goten aus den Provinzen Epirus und Achaia vertrieben worden waren. Am 3. Oktober 382 schloss er mit Theodosius ein *foedus* ab und erhielt in Niedermoesien neue Wohnsitze.

Die Kaiser und die Kirche

Gratian hatte sich zunächst aus kirchenpolitischen Angelegenheiten herausgehalten und in einem 376 erlassenen Gesetz, dem *praeceptum Gratiani* (CTh 16, 2, 23) verfügt, dass Kleriker nur in Tatbeständen des Strafrechts von weltlichen Gerichten abzuurteilen, Glaubensfragen hingegen Synoden vorzulegen seien. Damasus aber erkannte, dass Synodalbeschlüsse kaum ohne weltliche Zwangsmaßnahmen (*coercitio*) durchzusetzen waren und ersuchte im Auftrag einer römischen Synode um entsprechende staatliche Unterstützung zur Durchsetzung der „päpstlichen" Jurisdiktion, und Gratian entsprach 378 diesem Wunsche. Damit wurde eingeleitet, was einst Ossius von Cordoba gegenüber Constantius II. strikt abgelehnt hatte: die Verknüpfung von weltlicher Macht und Kirche. Dennoch erscheint Damasus als Sieger: Der Erlass Gratians bestimmte Rom als Appellationsinstanz der westlichen (= lateinischen) Kirche und bestätigte somit den von Damasus geforderten Vorrang der *sedes Apostolica* von Rom.

Sehr wahrscheinlich unter dem Einfluss des streng katholischen Theodosius legte Gratian 379 den Titel und das Amt des *pontifex maximus* nieder. Hatte er beim Tode des Vaters noch die Divinisierung Valentinians durch den Senat gebilligt, so musste dieser Schritt für das römische Heidentum das Ende einer Welt bedeuten.

Das Christentum wird Staatsreligion

Theodosius ging noch einen Schritt weiter. Im Herbst 379 hatte Bischof Meletius von Antiochia zu einer Synode geladen, bei der er die Beschlüsse der römischen Synode von 372 zur Unterschrift vorlegte. In diese Situation platzte am 27. Februar 380 ein Edikt des Kaisers, das Edikt *Cunctos populos*.

Q

Das Edikt *Cunctos populos*
(CTh 16, 1, 2: 27. Februar 380)

Die Kaiser Gratian, Valentinian [II.] und Theodosius, Edikt an die Bevölkerung der Stadt Constantinopel: Wir wollen, dass alle Völker, die das „richtige Maß" (*temperamentum*) unserer Milde regiert, nach dem Glauben leben sollen, den der göttliche Apostel Petrus den Römern überliefert hat, und wie es der von ihm selbst offenbarte bis heute erweist, und dem zu folgen den Pontifex Damasus auszeichnet, wie auch Petrus, den Bischof von Alexandria, ein Mann von apostolischer Heiligkeit; das heißt, dass wir gemäß der apostolischen Weisung und evangelischen Lehre glauben an einen Vater, einen Sohn und einen heiligen Geist in einer Gottheit in gleicher Majestät und gleicher frommer Dreiheit (Trinität). Alle, die diesem Gesetz folgen, sollen unter dem Namen katholische Christen zusammengefasst werden; die übrigen aber sind als unvernünftig und wahnsinnig zu beurteilen und haben die Schande der häretischen Lehre zu tragen; ihre Versammlungsstätten dürfen nicht als Kirchen bezeichnet werden; schließlich soll sie zunächst die göttliche Strafe, hernach noch unsere [richterliche] Tätigkeit, die wir auf göttlichen Ratschluss hin ergreifen wollen, ereilen. Gegeben am 3. Tag vor den Kalenden des März zu Thessalonica, unter dem 5. Consulat des Kaisers Gratian und dem ersten des Kaisers Theodosius.

Damit wurde das Christentum zur Staatsreligion erklärt, die (nicaenische) Trinität allgemein verpflichtend und die rechte Glaubensform als katholisch, alle übrigen Formen als häretisch definiert.

Dieses Edikt *Cunctos populos* setzte aber auch die Autoritäten fest, indem es den Bischof Damasus zuerst, danach Petrus von Alexandria nannte. Dadurch aber sah sich Meletius von Antiochia, der sich als Erbe der Kirchenpolitik des am 1. Januar 379 verstorbenen Basilius von Caesarea empfand, zurückgesetzt. Es ist viel gerätselt worden, was oder wer Theodosius zu diesem überraschenden Schritt bewogen haben könnte. Adolf Lippold vermutet, dass die spanische Herkunft des Kaisers ihn veranlasst habe, den eigenen Glauben per Dekret zu verkünden. Aber es ist nicht ganz auszuschließen, dass die nicaenische Gemeinde in Constantinopel, der Gregor von Nyssa vorstand, hier Einfluss ausgeübt hat.

Theodosius berief nun für das Frühjahr 381 ein Konzil nach Constantinopel, um dort über das Symbolon von Nicaea entscheiden zu lassen. Das Konzil, an dem nur wenige westliche Bischöfe teilnahmen, wurde von Meletius gelenkt, der versuchte, Gregor von Nyssa zum neuen Patriarchen von Constantinopel zu erheben. Doch als Meletius im Mai 381 starb, wurde Gregor gezwungen, sein Amt aufzugeben, da er bereits Bischof einer anderen Gemeinde (Sasima) war. In diesem Streit benannte der Kaiser den amtierenden Stadtpräfekt Nectarius als Kandidaten, der sich in aller Eile taufen ließ. Damit wurde ein Mann gewählt, der im Sinne des Kaisers wirkte. So bestätigte das Abschlussprotokoll vom 9. Juli 381 ein Glaubensbekenntnis, das bereits zuvor per Edikt vom 28. Februar 380 verkündet war: das nicaenisch-constantinopolitanische Glaubensbekenntnis, das nach Anerkennung des Konzils im 5. Jahrhundert als ökumenisches Konzil auch Glaubensbekenntnis des Abendlandes wurde.

Q

Das nicaenisch-constantinopolitanische Glaubensbekenntnis

Credo in unum Deum, Patrem omnipotentem, factorem caeli et terrae, visibilium omnium et invisibilium. Et in unum Dominum Iesum Christum, filium Dei unigenitum, et ex Patre natum ante omnia saecula. Deum de Deo, Lumen de Lumine, Deum verum de Deo vero, genitum non factum, consubstantialem Patri; per quem omnia facta sunt. = Ich glaube an einen Gott, den allmächtigen Vater, den Schöpfer des Himmels und der Erde, aller sichtbaren und unsichtbaren Dinge. Und an einen Herrn Jesus Christus, den eingeborenen Sohn Gottes, geboren aus dem Vater vor aller Zeit. Gott von Gott, Licht vom Lichte, wahrer Gott von wahrem Gott, gezeugt, nicht geschaffen, eines Wesens mit dem Vater, durch den alles geschaffen ist [etc.].

Trotz des akzeptierbaren Ergebnisses reagierte der Westen verbittert: Zwar wurde der Vorrang Roms bestätigt, doch an zweiter Stelle stand Constantinopel als „Neues Rom" (*Altera Roma*), was eine Rückstufung aller übrigen *sedes Apostolicae** bedeutete. Am 3. September 381 trat in Aquileia ein westliches Konzil zusammen, zu dessen Abschluss Ambrosius auf die freie Besetzung der Bischofsstühle pochte. Dies wurde von Theodosius als Affront zurückgewiesen, doch ließ er 382 erneut durch Nectarius zu einem Konzil nach Constantinopel einladen, was der Westen mit einer Einladung nach Rom beantwortete.

Theodosius erkannte, dass er trotz aller Bemühungen um den nicaenischen Glauben mit seinem Alleingang eine Spaltung der Kirche in Ost und West riskierte. So trat 383 ein neues Konzil zusammen, das alle nicht-nicaenischen Bekenntnisse als ketzerisch verurteilte. Der Beschluss war zwar konsequent, definierte jedoch auch die durch den Bischof Ulfilas missionierten Goten als Häretiker. Ulfilas hatte diese zu einer gemäßigten Form des Arianismus bekehrt, und die „gotische Liturgie" verbreitete sich dann bei Vandalen und Burgunden. Das Konzil von 383 beließ somit eine wachsende Religionsgemeinschaft außerhalb der Kirche und verhinderte ihre Integration.

Die Ara Victoriae

Während Theodosius aber mit maßvollen Verboten gegen Heidentum, Zukunftsdeutung und Orakelstätten vorging, untersagte Gratian jegliche Unterstützung der stadtrömischen Kulte und hob die Immunität* für die heidnischen Priesterschaften – auch für die Vestalinnen – auf. Der unverständlichste Akt aber war die Entfernung des Altars der Victoria (*ara Victoriae*) 382 aus der Curia. Der Altar war seit Augustus das Symbol der Größe und Unvergänglichkeit Roms; dort opferten die Senatoren vor den Sitzungen. Selbst die christlichen Senatoren waren entsetzt und man sandte eine Petition nach Mailand, die der Kaiser aber nicht empfing. Gratian stand voll unter dem Einfluss des Ambrosius und des Damasus.

Arcadius Augustus

Aber diese Verbindung scheint auch die Beziehung zwischen Gratian und Theodosius belastet zu haben, vielleicht ein Grund dafür, dass Theodosius am 19. Januar 383, den Quinquennalien, seinen ältesten, circa 377 geborenen Sohn Arcadius zum Augustus erhob. Das Imperium schien unter den Dynastien des Valentinian und des Theodosius aufgeteilt.

Die Regierung Gratians war von Misstrauen begleitet: Militärische Rückschläge, Hungersnöte und Missernten wurden als Strafe Gottes definiert, und als Gratian gezwungen war, im Frühjahr 383 die in Rätien eingebrochenen Alemannen (= Juthungen) zu bekämpfen, entschloss sich der damalige *comes Britanniarum* Magnus Maximus zur Usurpation. Maximus war Spanier wie Theodosius und möglicherweise mit dessen Familie verwandt. Gratian zog gegen Maximus, der inzwischen in Nordgallien und von der Rheinarmee anerkannt worden war, unterlag jedoch bei einem Treffen nahe Paris durch Verrat seiner eigenen Generäle. Er floh nach Lyon und wurde dort von seinem eigenen *magister militum* Andragathius am 25. August getötet.

Tod des Gratian

Maximus versuchte, möglichst ohne weitere militärische Auseinandersetzung Herr des Westens zu werden. Er setzte auf seine Verwandtschaft (?) mit Theodosius und forderte seine Anerkennung als Mit-Augustus. Ferner verlangte er, dass der inzwischen 12-jährige Valentinian II., der sich seit einigen Jahren unter der vormundschaftlichen Aufsicht (*sub tutela*) Gratians mit seiner Mutter in Mailand aufhielt, nach Trier übersiedle. Damit wäre der nunmehr rangälteste Augustus in die Gewalt des Usurpators geraten. Der Hof hoffte jedoch auf die Hilfe durch Theodosius und entsandte gleichzeitig Ambrosius zu Verhandlungen mit Maximus. Theodosius zögerte, da er zuerst die Ostgrenze sichern wollte. Als dann 384 eine persische Gesandtschaft des jungen Königs Schapur III. Verhandlungen in der Armenienfrage anbot, zog Theodosius nach Westen und ließ Arcadius unter der Obhut seiner Erzieher, des Christen Arsenios und des Heiden Themistius, in Constantinopel zurück. Im August 384 trafen Valentinian II. und Theodosius bei Verona zusammen, wo sie sich auf eine vorläufige Duldung – nicht Anerkennung! – des Maximus in Britannien und Gallien einigten. Keiner der Herrscher sah sich in der Lage, militärisch gegen Maximus vorzugehen. Dass dieser daraus seine Anerkennung ableiten wollte und Münzen im Namen der drei Augusti prägen ließ, entsprang dem Wunsch nach Legitimität.

Treffen des Theodosius mit Valentininan

Ende 384 kehrte Theodosius in den Osten zurück und überließ die Politik Valentinians II. dem *magister militum* Bauto, einem heidnischen Franken, sowie Ambrosius, einem scharfen Kritiker der arianischen Kaisermutter Justina.

Streit um die Ara Victoriae

Justina versuchte eine eigenständige Politik im Namen ihres Sohnes, um Italien zu sichern. Dazu zählte auch der Ausgleich mit den Heiden im Senat. Sie berief Anfang 384 den angesehenen Vettius Agorius Praetextatus zum *praefectus praetorio Italiae* und nach dessen Tod im gleichen Jahr den ebenfalls zum stadtrömischen Adel gehörenden Fl. Neoterius, ehemals *praefectus praetorio Orientis* des Theodosius; *praefectus Urbi* wurde der bedeutende Redner Symmachus. So glaubte der Senat an die Möglichkeit, die antiheidnischen Anordnungen Gratians, wenn nicht beseitigen, so doch mildern und die Wiederaufstellung der *Ara Victoriae* erreichen zu können. Erneut reiste Symmachus nach Mailand und hielt dort seine berühmte Rede (*III. Relatio*), die alle Unglücksfälle, Missernten, Hungersnöte, Barbareneinfälle, Usurpationen als Ergebnis der Verachtung des göttlichen Geistes vorstellte. Ambrosius, der zu Recht einen Erfolg dieser Mission fürchtete, verfasste zwei Briefe (Epistulae 17; 18), um die Argumentation der Heiden zu widerlegen, und so wurde der Antrag im *consistorium* abgelehnt. Die Heiden waren zutiefst enttäuscht.

Hieronymus und die Vulgata

Die Stellung des Ambrosius wurde vor allem durch den Tod des Damasus gestärkt, dessen Prestige jedoch nicht nur in der Zusammenarbeit mit Gratian lag: Im Jahr 382 hatte er seinen Sekretär Hieronymus beauftragt, eine allgemein gültige lateinische Bibelübersetzung zu erstellen. Hieronymus, um 345 in Stridon (Dalmatia) geboren, hatte in Rom und Trier studiert, war 373 nach Jerusalem gepilgert und hatte drei Jahre als Eremit in der Wüste gelebt. In dieser Zeit hatte er auch Hebräisch gelernt. Er nahm an den östlichen Konzilien teil, bis er 381 nach Rom zurückkehrte. Seine Bibelübersetzung sollte nun die vielen umlaufenden Übersetzungen durch eine autorisierte „Einheitsübersetzung" (Vulgata) ablösen, um so die Basis einer einheitlichen Bibelexegese zu schaffen. Dafür griff Hieronymus auf die hebräische Bibel zurück, die er durch Einsichtnahme in die griechischen Übersetzungen ergänzte und bereinigte. Aufgrund dieser Leistung machte sich Hieronymus Hoffnung auf die Nachfolge des 384 verstorbenen Damasus. Doch als an seiner Stelle der relativ unbedeutende Siricius gewählt wurde, ging Hieronymus nach Bethlehem, wo er 419 starb. Wichtig ist für uns noch ein zweites Werk des Hieronymus: 392 verfasste er eine kleine christliche Literaturgeschichte, die er seinem Freund, dem Spanier Nummius Aemilianus Dexter widmete: *Über die berühmten Männer* (*De viris illustribus*).

Ambrosius in Mailand

Mit dem Tode des Damasus wurde Ambrosius direkter Gegenspieler der Justina. Als sie eine arianische „Hofkirche" in Mailand forderte, verweigerte Ambrosius dies, und als der Hof selbst eine Kirche benannte, ließ er sie von Gläubigen besetzen. Ambrosius stellte dabei die Entscheidung des gläubigen Volkes über die des Kaisers. Dennoch konnte er nicht verhindern, dass den Arianern im Bereich Valentinians II. volle Toleranz gewährt wurde.

Der Priscillianistenprozess

Anders Maximus, der als überzeugter Anhänger des Nicaenums gegen die Häretiker vorging, was die Feinde des Priscillian benutzten, einen Prozess in Gang zu setzen. Der spanische Presbyter Priscillian hatte nach dem Vorbild der Orientalen eine Asketengemeinschaft gegründet und wurde von Itacius (Hydatius) von Ossonoba des Manichäismus* verdächtigt. Ein erster Prozess wurde nach Intervention des Damasus und des Ambrosius 381 niedergeschlagen; Gratian belangte Itacius selbst, der jedoch nach Trier floh. 384 wurde nun der Prozess in Trier erneut wegen Manichäismus und Magie eröffnet und Priscillian trotz der Intervention eines Martin von Tours 385 hingerichtet, was vor allem die italischen Bischöfe entsetzte. So berief Maximus eine Synode für 386 nach Trier, wo der Ortsbischof Felix sich auf die Seite der Priscillianisten-Gegner geschlagen hatte. Noch einmal versuchte Martin, unterstützt durch Briefe des Ambrosius, zwischen den Parteien zu vermitteln, aber Felix und Maximus setzten sich durch und zwangen ihn, das Urteil zu akzeptieren: Es sei im Namen der Orthodoxie gefällt worden. Mit diesem Anspruch suchte Maximus auch die italischen Bischöfe zu gewinnen. Erneut reiste Ambrosius nach Trier, weigerte sich jedoch, die Beschlüsse anzuerkennen. Er kehrte nach Mailand zurück und exkommunizierte Maximus.

6. Kaiser Theodosius der Große

384 Römisch-persischer Vertrag über die Teilung Armeniens
387 Maximus in Italien; Theodosius heiratet in Salona Galla, die Schwester Valentinians II.
388 gewaltsames Ende des Maximus
389 Rombesuch des Theodosius
390 Weihnachten: nach einer öffentlichen Kirchenbuße nimmt Ambrosius Kaiser Theodosius wieder *„inter fideles"* auf
392 Tod Valentinians II. in Vienne; der Heermeister Arbogast bestimmt den Rhetor Eugenius zum Augustus (Usurpation)
393 Theodosius erhebt seinen zweiten Sohn Honorius zum Augustus; letzte Olympische Spiele
394 Zug des Theodosius gegen Eugenius und Arbogast im Westen; Verbot der Olympischen Spiele; Schlacht am Frigidus
395 Tod des Theodosius in Mailand, Stilicho wird zum Reichsverweser bestimmt

Maximus in Italien

Maximus übertrug die Sicherung der Rheingrenze seinem vermutlich bereits 383 zum Caesar erhobenen Sohn Fl. Victor und wandte sich Italien zu. Die Voraussetzungen schienen günstig. Gallien scheint damals eine kurze Zeit der Blüte erlebt zu haben, so dass das Steueraufkommen für einen Feldzug ausreichte. Unter dem Vorwand, Valentinian II. gegen die Sarmaten zu unterstützen, marschierte Maximus 387 in Italien ein, der Hof floh von Mailand nach Thessalonica und begab sich unter den Schutz des Theodosius. Der Heermeister Merobaudes beging Selbstmord. So stieß Maximus ohne Widerstand bis Aquileia vor, das eine strategische Schlüsselposition besaß. Gleichzeitig ersuchte er den Senat um Anerkennung und ernannte Symmachus zum Kollegen als Consul des Jahres 388.

Stilicho und Theodosius

Theodosius hatte, um mit den Persern zu einer Einigung zu gelangen, 384 eine Gesandtschaft zu Schapur geschickt, der auch Fl. Stilicho angehörte. Um 365 als Sohn eines vandalischen Offiziers und einer Provinzialen geboren, war Stilicho bereits 383 Offizier der kaiserlichen Leibwache. Sein diplomatisches Geschick war offenbar so groß, dass er bei der Rückkehr der Gesandtschaft Serena, die Nichte des Theodosius, heiraten durfte. Serena wurde Erzieherin des am 9. September 384 geborenen Fl. Honorius. Damit gehörte Stilicho zur kaiserlichen Familie.

In dem 384 ausgehandelten Vertrag wurde Armenien so geteilt, dass die Römer nur eine Pufferzone von einem Fünftel des Landes behielten (Linie Amida [Diarbekr] – Theodosioupolis [Erzerum]). Dieser Vertrag sollte dem Reich für fast 100 Jahre Frieden bringen.

Theodosius benötigte die Ruhe auch für die von den Westgoten bedrohte Donaufront, wo im Herbst 386 größere Scharen die Donau zu überqueren suchten, jedoch von der römischen Flotte vernichtet wurden. Der Erfolg wurde am 12. Oktober in Constantinopel mit einem Triumph und der Errichtung einer Siegessäule gefeiert. Als Theodosius von dem Einfall des Maximus in Italien erfuhr, befand er sich somit in einer militärisch starken Position. Dennoch zögerte er bis Herbst 387, bevor er Valentinian II. und Justina in Salona aufsuchte. Dort heiratete er die schöne junge Galla, die Schwester Valentinians.

Der Untergang des Maximus

Erst im Frühjahr 388 zog Theodosius mit seinen Generälen Richomer und Arbogast gegen Maximus. Dieser hatte inzwischen mit dem *comes Africae* Gildo, einem Bruder des Firmus, Kontakt aufgenommen, so dass ihm auch das für die Kornversorgung wichtige Nordafrika zufiel. Aber noch zögerte Theodosius: Zunächst hob er am 14. Juni in Stoboi das von Valentinian I. verkündete Toleranzedikt für Arianer auf (CTh 16, 5, 15), was gegen die Interessen Justinas und Valentinians II. gerichtet war. Theodosius nützte einerseits die „Machtlosigkeit" des jungen Valentinian und seiner Mutter, um die eigene religiöse Politik gegen die Arianer durchzusetzen. Andererseits konnte er Valentinian II. als den „senior Augustus" nicht völlig beiseite schieben. Da die Auseinandersetzung militärisch zu Lande erfolgen musste, beauftragte Theodosius den Valentinian mit der hierbei weniger bedeutenden Sicherung der Küste gegenüber möglichen Angriffen aus Nordafrika und übergab ihm die Flotte, um Sizilien und Ostia zu besetzen: Unteritalien war für Maximus verloren. Theodosius selbst zog über Siscia nach Poetovio (Pettau), wo ihm die Soldaten des Usurpators erstmals entgegentraten. Nach einem Sieg konnte der Kaiser fast ungehindert über Emona (Ljubljana) nach Aquileia ziehen, wo Maximus sein Hauptquartier hatte. Überraschend für Theodosius ergab sich Maximus kampflos. Aber der Sieger überließ ihn dessen eigenen Soldaten, die ihn am 28. August 388 in ihrer Enttäuschung und Wut erschlugen. Der Heermeister Arbogast wurde nach Gallien gesandt, Fl. Victor im Herbst 388 getötet.

Obwohl Valentinian II. rangerster Augustus blieb, bestand kein Zweifel, dass der Sieger Theodosius nunmehr Herr des Imperiums war. Er wählte Mailand als Residenz und sandte Valentinian 389 nach Trier, zusammen mit dem „Aufpasser" Arbogast, der bald eine selbständige Politik betrieb. Arbogast zog umgehend gegen die Franken, die den Abzug des Maximus und die Schwäche des Victor ausgenutzt hatten, Köln zu plündern. Eine weitere Strafexpedition der Römer blieb allerdings erfolglos.

Der Streit mit Ambrosius

Theodosius suchte durch „byzantinisches" Auftreten die westlichen Bischöfe der kaiserlichen Autorität zu unterwerfen. Als Erstes ließ er die Rehabilitation des Priscillian verkünden, was zwar im Einklang mit den Wünschen des Ambrosius und Martin stand, aber zeigte, dass der Kaiser sich als Herr des Glaubens und damit der Kirche empfand. Als er zudem bei einer von Ambrosius gehaltenen Messe seinen Stuhl im Altarraum aufstellen ließ, wie dies in Byzanz geschah, zwang ihn Ambrosius zum Verlassen eines Bereiches, der nur Klerikern vorbehalten war. Ambrosius war keineswegs bereit, das von Theodosius beanspruchte „Gottesgnadentum*" über die Kirche wirksam werden zu lassen. Hier ist Ambrosius der direkte Vorläufer des Gelasius, der gegenüber Kaiser Zeno die Lehre von den zwei Gewalten formulierte. Die Auseinandersetzung eskalierte, als im Frühjahr 390 der Heermeister Butherich in Thessalonica einen bekannten Circus-Fahrer wegen Homosexualität festnehmen ließ. Der aufgebrachte Mob rottete sich zusammen und erschlug Butherich, woraufhin Theodosius befahl, die Aufrührer im Circus einzuschließen und durch Bogenschützen zu töten. 3000 Menschen sollen umgekommen sein. Ambrosius verweigerte nun Theodosius die Kommunion und verlangte ein öffentliches Bußbekenntnis; um nicht zum Nachgeben gezwungen zu werden, verließ er die Stadt. Theodosius sah darin eine Herabwürdigung, doch als er erkannte, dass auch die übrigen Bischöfe die Haltung des Ambrosius teilten, gab er nach und wurde am Weihnachtstag 390 von Ambrosius erneut *inter fideles* aufgenommen.

Theodosius und die heidnischen Senatoren

Der Aufstand des Maximus hatte Theodosius gezeigt, dass er sich mit dem Westen, vor allem dem senatorischen Adel, arrangieren musste. So begann eine scheinbar zwiespältige Politik, die einerseits die mächtigen heidnischen Senatorenfamilien hofierte, andererseits die heidnischen Kulte unterdrückte.

Vom 13. Juni bis 30. August 389 besuchte der Kaiser mit seinem kleinen Sohn Honorius Rom, wo der heidnische gallische Rhetor Pacatus die Festrede hielt. Theodosius ernannte den Heiden Ceionius Rufus Albinus zum *praefectus Urbi*; dieser war zwar mit einer Christin verheiratet, zählte aber zum politischen und literarischen Kreis um Symmachus. Diesem Zirkel gehörte auch Virius Nicomachus Flavianus (der Ältere) an, den Theodosius 389 zum *quaestor sacri palatii* und 390 zum *praefectus praetorio Italiae* erhob; dessen Sohn Nicomachus Flavianus (der Jüngere) wiederum war mit der Tochter des Symmachus verheiratet. Nicomachus dem Jüngeren verdanken wir eine wichtige emendierte Livius-Ausgabe.

Sicherlich darf nicht übersehen werden, dass sich mit dem Hofieren dieser mächtigen Geschlechter der Wunsch verband, sie zur Mitarbeit und auch für das Christentum zu gewinnen, doch gerade der Bußakt von Mailand brachte eine Wende, die gemeinhin als Todesurteil für das Heidentum gewertet wird: Als tiefgläubiger Christ suchte Theodosius die Gnade Gottes wiederzugewinnen, indem er am 24. Februar 391 in einem Edikt den Besuch heidnischer Tempel sowie heidnische Opfer untersagte. Beamte, die dagegen verstießen, sollten mit 15 Pfund Gold bestraft werden (CTh 16, 10, 10). Dieser Erlass kam völlig überraschend, da Theodosius noch für das Jahr 391 zwei heidnische Consuln benannt hatte: Flavius Tatianus und Q. Aurelius Symmachus. Dieses Edikt wurde am 16. Juni in einem Schreiben an den *comes Aegypti* wiederholt (CTh 16, 10, 11), da es dort zwischen Kirche und Akademie zu gewalttätigen Auseinandersetzungen gekommen war.

Im Juli 391 kehrte Theodosius nach Constantinopel zurück, da dort ein Streit zwischen dem circa 14 Jahre alten Arcadius und dessen Stiefmutter Galla ausgebrochen war. Die gesamte Hofcamarilla war darin verwickelt und der Verweser des Ostreiches Flavius Eutolmius Tatianus war nicht mehr in der Lage, die Ordnung aufrechtzuerhalten. Hinzu kam, dass die Westgoten erneut Thracien plünderten. Damals kam es erstmals zu einer Auseinandersetzung mit dem ungefähr 25-jährigen Alarich, der sich als militärisch ebenbürtig erwies. Mit der Sicherung der Donaugrenze und Thraciens wurde Stilicho beauftragt.

Das Jahr 392 schien zunächst friedlich zu verlaufen, als die Nachricht eintraf, dass Valentinian II. am 15. Mai tot aufgefunden worden sei.

Der Tod Valentinians II.

Valentinian war, obwohl rangerster, weil rangältester Augustus, im Grunde nur Repräsentant kaiserlicher Macht; tatsächlicher Machthaber war Arbogast, vermutlich der Sohn des Heermeisters Bauto. Er hatte mit den heidnischen Kreisen Kontakt aufgenommen und die protheodosianischen Offiziere durch Franken seines Vertrauens ersetzt. Als nun im Frühjahr 392 ein Germaneneinbruch Pannonien bedrohte und Valentinian II. mit Truppen nach Oberitalien ziehen wollte, wurde er von Arbogast im Palast von Vienne unter Arrest gestellt. Am 15. Mai fand man ihn erhängt, erst 21 Jahre alt. Sein Leichnam wurde nach Mailand gebracht und dort bestattet. Ambrosius, der ihm die Leichenrede hielt, sprach von dem ungetauften Kaiser als einem guten Menschen, der sich dem Christentum (das heißt nicht mehr Arianer!) zugewandt und deshalb ein Recht auf den Himmel habe. Diese Äußerung mag darauf hinweisen, dass man an einen gewaltsamen Tod glauben wollte, doch ist Selbstmord nicht ausgeschlossen.

Der Usurpator Eugenius

Arbogast, unsicher hinsichtlich der Reaktion des Theodosius, ließ zunächst Münzen im Namen des Arcadius prägen. Doch als der Kaiser weiter zögerte, erhob Arbogast am 22. August 392 den römischen Rhetor und Christen Eugenius zum Augustus.

Die Wahl des Eugenius erscheint gerechtfertigt durch die Tatsache, dass er ein enger Freund des *magister militum Orientis* Richomer, des Onkels des Arbogast war: Eine Anerkennung im Osten schien damit nicht ausgeschlossen. Eugenius war mit den heidnischen Zirkeln Roms gut bekannt und hatte, obwohl seit 389 am Hofe Valentinians II. in Trier tätig, beste Beziehungen zum Senat. Als Verwaltungsmann war er zudem kein Konkurrent für Arbogast. Eugenius und Arbogast suchten um Anerkennung bei Theodosius nach und ließen Münzen im Namen dreier Augusti prägen. Theodosius war offensichtlich auf eine erneute militärische Auseinandersetzung nicht vorbereitet und empfing daher eine Gesandtschaft des Usurpators, was als Zeichen guten Willens interpretiert wurde. So erkannte Italien – auch Ambrosius! – Eugenius als Augustus an. Als jedoch die von Eugenius für das Jahr 393 benannten Consuln im Osten nicht anerkannt wurden, vielmehr am 23. Januar 393 Honorius zum Augustus erhoben wurde, war deutlich, dass Theodosius Eugenius als Usurpator betrachtete. So zogen Arbogast und Eugenius nach Mailand, um Italien gegen Theodosius zu verteidigen. Dem Heidentum erfuhr offizielle Toleranz, wichtige Ämter wurden mit Heiden besetzt: Nicomachus Flavianus der Ältere blieb *praefectus praetorio*, sein Sohn Nicomachus Flavianus der Jüngere wurde Stadtpräfekt. Mit der Tolerierung des Heidentums war jedoch keine Unterdrückung der Christen verbunden; offenbar sollte nur der Zustand unter Valentinian I. wiederhergestellt werden.

Honorius Augustus

Theodosius reagierte auf die Maßnahmen des Eugenius mit Verschärfung der Häretiker- und Heidengesetze, aber er führte auch Verhandlungen mit dem *comes Africae* Gildo, der nun zum Heermeister für den Bereich Afrika erhoben wurde. Zudem wurde Gildos Tochter Salvina mit Nebridius, dem Neffen des Kaisers verheiratet. Damit war Afrika für Theodosius gesichert. Auch mit Alarich schloss Theodosius ein *foedus* ab, alanische und iberische Kontingente (Iberien entspricht ungefähr dem heutigen Georgien) wurden aufgeboten. Am 30. April (?) 394 verließ Theodosius Constantinopel, um gegen Arbogast zu marschieren; die Foederatentruppen waren dem gotischen *comes* Gainas unterstellt. Arcadius blieb zusammen mit Honorius in Constantinopel, der aus der Aquitania (Elusa = Eauze) stammende *praefectus praetorio Orientis* Rufinus wurde zum Berater des Arcadius bestellt.

Der Untergang des Eugenius

Fast ungehindert konnte Theodosius über Adrianopel, Siscia, Emona und die Julischen Alpen auf Italien vorstoßen. Erst am Frigidus (Wippach) war die Straße von fränkischen und alemannischen Kontingenten des Arbogast blockiert. In einer mörderischen, zweitägigen Schlacht am 5. und 6. September, deren Hauptlast die Goten Alarichs trugen – Orosius 7, 35, 19 spricht von 10000 gefallenen Goten –, wurden die Truppen Arbogasts nach Aquileia zurückgetrieben. Eugenius wurde auf der Flucht ergriffen und in Gegenwart des Theodosius von den Soldaten erschlagen, Arbogast beging am 8. September Selbstmord. Theodosius wollte weiteres Blutvergießen vermeiden. So begnadigte er die Soldaten des Usurpators und unterstellte sie dem Oberbefehl Stilichos.

Der Kaiser hatte erkannt, dass die heidnische gebildete römische Oberschicht seiner Herrschaft gefährlich werden konnte. Daher versuchte er, die großen Familien der Symmachi, der Nicomachi Flaviani und Anicii durch Gnadenerlasse an sich und an den unbesiegbaren Christengott (*invictissimus Deus*) zu binden. Laut Ambrosius soll er darüber geklagt haben, dass Nicomachus Flavianus der Ältere Selbstmord begangen hatte. Auch Ambrosius, der befürchten musste, wegen seiner Anerkennung des Usurpators zur Rechenschaft gezogen zu werden, wurde begnadigt.

Tod des Theodosius

Sofort nach der Schlacht am Frigidus hatte Theodosius den jungen Honorius und dessen 388 geborene Schwester Galla Placidia unter Aufsicht der Serena zu sich nach Italien kommen lassen. Damit wurde deutlich, dass Honorius als Westkaiser vorgesehen war unter Führung des zum Heermeister erhobenen Stilicho, dessen Sohn Eucherius vermutlich mit Galla Placidia verlobt wurde. Als die Kinder in Mailand ankamen, war der Kaiser bereits erkrankt und starb am 17. Januar 395 vermutlich an Wassersucht. Bei der Trauerfeier am 25. Februar hielt Ambrosius als Bischof der Residenz die Leichenrede (*De obitu Theodosiani*), die Bestattung erfolgte am 9. November im Mausoleum Constantins zu Constantinopel.

395: Das Datum der Reichsteilung?

Theodosius wusste, dass seine Söhne noch nicht in der Lage waren, die volle Regierungsverantwortung zu tragen und bestimmte offenbar Stilicho als Reichsverweser. Nach den Hinweisen, die uns Ambrosius (De obitu Theodosiani 5) und Zosimus (5, 4, 6) geben, hat der Kaiser nicht an eine „Reichsteilung" gedacht, sondern an eine gemeinsame Regierung, wie sie seit Jahrzehnten immer wieder bestanden hatte und bei der Arcadius automatisch der Rang des älteren = „ersten" Augustus zukam. Aber genau in diesem Umstand ist der Zerfall des Imperiums zu sehen: Rufinus, der Berater des Arcadius, fühlte sich von Stilicho überrundet, und seiner Eifersucht und der Angst, den Einfluss auf den jungen Herrscher zu verlieren, war die Entfremdung zwischen dem Hof von Constantinopel und dem von Mailand zu verdanken.

Theodosius der Große

Von der christlichen Kirche wurde Theodosius schon früh, das heißt auf dem Konzil von 451, wegen seiner Verdienste um die Anerkennung des nunmehr nicaenisch-constantinopolitanischen Glaubensbekenntnisses mit dem Beinamen „der Große" geehrt. Aber der Sieg war nicht gewaltlos errungen worden, und auch das oberste Ziel des Kaisers, die Einheit der Kirche von Ost und West herbeizuführen und die verschiedenen Sekten zu beseitigen, konnte nicht erreicht werden. Dennoch bedeutete seine Regierungszeit einen gewaltigen Fortschritt bei der Christianisierung des Reiches, selbst wenn der formale Abschluss erst unter Honorius und Theodosius II. erfolgte, als ein Edikt vom 7. Dezember 416 allen Heiden die militärische und zivile Laufbahn verschloss.

Q

Edikt gegen die Heiden
(CTh 16, 10, 21)

Die gleichen Augusti [das heißt Honorius und Theodosius II.] an Aurelian, *praefectus praetorio* zum zweiten Mal. Unter anderem: Personen, die durch gottlosen Irrtum oder Verbrechen des heidnischen Ritus verunreinigt sind, das heißt die *gentiles* [hier: Heiden], dürfen weder zum Reichsdient zugelassen noch mit der Ehre [= Amt] eines Verwaltungsmannes oder Richters [= Statthalters] ausgezeichnet werden. Gegeben am 7. Tag vor den Kalenden des Dezember, als Unser Herr und Kaiser Theodosius zum siebten und Palladius zum ersten Mal Consul waren.

Aber, und das darf nicht übersehen werden, Theodosius führte lediglich eine mit Constantius II., ja bereits mit Constantin dem Großen begonnene Politik fort, die den Kaiser als von „Gottes Gnaden" (*a Deo electus*) berechtigte, in kirchliche Angelegenheiten einzugreifen als Schiedsrichter und als Inhaber weltlicher Macht zum Schutz – nicht nur im Dienst – der Kirche.

Theodosius der Große war der letzte Herrscher, der das Imperium noch einmal in einer Hand vereinen konnte, wenn auch nur für kurze Zeit.

Der Kaiser war kein übereilter Reformer, aber notwendige Maßnahmen setzte er mit fast absolutistischem Willen durch. Die Autorität des militärisch Erfahrenen – er wurde häufig mit Trajan verglichen – und sein Wirken im Sinne des Nicaenums waren so groß, dass er, abgesehen von Ambrosius, politisch kaum Widerstand erfuhr. Das schlagkräftige Heer war stark barbarisiert, was auch die Besetzung der Offiziersstellen widerspiegelt, und Theodosius wurde oft als „barbarophil" getadelt. Seine Kirchenpolitik folgte den Prinzipien des Constantius II., Kirche und Imperium im rechten Glauben zu einen. Aber die Durchsetzung seines Führungsanspruches, der im Orient dank erheblicher Zwangsmaßnahmen gelang, wurde im Westen immer wieder bestritten: Man beharrte auf der petrinischen Nachfolge und akzeptierte den Kaiser nur als weltliche Unterstützung in kirchenpolitischen Fragen. So wurde seine Einmischung in Angelegenheiten der Kirche selbst dann, wenn das Ergebnis den Wünschen entsprach, scharf verurteilt. Dennoch waren seine Erfolge so bedeutend, dass ihn das Konzil von Chalcedon 451 mit dem Beinamen „der Große" ehrte.

7. Das vierte Jahrhundert: Versuch einer Charakterisierung

Das 4. Jahrhundert ist durch mehrere äußere und innenpolitische Entwicklungen und Gegebenheiten gekennzeichnet: Zunächst ist die Abfolge der Dynastien Constantins, Valentinians und Theodosius' zu nennen. Dies unterscheidet es vom 3. Jahrhundert, der sogenannten „Zeit der Soldatenkaiser", ebenso wie vom 5., das nach dem Erlöschen der Familie des Theodosius erneut eine Zeit kurzlebiger Herrschaften kennt und – zumindest im Westen – am Ende des in Ravenna residierenden Kaisertums einen Tiefpunkt erreicht. Natürlich dürfen wir, wenn wir von Dynastien sprechen, nicht die Maßstäbe mittelalterlicher und neuzeitlicher Herrscherdynastien anlegen: Die Tatsache, dass das Kaisertum drei Generationen in der gleichen Familie verblieb, wird bei den Historikern bereits positiv, das heißt dynastiebildend vermerkt, und die lange Abfolge der julisch-claudischen Familie ist fast exzeptionell.

Ein weiterer Aspekt ist der Versuch, durch Einbindung vor allem benachbarter Germanengruppen – Alemannen, Franken, teilweise auch Goten – die Grenzen des Reiches soweit zu sichern, dass größere Gebietsverluste vermieden werden konnten.

Das Problem der göttlichen Zustimmung

Nicht ganz vermieden werden konnten Usurpationen, das heißt der Versuch meist höherer Offiziere, selbst nach dem Purpur zu greifen, wobei die Legitimation einerseits aus dem *consensus universorum* abgeleitet wurde, der bereits der Herrschaft des Augustus zugrunde lag, also die Proklamation durch eine Gruppe, die sich anmaßte, im Interesse des *populus Romanus* reichsweit zu sprechen; andererseits aus dem *consensus deorum*, seit Constantin eingeschränkt auf den *consensus Dei*. Die Götter/der Christengott zeigten die Zustimmung zur Regierungsfähigkeit des Herrschers dadurch, dass sie ihn bei der militärischen Auseinandersetzung um die Regierungsgewalt unbesiegbar machten, zum *imperator invictus*. Der Unterlegene ist entweder ein Kaiser, dem der Himmel die Unterstützung entzogen hatte, oder der Usurpator, dem die göttliche Zustimmung versagt blieb. Ein Usurpator, der siegt, ist somit kein Usurpator mehr.

Das Heidentum

Ein weiteres Kennzeichen des Jahrhunderts ist die Christianisierung des Reiches, wobei der Osten sich schneller christianisierte als der Westen. Der alte römische Senat, der immer noch formal die „Bestallung" zum Kaiser aussprach, war zunächst noch überwiegend heidnisch und seine Tradition, die mit der Einrichtung des Staatswesens durch Romulus begann, heidnisch geprägt. Vor allem die angesehenen Familien waren aufgrund ihrer politischen und philosophisch-rhetorischen Bildung dem Heidentum zugetan, auch wenn sie nicht an die „olympischen" Götter glaubten, sondern an das göttliche Prinzip, die Natur, die sich in allen Dingen zeigt und nur unter verschiedenen „Namen" verehrt wurde: Wir sprechen von Synkretismus. Diese senatorischen Familien sind es, die sich auch als Hort der Bildungstradition empfanden, und kaum ein Kaiser konnte auf ihre Mitarbeit oder wenigstens ihre Unterstützung verzichten.

Verbot der Olympischen Spiele

Mit und in der Zeit nach Constantin dem Großen setzte aber auch der Rückzug des Heidentums und die Unterbindung der heidnischen Kult ein. Die Entfernung der *ara Victoriae* aus der Curia im Jahre 382 ist ebenso Zeichen dafür wie das 394 erfolgte Verbot der Olympischen Spiele (393 letzte Spiele). Aber wir müssen unterscheiden zwischen heidnischen Kulten und Heidentum als Kultur: Selbst unter Theodosius wurde kein Gewissenszwang, kein Bekehrungszwang ausgeübt, und so ist es kaum richtig, im Eugenius-Aufstand den letzten Kampf des Heidentums zu sehen, wie dies einst Otto Seeck tat. Obwohl die antipagane Gesetzgebung natürlich die (gläubigen) Heiden traf, richteten sich diese Gesetze nicht selten gegen Praktiken, die häufig den Tatbestand der *superstitio* betrafen, etwas, das über den Aberglauben hinausging und als staatsgefährdend eingestuft wurde. Aber wir können weiterhin feststellen, dass die heidnische Bildungstradition als unverzichtbar angesehen wurde, auch wenn sich Kaiser wie Bischöfe der

(Bildungs-)Gefahr bewusst waren. So rühmte sich Hieronymus später, keine heidnischen Autoren mehr gelesen zu haben. Doch es war nicht die Gefahr einer Rückkehr zum Götteropfer, sondern zu einem aufgeklärten, ja liberalen Synkretismus, dessen philosophische Begründung einleuchtender schien als die kaum begreifbaren Darstellungen zur Trinität. So war der Eugenius-Aufstand nicht gegen das Christentum als vielmehr gegen den Kaiser selbst gerichtet, und die Beteiligung der heidnischen römischen Aristokratie war eher durch die Enttäuschung geprägt, den Vorrang von Constantinopel, ja sogar von Mailand hinnehmen zu müssen, Privilegien zu verlieren, die in der Zeit vor der Berufung des Theodosius noch als selbstverständlich galten. Der Senat in Rom – heidnisch oder christlich – empfand gerade in der Zeit des Theodosius die Gefahr, die Identität des Imperium Romanum zu verlieren, die sich aus eben der heidnischen Vergangenheit ableitete.

Synkretismus als Gefahr für das Christentum

Aber nicht die aufgeklärten Heiden stellten eine Gefahr dar: Es waren die Christen selbst, die in ihrer Definition Jesu, der Dreifaltigkeit, der Stellung der Mutter Jesu zutiefst zerstritten waren. Schon früher – nennen wir als Beispiel den nordafrikanischen Kirchenvater Tertullian (circa 160 bis 220) – war man sich bezüglich des rechten Glaubens in die Haare geraten, zumal erst ein Ketzer namens Marcianus Mitte des 2. Jahrhunderts das zusammenstellte, was wir heute die Bibel nennen, also die vier Evangelien, die Apostelgeschichte und die Apostelbriefe. Es gab ferner keine Einheitsbibel, und auch Tertullian war mit seinen Schriften äußerst umstritten. Aber die Christenverfolgungen hatten solche Streitigkeiten unter der Decke gehalten. Erst mit Constantin dem Großen und dem Konzil von Nicaea 325 brach der Konflikt massiv aus. Hatte aber die Autorität Constantins die Streitigkeiten noch eingedämmt, so gelang dies seinen Nachfolgern kaum. Das Eingreifen Constantins beim Konzil von Nicaea führte dazu, dass die Kaiser nunmehr Stellung beziehen mussten zwischen den verschiedenen Glaubensrichtungen: Christus als Sohn Gottes, eines Wesens mit dem Vater (Symbolon von Nicaea), oder nur wesensähnlich, wie es Arius lehrte.

Die Christianisierung

Der Glaubensstreit zerriss die Einheit des Reiches, so dass die Kaiser, die für den Abwehrkampf gegen die andrängenden Barbaren wenigstens die Einheit im Glauben als von Gott beauftragte Herrscher benötigten, sich zumeist einer Glaubensrichtung fast militant anschlossen. Sie griffen in die Bischofswahl und damit die Besetzung der Bischofsstühle ein, „Nicaener" stellten sich gegen die „Arianer". Die Konzilien konnten diese Spannungen nicht aufheben, die Kirchenspaltung drohte.

Glaubensstreit als Bedrohung der Reichseinheit

Das Erbe Constantinischer Politik hatte zum Aufbau einer stabilen Administration geführt. Der von Constantin in Byzanz eingerichtete „zweite" Senat wurde schnell zu einem „Beamtensenat", der zusammen mit den Spitzen der militärischen und zivilen Verwaltung den Adel im Osten bildete. Dieser Adel stellte aber keine spezifische Schicht dar, denn er war an die Person gebunden. Im Westen hingegen pflegten die alten und neuen senatorischen Familien das „republikanische" Erbe, waren daher weniger willfährige Werkzeuge. Dieses unterschiedliche Verhalten, das unterschiedlichen Wurzeln entsprang, war der Grund dafür, dass der jeweilige Senat auch zum Repräsentanten des jeweils vorherrschenden Sprach- und Bildungselementes wurde, das heißt die constantinopolitanische „Synkletos" setzte sich aus hellenistisch orientierten Personen, meist aus Kleinasien und

Die Administration

Griechenland/Makedonien stammend, zusammen, während das lateinische Element meist nur über militärische Aufgaben in die Administration und in den Senat gelangte. Vor allem bei der Berufung des „Spaniers" Theodosius zum Mitregenten Gratians kamen Spanier und Gallier nach Constantinopel. Dennoch: das griechische Element überwog.

Anders im Westen, wo sich die Administration aus dem lateinischen Bereich rekrutierte und die Mehrzahl der residierenden Senatoren aus dem italischen und illyrischen Reichsteil stammte, seltener aus Gallien, Spanien oder Nordafrika. Griechen waren hier kaum vertreten – die griechischen Namen der Symmachi oder Nicomachi täuschen –, so dass wir ein repräsentatives Element der italisch-lateinischen Kultur besitzen.

Die äußeren Verhältnisse

Innere Auseinandersetzungen führten dazu, dass sich die „Nachbarn", das heißt Germanen, Perser, Berber stark genug fühlten, gegen die Grenzen des Reiches anzurennen. Da der Kaiser (Augustus) aber nicht überall gleichzeitig sein konnte, benötigte er zuverlässige Mitarbeiter, Offiziere und kaiserliche Stellvertreter (Caesaren), die an anderen Fronten kämpften. Das schwerwiegendste Ereignis aber war der Einbruch der Hunnen, der ähnlich einem ins Wasser geworfenen Stein die Völkerschaften im Nordosten so in Bewegung versetzte, dass wir gewohnt sind, diese als die eigentliche „Völkerwanderung" anzusehen, eine Wanderung, die schließlich zur Herausbildung selbständiger Germanenreiche auf dem Boden des Imperiums führte.

III. Das Zeitalter der „Reichsteilung“

Kaiser

16. (?) 383–1. Mai 408	Arcadius (Osten)
20. November 393–15. (?) August 423	Honorius (Westen)
407–18. September 441	Constantinus III. (Usurpator im Westen)
409 – Sommer 410	Priscus Attalus (Westen, von Alarich beziehungsweise Athaulf zum Kaiser erhoben) Usurpator;
414–415	Usurpator erneut in Gallien
8. Februar 421–21. September 421	Constantius III. (Westen)
423–425	Iohannes (Westen)

Päpste

384–26. November 399	Siricius
27. November 399–19. Dezember 401	Anastasius I.
401/2–12. März 417	Innozenz I.
18. März 417–26. Dezember 418	Zosimus
418–419	Eulalius (Gegenpapst)
29. Dezember 418–4. September 422	Bonifatius I.
10. September 422–27. Juli 432	Coelestin I.
31. Juli 432–19. August 440	Xystus (Sixtus) III.
29. September 440–10. November 461	Leo I., der Große

Die gewählte Überschrift entspricht zwar der in vielen Schul- und Handbüchern üblichen, doch war, wie bereits angesprochen, eine „Teilung“ des Imperiums in ein Ost- und ein Westreich, wie sie normalerweise mit der Herrschaft des Arcadius und Honorius verbunden wird, weder geplant, noch hatte sie im Verständnis der Römer diesen Stellenwert. Die „Aufteilung“ entsprach einem Vorgang, wie wir ihn bereits mit der von Diocletian begründeten Tetrarchie kennen, desgleichen unter Valentinian und Valens. Diese Sicht wird dadurch bestätigt, dass es nunmehr immer einen „rangersten“ Augustus gab, dessen *dies imperii* vor dem des Mitaugustus beziehungsweise der Mitaugusti lag und der nicht selten bestimmte, wer Mitaugustus werden sollte. Dabei spielte es, wie wir sehen werden, keine Rolle, in welchem Teil des Reiches der „rangerste Augustus“ gerade residierte. Wir müssen also zwischen der ideologisch bewahrten Reichseinheit und der realen Entwicklung unterscheiden, die schließlich zum Verlust des Westens führte.

1. Die Familie Theodosius' des Großen

395 Tod des Theodosius in Mailand; Arcadius Augustus im Osten, Honorius im Westen
397/8 Aufstand des Gildo in Nordafrica
398 Honorius heiratet Maria, die Tochter Stilichos; Johannes Chrysostomus wird Bischof in Constantinopel
401 Alarichs erster Einbruch in Italien

Als Kaiser Theodosius I. am 17. Januar 395 in Mailand in Anwesenheit seiner Kinder Honorius und Galla Placidia, sowie seines Vertrauten und Heermeisters Stilicho verstarb, hinterließ er seinen Söhnen Arcadius und Honorius ein Reich, das zuletzt von ihm als alleinigem Machthaber regiert worden war. Dieser Zustand war erst im September 394 durch die Niederwerfung des Usurpators Eugenius erreicht worden, doch der Tod des bereits seit längerem kranken Herrschers verhinderte Maßnahmen zu einer langfristigen Stabilisierung des Reiches nach innen wie nach außen.

Arcadius und Honorius

Theodosius der Große wusste um die divergierenden Strömungen und versuchte sie, unter Ausnutzung des dynastischen Elements, zu beherrschen. Um die kaiserliche Präsenz in Ost und West zu manifestierten, hatte der Kaiser seinen älteren Sohn in Constantinopel belassen und Honorius zu sich in den Westen kommen lassen. Mit dem Tod des erst 48-jährigen Theodosius aber, ging das Reich auf seine noch nicht volljährigen Söhne über: Arcadius, circa 377 geboren und seit dem 19. Januar 383 Mitaugustus, war beim Tode des Vaters noch keine 18 Jahre alt, sein Bruder Honorius, am 1. September 384 geboren und am 23. Januar 393 zum Augustus erhoben, gerade erst zehn. Keiner von beiden war nach Alter und Erfahrung in der Lage, die volle Regierungsverantwortung zu tragen, und vielleicht hat ihr Regierungsanfang – vor allem der des Honorius – den im 5. Jahrhundert schreibenden Verfasser der *Historia Augusta* veranlasst, vor den *principes pueri*, den „Kinderkaisern" zu warnen:

Q

Warnung vor den „Kinderkaisern"
(SHA Tacitus 6, 5)

Die Götter mögen verhüten, dass Kinder Kaiser und Unmündige, denen die Lehrer noch die Hand beim Unterschreiben führen müssen, Vater des Vaterlandes genannt werden, die man durch Süßigkeiten, Kringelchen und was immer Kindern Spaß macht, verleiten kann, den Consulat zu vergeben! Welchen Sinn hat es, einen Kaiser zu haben, den sein Ruf nicht kümmert, der nicht weiß, was ein Staat ist, der seinen Erzieher fürchtet, auf die Amme hört, vor den Rutenhieben seines Lehrers in Angst verfällt und diejenigen zu Consuln, Heerführern und Richtern [Statthaltern] beruft, deren Lebenswandel, Verdienste, Alter, Herkunft und Taten er nicht kennt! [...] Beglückwünschen wir uns lieber dazu, einen bejahrten Kaiser zu haben.

Theodosius wusste um dieses Problem und bestimmte kurz vor seinem Tode Stilicho zum Reichsverweser. Damit schien der Ehrgeiz des Heermeisters, der ja mit dem Kaiser verwandt war, am Ziel zu sein, aber es haftete ihm der Makel eines Barbaren an, der Makel der *fides Germanica*.

Stilicho und Rufinus

Arcadius stand unter Aufsicht des ehrgeizigen *praefectus praetorio* Rufinus. Als nun Arcadius in die Stellung des „rangersten" Augustus aufrückte, beanspruchte Rufinus sofort in dessen Namen die Führung. Theodosius hatte Stilicho das Privileg einer persönlichen Garde, die *bucellarii**, zugestanden, und dieser hatte sie aus Hunnen gebildet. Nun forderte Rufinus das gleiche Privileg, bildete seine Truppe aber aus römischen Soldaten der Stadtkohorten, lehnte „Barbaren" als romfeindlich, ja verräterisch, ab. Der zwischen Constantinopel und Mailand ausgebrochene Konflikt wurde dabei – wie immer – von partikularen Kräften aufgegriffen. Auslöser war der Führer der Westgoten: Alarich.

Die Bedrohung durch Alarich

Alarichs Goten hatten den Hauptangriff gegen Eugenius getragen. Der gotische Geschichtsschreiber Jordanes berichtet (Getica § 146), dass nach dem Tode des Kaisers die „üblichen Geschenke", das heißt die Foederatenzahlungen und Entschädigungen, ausblieben. So zog Alarich plündernd in die ihm vormals zugewiesenen Gebiete an der Donau (Dacia, Moesia) heimwärts. Constantinopel, durch den Abzug regulärer Truppen nach Westen militärisch geschwächt, nahm Kontakt zu Alarich auf, dessen Hilfe man gegen die im Winter 394/5 nach Thracien eingebrochenen hunnischen Scharen benötigte. Nun aber kehrte Alarich an die Donau zurück, nicht zuletzt mit der Absicht, sein Gebiet als territoriale Basis gegen Hunnen wie Römer auszubauen. Vermutlich durch Zahlungen wurde er von Rufinus bewogen, in das „Gebiet" Stilichos abzuziehen. Gleichzeitig aber verlangte Rufinus von Stilicho die Rücksendung der mit Theodosius in den Westen gezogenen Verbände. Da das Schreiben von Arcadius unterzeichnet war, musste Stilicho notgedrungen Folge leisten, und Alarich konnte seine Raubzüge fortsetzen.

Diesen scheinbar genialen Schachzug, die Macht des „ersten" Augustus Arcadius über Stilicho zu demonstrieren, bezahlte Rufinus mit seinem Leben: am 27. November 396 wurde er von den heimkehrenden Truppen erschlagen. Zwei Personen spielten dabei eine erhebliche Rolle: der gotische *comes* Gainas als Führer der heimkehrenden Hilfstruppen, und der „Kämmerer" (*praepositus sacri cubiculi*) Eutropius.

Eutropius, ein Eunuch, war als Sklave nach Constantinopel gekommen, wo er unter Theodosius seinen Aufstieg machte. Als Rivale des Rufinus gelang es ihm, eine Verbindung von dessen Tochter mit Arcadius zu hintertreiben und statt dessen den Kaiser mit Aelia Eudoxia, der Tochter des fränkischen Heermeisters Bauto, zu verheiraten. Nach unseren Quellen (Zosimus 5, 3, 2) von auffallender Schönheit, hochgebildet und politisch begabt, begann sie nun den Kaiser zu lenken. Gainas hatte sich auf die Seite des Eutropius gestellt, und so wurde dieser Nachfolger des Rufinus. Gerissen und habgierig wurde Eutropius in der westlichen Literatur zum Inbegriff des intriganten, korrupten und machtgierigen Hofeunuchen (vgl. Claudian, In Eutropium).

Stilicho und Alarich

Stilicho musste die durch den Abzug der Osttruppen entstandene Lücke schließen. In einem Feldzug am Niederrhein zwang er die Franken zur Erneuerung des Foedus. Sein Ziel war einerseits die Sicherung der Rheingrenze durch Verträge, andererseits die Anwerbung von Foederatenverbänden gegen Alarich. 397 kam es schließlich in der Nähe von Olympia zur Konfrontation, doch Stilicho vermied eine Schlacht und ließ den Westgoten entkommen. Möglicherweise wollte er Alarich selbst im politischen Spiel gegen Eutropius einsetzen, jener aber bezichtigte Stilicho, in die Reichssphäre des Arcadius eingegriffen zu haben. Er warf dem Heermeister Verrat vor, da er Alarich hatte entkommen lassen, und bewog Arcadius, Stilicho zum Staatsfeind (*hostis publicus*) zu erklären. Alarich hingegen wurde der Rang eines *magister militum per Illyricum* zuerkannt. Damit stand Alarich der Weg in die westlichen Donauprovinzen offen.

Die Unruhen in Nordafrica

In Nordafrica hatte der *comes Africae* Gildo seit 386 mit seinen numidischen Reitertruppen eine eigene Herrschaft um Carthago aufgebaut. Theodosius hatte dies geduldet, um dessen Zusammengehen mit Eugenius zu vermeiden. Nun aber nahm Gildo mit Eutropius Kontakt auf und stoppte 397 die Kornlieferungen nach Rom. Dort brach eine Hungersnot aus, und die von der städtischen Plebs bedrohten Senatoren bedrängten Stilicho, Gildo zu beseitigen.

Wie vormals beim Aufstand des Maurenfürsten Firmus (370–374) nutzte Stilicho die familiären Streitigkeiten: Ein aus Gallien eingeschifftes Heer unterstützte Gildos Bruder Mascezel, am 31. Juli 398 wurde Gildo öffentlich hingerichtet, sein riesiges Vermögen eingezogen. Eingedenk der Umtriebe der numidischen Brüder ließ Stilicho anschließend auch Mascezel von den gallischen Truppen töten. Auch diesmal hatten sich Donatisten und Circumcellionen auf der Seite Gildos gegen Rom engagiert, so dass der Aufstand den Eindruck vermittelt, von der afrikanischen Kirche und der einheimischen Unterschicht gestützt zu sein.

Der Sieg wurde von dem Dichter Claudian (um 375 bis 404?) in überschwänglicher Lobpreisung Stilichos dargestellt. Dessen Stellung am Hofe war damals unangefochten, zumal er seine Tochter Maria im Februar 398 mit Honorius verheiraten konnte. Auch dies feierte Claudian in einem passenden Gedicht.

Trotz aller militärischen Erfolge sah sich Stilicho zur Änderung der Grenzpolitik gezwungen: Die Truppen in Britannien und am Rhein wurden reduziert, stattdessen der Schutz Italiens verstärkt.

Der Sturz des Eutropius

Nach einem Hunnenfeldzug 397 hatte Eutropius getrachtet, die Stellung bei Arcadius zu erreichen, wie sie Stilicho bei Honorius besaß. Im Jahr 399 wurde er Consul und *patricius*, hatte sich aber am Hofe durch Eigenmächtigkeiten unbeliebt gemacht. Vor allem die Kaiserin Eudoxia arbeitete auf seinen Sturz hin. Zustatten kam ihr, dass die in Phrygien ansässige ostgotische Gruppe unter Tribigild 399 das Foedus kündigte. Sie hatte den Hunnenfeldzug mitgemacht, war aber offenbar nicht ausreichend entschädigt worden. Arcadius beauftragte Eutropius mit der Niederwerfung Tribigilds, doch die Soldaten, allen voran Gainas, verlangten seine Absetzung. Die Forderung wurde am Hofe von dem offenbar von Eutropius aus dem Amt des *magister officiorum* entfernten Aurelianus sowie dem Heermeister Johannes, einem Vertrauten der Eudoxia, unterstützt. Aurelianus und Johannes waren zugleich Anführer einer „nationalen“ Gruppierung, die die Entmachtung der vor allem gotischen Heerführer und Offiziere betrieb. So widersprüchlich die Ziele der „Nationalen" und des Gainas waren, für den Sturz des Eutropius wirkten sie hier zusammen. Während einer Stadtrevolte floh Eutropius in das Kirchenasyl. Wenig später ergriffen, wurde er zunächst verbannt, dann aber noch vor Jahresende 399 hingerichtet. Aurelianus wurde auf Betreiben der Kaiserin *praefectus praetorio Orientis* und im Jahre 400 Consul.

Die offen germanenfeindliche Haltung des Aurelianus führte dazu, dass Stilicho den Consulat im Westen nicht anerkannte. Vielmehr nahm er Kontakte zu Gainas auf, der seinerseits mit Tribigild zu verhandeln begann.

Synesios

Einen guten Einblick in die Hofintrigen bietet die noch vor Jahresende 399 verfasste Rede des Synesios *Über die Herrschaft* (*De regno*). Synesios, Bischof von Kyrene, war um 370 geboren. Er hatte in Alexandria Philosophie studiert, auch bei der damals berühmten Platonikerin Hypatia. 399 war er in Angelegenheiten der Region Ptolemais nach Constantinopel gereist und schnell in den Kreis um Aurelian gelangt. Die Schrift *De regno* sollte nun eine Art Rechtfertigung des Aurelianus, aber auch ein Fürstenspiegel sein: Mängel der Reichsverwaltung, Günstlingswirtschaft, Abschottung des Kaisers durch das Zeremoniell, Barbarenfreundlichkeit sind die Hauptpunkte der Kritik am Hof, und wir dürfen vermuten, dass Eudoxia hinter der „Offenheit" des Redners stand.

Der Ostgote Gainas

Gainas war kein „verlängerter Arm" Stilichos; sein Ziel war es, vergleichbar dem Stilicho in Constantinopel als Heermeister die Macht zu übernehmen. Unterstützt von den Scharen des Tribigild besetzte er im Frühjahr 400 Chalcedon und zwang Arcadius zur Verbannung der Führer der antigermanischen Partei. Weiterhin forderte er die Einquartierung seiner Goten in Constantinopel und die Abtretung einer Kirche für den gotischen Arianismus. Arcadius gab nach und Gainas besetzte die Stadt, Tribigild zog weiter nach Thracien. Gainas besaß offenbar kein politisches Konzept und gestattete seinen Goten große Freiheiten. Die Stadt war auf eine Einquartierung dieser Menschenmenge nicht vorbereitet (Synesius, De providentia 2, 2 spricht von etwa 35000 Personen), und eine Intervention des Johannes Chrysostomus steigerte die Unruhen.

Johannes Chrysostomus

Johannes Chrysostomus, circa 349 in Antiochia geboren, hatte zunächst bei Libanios Philosophie studiert, bevor er 18-jährig getauft wurde und sich dann sechs Jahre den Eremiten Syriens anschloss. Anachoreten und Eremiten besaßen in kirchenpolitischen Fragen hohen Einfluss, galten als „gottbegnadet", und ihre Predigten wurden wie Sendschreiben verbreitet. Johannes Chrysostomus verfocht die Trinitätslehre des Konzils von Constantinopel (382), und Arcadius war von ihm so angetan, dass er ihn gegen den Widerstand des constantinopolitanischen Klerus auf den Stuhl des Patriarchen berief (26. Februar 398). Als nun Gainas eine gotisch-arianischen Kirche forderte, stellte sich der Bischof gegen ihn, warnte den Kaiser und predigte öffentlich in diesem Sinne.

Gainas erkannte die den Goten feindliche Stimmung. Er sammelte seine Truppen auf dem Hebdomon (Marsfeld) und verließ die Stadt, angeblich um eine Märtyrerkirche aufzusuchen. Während des Auszugs kam es am 12. Juli 400 zu einem großen Gemetzel, dem nur Gainas und geringe Teile seiner Goten entkamen. Arcadius rief nun den Westgoten Fravitta zu Hilfe, der die Goten des Gainas vernichtete. Letzterer zog sich nach Thrakien zurück und fiel Ende 400 im Kampf gegen den Hunnenfürsten Uldin. Fravitta selbst wurde mit dem Consulat für 401 geehrt, überlebte jedoch seinen Erfolg nur kurz: Schon 401 wurde er durch eine Intrige des heimgekehrten Johannes gestürzt und wegen Verrats – er habe Gainas entkommen lassen – hingerichtet. Die „national" gesinnte Gruppe um Aurelianus, Johannes und Eudoxia hatte zwar einen Erfolg zu verbuchen, aber es zeigte sich auch, dass sich ohne Barbaren keine „antibarbarische" Politik mehr durchsetzen ließ.

Schwierig entwickelte sich die Lage im Westen. Der Sieg über Gildo war nur durch den Abzug gallischer Truppen möglich geworden, so dass den Foederatengebilden zunehmend die Aufgabe von „Pufferstaaten" zukam. Trier lag nun in Frontnähe, war als Kaiserresidenz gefährdet. Aber nicht nur die Rheingermanen, auch die seit 396 in Pannonien angesiedelten Markomannen wurden in das Verteidigungssystem einbezogen.

2. Das „Problem Alarich"

395	Augustinus zum Bischof von Hippo Regius berufen
402	Erhebung des Theodosius II. zum Augustus; Ravenna wird Kaiserresidenz anstelle Mailands
407	Die Germanen (Sueben, Vandalen, Alanen) überschreiten den Rhein bei Kaub
407/411	Usurpation des (Flavius Claudius) Constantinus (III.) in Britannien
408	Tod des Arcadius; Ermordung Stilichos in Ravenna
410	Alarich erobert Rom und nimmt Galla Placidia als Geisel; Tod Alarichs bei Cosenza, Athaulf wird neuer König
411/413	Usurpation des Jovinus in Gallien
412	Zug Athaulfs nach Gallien
412/3	Usurpation des Heraclianus in Nordafrica
414	Heirat Athaulfs mit Galla Placidia in Narbonne
415	Ermordung Athaulfs, Valia neuer Westgotenkönig (bis 418) (oder 416?); Ermordung der Philosophin Hypatia in Alexandria
417	Heirat Galla Placidias mit dem Heermeister Constantius

Alarich, König von Westgoten

Alarich hatte inzwischen in Epirus eine eigene Herrschaft über seine Westgoten aufgebaut. Damals entwickelte sich wohl das „gentile Königtum" bei den Westgoten, obwohl wir nicht im römischen Sinne von einer Anerkennung Alarichs als König sprechen können. Durch Zuzug und Geburten wuchs die Zahl seiner Westgoten so stark an, dass die Schlagkraft wohl die Siedlungsmöglichkeit überstieg, und Alarich entschloss sich zum Aufbruch nach Westen. Er wählte als Zeitpunkt Stilichos Zug 401 gegen Vandalen und Alanen, die in Rätien und Noricum eingebrochen waren. Erneut wurden Truppen vom Rhein und aus Britannien abgezogen, diesmal um die Alpenpässe und die rätischen Gebiete zu schützen. Alarich gelangte fast ungehindert bis Aquileia und zog gegen Mailand, das Stilicho mit schnell zusammengerafften Reitertruppen entsetzte. Der Hof hatte sich bereits zur Flucht nach Gallien vorbereitet, doch Stilicho wollte Italien nicht preisgeben und verfügte, dass der Hof nach Ravenna übersiedle.

Ravenna, neue Residenz des Westens

Diese gut befestigte, von Pinienwäldern und Sümpfen umgebene Stadt war von der Landseite her kaum einzunehmen und wurde von der Seeseite her durch den Militärhafen Classis geschützt. Ravenna blieb Residenz bis in die Zeit der Ostgotenherrschaft.

Alarich wurde am 6. April 402 bei Asti geschlagen, seine Familie geriet in Gefangenschaft. Er musste Italien verlassen, kehrte jedoch im gleichen Jahr zurück. Diesmal bei Verona geschlagen, wurde er auf dem Rückzug eingeschlossen und Silicho zwang Alarich zu einem neuen Foedus mit Rom. Er wies den Westgoten das Savegebiet als neuen Siedlungsraum zu, das „Problem Alarich" schien beseitigt, Italien gesichert.

Es erhebt sich die Frage, welche Residenz Honorius in Gallien gewählt hätte: Trier, Vienne oder Arles. Das Problem ist insofern wichtig, weil wir wissen, dass Stilicho die Kaiserresidenz und die Verwaltungszentrale Trier aufgegeben hatte, doch wir können die Maßnahme nicht zweifelsfrei datieren. Unsere Quellen bieten keine eindeutige Aussage, die vorgeschlagenen Daten schwanken zwischen den Jahren 400, 402 und 407. Zum Jahreswechsel 406/7 erfolgte am Rhein ein Angriff der Sueben, Vandalen und Alanen, und man kann argumentieren, dass die Verlegung der Praefectur von Trier über Vienne nach Arles nicht Reaktion sondern Ursache für diesen Germanensturm war. Eher ist das Jahres 402 oder zumindest kurz danach für die Verlegung in Betracht zu ziehen: In den Jahren 398 bis 401/2 wurden Truppen aus Britannien und vom Rhein abgezogen, 402 wurde die Residenz von Mailand nach Ravenna verlegt: Trier war bereits ungeschützt.

Im Jahre 405 stießen ostgotische Scharen unter Führung des Radagais bis Florenz vor. Stilicho schlug Radagais, nahm ihn bei Faesulae (Fiesole) gefangen und ließ ihn hinrichten (23. August 405). Um die Gefahr abwenden zu können, musste Stilicho sogar Sklaven rekrutieren (CTh 7, 13, 6).

Erwähnt werden sollte noch die Mitteilung des Gregor von Tours (Historia Francorum 2, 8), dass sich in den Jahren 405 bis 408 ein erst 15 (oder 16?) Jahre alter *tribunus praetorianorum* adliger Herkunft bei Alarich als Geisel aufhielt: Flavius Aetius. Es ist nicht ausgeschlossen, dass Stilicho damals, um 405, sich Alarichs Stillhalten durch Stellung hochstehender Geiseln „erkauft" hatte.

Im Jahr 406 beauftragte Stilicho Alarich, im Ostillyricum einzugreifen, wo Constantinopel sein Einflussgebiet auf Kosten Ravennas erweitern wollte. Alarich verlangte dafür eine „Aufwandsentschädigung" von 4000 Pfund Gold. Ravenna fügte sich, doch begannen sich – wie zuvor in Ostrom – nun die „antibarbarischen" Gegner zu formieren.

Vandalen, Alanen, Burgunden

Zu Jahresbeginn 407 überschritten Scharen von Vandalen (Hasdingen), Alanen, Sueben (Quaden) bei Kaub den Rhein und verwüsteten weithin Gallien. Die fränkischen Foederaten waren nicht in der Lage, Widerstand zu leisten, ja, fränkische Scharen schlossen sich den Vandalen an. In ihrem Rücken schoben sich die (West-)Burgunden entlang des Mains bis an den Rhein, wo sie um Worms eine neue gentile Herrschaft errichteten. Man warf Stilicho vor, die Situation durch den vorherigen Truppenabzug verursacht zu haben, und als erstes rebellierten die Resttruppen in Britannien. Sie betrachteten sich als „aufgegeben" und riefen nun, 407, den Soldat (Flavius

Claudius) Constantinus allein wegen seines Namens (*omen*) zum Kaiser aus. Er wechselte mit seinen Truppen nach Gallien, wo er mit großen Hoffnungen empfangen wurde. Dort erneuerte er die Foedusverträge mit den Rheingermanen und zog weiter nach Arles, von wo aus er mit Honorius über seine Anerkennung verhandelte.

Die Usurpation des Constantinus

Das zwiespältige Verhalten gegenüber Alarich, dessen überhöhte Forderungen, der Verlust des Rheingebietes und die Usurpation des Constantinus wurden Stilicho als Verrat angelastet. Zudem minderte seine häufige Abwesenheit seinen Einfluss am Hofe. Seine Tochter Maria hatte nur wenig Kontakt mit dem fast mönchisch lebenden Kaiser, der zunehmend unter den Einfluss des *magister scrinii** Olympius geriet. Dieser, obwohl von Stilicho ins Amt gebracht, betrieb zusammen mit „nationalen" Kräften dessen Entmachtung. Als Ende 407/Anfang 408 die Kaiserin starb, gelang es Stilicho noch einmal, Honorius zur Heirat mit Aemilia Materna Thermantia, seiner zweiten Tochter von Serena, zu bewegen, doch das Verhältnis zum Kaiser besserte sich nicht.

Der Tod des Arcadius

In diese Situation kam die Nachricht vom Tod des Arcadius. In Constantinopel hatten die Spannungen zwischen Klerus und Eudoxia auf der einen Seite und Johannes Chrysostomus auf der anderen Seite dazu geführt, dass die Kaiserin auf die Absetzung des Johannes Chrysostomus hinarbeitete. So trat 401 unter Vorsitz des Bischofs Theophilos von Alexandria eine Synode in Constantinopel zusammen, die Chrysostomus unter dem Vorwurf der Häresie absetzte. Obwohl das Volk revoltierte – die Hagia Sophia brannte nieder –, wurde dessen Verbannung bei Arcadius durchgesetzt: Chrysostomus verließ am 20. Juni 404 die Stadt und starb am 14. September 407 in Armenien. Viele seiner Anhänger gingen nach Italien, um über Honorius die Rehabilitierung des Bischofs zu erreichen, doch obwohl Eudoxia am 6. Oktober 404 verstorben war, beharrte Arcadius auf dem Urteil. Kirchlicher Dissens, aber auch die latent antigermanische Haltung hatten zu Spannungen zwischen Constantinopel und Ravenna geführt.

Theodosius II. Augustus

Als nun am 1. Mai 408 Arcadius starb, wurde sein am 10. April 401 geborener Sohn Theodosius (II.), den er bereits am 10. Januar 402 zum Augustus erhoben hatte, sein Nachfolger. Der Rang des „Ersten Augustus" ging nun auf Honorius über, der sogleich die Stellung des Vormunds beanspruchte. Stilicho fühlte sich dem Auftrag des Theodosius verpflichtet und setzte bei Honorius durch, nach Constantinopel geschickt zu werden. Dies gab Anlass zu dem Vorwurf, er versuche, den eigenen Sohn Eucherius zum Kaiser zu erheben. So hetzte Olympius die für den Feldzug gegen den Usurpator Constantin bei Pavia versammelten Truppen auf: Stilichos *bucellarii* wurden erschlagen, Stilicho selbst, der sich gerade in Ravenna befand, am 22. August 408 umgebracht. Eucherius, der sich mit seiner Mutter Serena in Rom aufhielt, wurde auf Befehl des Honorius getötet, Serena, die sich zu Anfang des Jahres von ihrem Mann getrennt hatte, auf Weisung des Senates verhaftet und des Hochverrats angeklagt. Thermantia wurde kurz nach Stilichos Tod von Honorius geschieden und starb erst 414.

Der Mord an Stilicho

Alarich und der „sacco di Roma"

Als auch in anderen italischen Städten Germanen umgebracht wurden, entschlossen sich die foederierten Truppen, zu Alarich zu ziehen, der sich nunmehr zum Rächer Stilichos aufwarf. Alarich hatte die zugesicherten Zahlungen noch nicht erhalten und wiederholte nun seine Forderungen, wenn auch in gemäßigterer Form. Als Honorius ablehnte, brach er in Italien ein und zog plündernd bis vor Rom. In der ausbrechenden Panik beschuldigte Galla Placidia, die sich in Rom aufhielt, Serena, die Goten gerufen zu haben: So wurde diese hingerichtet. Doch die Stadt musste wegen der ausbrechenden Hungersnot noch vor Ende 408 kapitulieren. Alarich forderte nun 5000 Pfund Gold, 35000 Pfund Silber, 4000 seidene Gewänder, 3000 purpurgefärbte Felle, 3000 Pfund Pfeffer. Alle Sklaven, die dies wünschten, mussten freigelassen werden und konnte im westgotischen Heer Dienst tun. Dies traf vor allem die große Anzahl der kriegsgefangenen Ostgoten des Radagais. Die Forderungen waren in erster Linie darauf gerichtet, den unerlässlichen Königshort aufzufüllen, aus dem die Geschenke an die Getreuen flossen.

Der unerwartete Erfolg Alarichs führte Anfang 409 zu einer Soldatenrevolte und zur Entlassung des Olympius. Honorius war gezwungen, mit Alarich zu verhandeln, der aus einer Position der Stärke nun die Ansiedlung seiner Westgoten und anderer Scharen in den Gebieten von Venetien, Dalmatien und Noricum forderte, sowie die Wiederherstellung des *foedus* und erneute Bestallung als Heermeister. Honorius versuchte Alarich hinzuhalten und warb hunnische Truppen an. Daraufhin zog Alarich erneut vor Rom, schloss es ein und zwang den Senat, den Stadtpraefecten Priscus Attalus zum Augustus zu erheben. Von ihm forderte er Siedlungsgebiete in Nordafrika, doch als sich Attalus weigerte, wurde er als Geisel mitgeführt.

Alarichs Truppen litten unter Getreidemangel, und so verhandelte er erneut mit Honorius: Getreide gegen die Absetzung des Attalus. Um seinen guten Willen zu beweisen, erfüllte Alarich seinen Teil als Vorleistung, doch Ravenna lehnte ab. Nun zog Alarich ein drittes Mal gegen Rom, das am 24. August 410 durch Verrat fiel. Drei Tage plünderten die Westgoten die Stadt, lediglich die Kirchen wurden geschont und dienten der Bevölkerung als Asyl. Als Alarich die Stadt verließ, war er beladen mit Beute, aber ohne die erhofften Lebensmittel. Zu den Gefangenen zählte diesmal die Kaiserschwester Galla Placidia, die als Pfand dienen sollte: Getreide und Landzuweisung gegen die Tochter des Theodosius des Großen.

Der Fall Roms war die erste Eroberung der Stadt durch die Barbaren seit dem Galliersturm des Jahres 387 v. Chr., das Ereignisses hatte auf Christen wie Heiden eine gleich große Wirkung. Während die Heiden den Christen vorwarfen, die Vernachlässigung der alten Götter, die Roms Aufstieg gefördert und die Stadt (und den Weltkreis) geschützt hatten (*Ara Victoriae*), sei schuld, sahen die Christen darin das Nahen der Endzeit. Gegen solche Weltsicht wandte sich nun Augustinus.

Augustinus

Aurelius Augustinus, 354 in Thagaste (Numidien) als Sohn eines Beamten geboren, hatte in Karthago Rhetorik studiert und sich besonders mit den Schriften Ciceros beschäftigt. Zunächst dem Manichäismus zuneigend löste er sich 383 davon und ging zum Studium nach Rom. Seit 384 finden wir ihn in Mailand, wo er Ambrosius kennenlernte, mit ihm jedoch aufgrund des unterschiedlichen Naturells keine Freundschaft schloss. In Mailand empfing dann Augustinus in der Osternacht (24./45. April) 387 die Taufe und kehrte anschließend über Rom nach Thagaste zurück. 395 wurde er zum (Mit-)Bischof von Hippo Regius geweiht. Augustinus erlebte somit die Einnahme Roms nicht „vor Ort", aber geschult an Ciceros Schrift *Über den Staat* (*De re publica*) war er der geeignete Mann, hierzu die Position des Christentums zu vertreten. In seinem von 413 bis 426 verfassten Werk *Über den Gottesstaat* (*De civitate Dei*) wies er die Kenntnis über den wahren Gott und dessen Wirken seit der Republik nach und verurteilte scharf die Astrologie als die schlimmste Form des Aberglaubens. Dies zielte vor allem gegen die Kreise, die die Verbrennung der Sibyllinischen Bücher durch Stilicho beklagt hatten, da sie Sühnebräuche zum Schutz Roms enthalten haben sollen. Unter Verweis auf Ciceros philosophisches Werk, zum Beispiel *Von der Natur der Götter* (*De natura deorum*), argumentierte Augustinus einerseits gegen die „Unfähigkeit der Götter", andererseits gegen die Endzeiterwartung der Christen: Er wollte sie überzeugen, dass die Wiederkunft Christi, die *civitas Dei*, nicht an die Existenz der Stadt Rom gebunden war.

Die Absicht des Augustinus wurde unterstützt von Paulus Orosius, der ab 414 auf Anregung des Bischofs eine *Geschichte wider die Heiden* (*Historia adversum paganos*) konzipierte, um das Wirken Gottes in der Weltgeschichte nachzuzeichnen.

Heiden wie Christen waren vom Fall Roms gleichermaßen existenziell verunsichert. Viele flohen auf ihre Landgüter oder wandten sich unter dem Eindruck weltlicher Eitelkeit (*vanitas*) und Vergänglichkeit der Askese zu. Großen Zulauf erhielt das (vor?) 410 von Honoratus auf der Insel Lerinum (Lérins) gegründete Kloster, das später viele bedeutende Bischöfe hervorbrachte.

Der Hof in Ravenna zeigte sich von den Forderungen Alarichs unbeeindruckt und suchte diesem den Rückweg nach Norden zu blockieren. Alarich beabsichtigte nun, nach Sizilien, der Kornkammer Roms, überzusetzen, besaß jedoch nicht genügend Schiffe. Außerdem zerstörte ein Sturm die requirierte Transportflotte, so dass er sich zur Umkehr entschloss und gegen Neapel marschierte. Doch starb er unerwartet Ende 410 und wurde bei Cosenza im Busento begraben. Nachfolger wurde sein Schwager Athaulf, der erneut mit Honorius verhandelte. Dieser verlangte den bedingungslosen Abzug, und so zogen die Goten mehr als ein Jahr plündernd quer durch Italien.

Der Weg nach Gallien

Während dieser Zeit blieb das Gebiet der Gallischen Praefectur sich selbst überlassen. Der Usurpator Constantin (III.) hatte Spanien gewinnen können, doch vermochte er gegen die Wanderscharen der Vandalen, Alanen und Sueben nichts auszurichten: Im September 409 überquerten diese die Pyrenäen. Nun entschloss sich Gerontius, der Heermeister Constantins, zur Rebellion. Er erhob seinen eigenen Sohn Maximus zum Augustus und belagerte Constantin in Arles. Da riss Fl. Constantius, ein ehemaliger Offizier des Theodosius des Großen und Bekannter Stilichos, die Initiative an sich. Constantius war wie Constantin der Große in Naissus geboren. Er beschuldigte Olympius, die Germanengefahr durch die Ermordung des Stilicho erst heraufbeschworen zu haben, ließ ihn erschlagen und sich von Honorius im Jahre 411 als Heermeister den Krieg im Westen übertragen. In raschem Vorstoß vertrieb er Gerontius, der nun von den eigenen Truppen beseitigt wurde – Maximus floh zu den Vandalen –, eroberte Arles und ließ Constantin (III.) töten.

Doch Gallien kam nicht zur Ruhe: 411 usurpierte nahe Tongern der angesehene gallische Senator Jovinus. Von dem Burgunden Guntarius und dem

Alanen Goar unterstützt, zog er mit durch Franken und Alemannen verstärkten Truppen gegen Arles. Jovinus wurde sehr schnell von der Führungsschicht Galliens anerkannt: Namen wie Apollinaris Sidonius, der Großvater des späteren Dichters, und Decimus Rusticus stehen hier für die Beziehungen des senatorischen Adels untereinander. Schließlich auch in Britannien anerkannt verhandelte Jovinus nun mit Athaulf, der daraufhin 412 nach Gallien zog. Dort kam es jedoch wegen der Ansiedlung der Goten zu Streitigkeiten, so dass Athaulf Honorius anbot, den Usurpator zu beseitigen. Vermutlich 413 nahm Athaulf Jovinus und dessen Bruder Sebastianus, den der Usurpator zum Mitregenten erhoben hatte, gefangen und ließ beide hinrichten. Honorius hatte mit Athaulf vereinbart, die Westgoten als Foederaten in der Aquitania Secunda, Novempopulania und Narbonensis Prima, das heißt in dem Gebiet zwischen Bordeaux – Poitiers – Toulouse – Carcassonne – Pyrenäen, nach dem Gesetz der „Hospitalitas“ anzusiedeln, aber sie erhielten keinen Zugang zum Mittelmeer.

Die Ansiedlung von Westgoten in Gallien

Q

Gesetz der „Hospitalitas“
(CTh 7, 8, 5 = Iust. 12, 40, 2)

Die Kaiser Arcadius und Honorius (Augusti) an Hosius, *mag(ister) officiorum:* In welcher Stadt auch immer wir uns persönlich aufhalten oder Personen, die uns dienen, beseitigen wir jede Ungerechtigkeit sowohl der Quartiermeister als auch derer, die als Gäste einquartiert werden. Ein Drittel des Hauses soll der einquartierenden Person zugewiesen werden, zwei Drittel soll der Hausherr von seinem eigenen Haus ohne Angst und in voller Sicherheit besitzen, jedoch so, dass, wenn das Haus sich in drei Teile aufteilen lässt, der Hausherr als erster die Möglichkeit hat, zu wählen. Nach ihm soll derjenige, der einquartiert wird, den Teil erhalten, den er wünscht, wobei der 3. Teil dem Hausherrn überlassen wird. Denn es ist voller Billigkeit und Gerechtigkeit, dass derjenige, der durch das Recht der Erbschaft seinen Besitz genießt oder sich darüber freut, dass er es gekauft oder erbaut hat, den Teil seines Besitzes vor allem behalten soll, den er sich durch sein Urteil ausgewählt hat, und den restlichen dritten Teil. (1) Werkstätten, die für Handelswaren vorgesehen sind, dürfen dem Schaden der vorgenannten Teilung nicht ausgesetzt werden, sondern sie sollen ungestört und frei bleiben und geschützt werden vor jedem Schaden durch einquartierte Personen, und ihrem Herrn und Mietern allein zum Nutzen dienen. Freilich, wenn ein Stall für einen Staatsbeamten im dritten Teil des Hauses fehlen sollte, soll aus den Werkstätten gemäß der Zahl der Tiere und der Beschaffenheit des Hauses etwas zugewiesen werden, falls dies der Hausherr nicht bei irgendeiner Gelegenheit vorgesehen hat. (2) Wir beschließen allerdings, dass Personen illustren Ranges nicht ein Drittel des Hauses, sondern die Hälfte gemäß Einquartierungsrecht [*hospitalitatis gratia*] zugewiesen wird. Dabei soll jedoch die Bedingung beachtet werden, dass der eine von ihnen, wem es beliebt oder wer es vorzieht, die Teilung nach gerechter Entscheidung vornimmt, der andere aber das Vorrecht der Wahl hat. (3) Unsere Anordnung soll auf immer gültig bleiben. Personen illustren Ranges sollen wissen, dass sie unserem Fiscus 30 Pfund Gold zahlen sollen; die übrigen aber sollen wissen, dass sie ihrer Stellung im Kaiserdienst beraubt werden, wenn sie die allgemeine Vorschrift dadurch verletzen, dass sie mehr Raum in ihrer tadelnswerten Unbesonnenheit widerrechtlich beanspruchen, als wir verordnet haben. Gegeben am 8. Tag vor den Iden des Februar in Constantinopel, als Honorius zum dritten Mal und Eutychianus Consuln waren (6. 2. 398).

Das ursprünglich für die römischen Ministerialen vorgesehene Gesetz wurde nunmehr auf die gotischen Foederaten ausgedehnt und galt hinfort als Grundlage für weitere „Ansiedlungen".

Zu den getroffenen Vereinbarungen zählte auch die Lieferung von Getreide, doch sah sich Honorius außerstande, diese Zusicherung einzuhalten. Er verschanzte sich zwar hinter der Forderung nach Rückgabe Galla Placidias, tatsächlich aber war es die Bedrohung aus Nordafrika: Dort hatte der *comes Africae* Heraclianus, ein früherer Vertrauter des Olympius, 412 den Purpur aufgenommen. Anfang 413 erschien er mit einer Flotte bei Ostia, wurde aber vertrieben und am 7. März 413 in Karthago hingerichtet.

Athaulf wertete das Unvermögen des Honorius als Bruch der Vereinbarungen. Er marschierte gegen Narbonne, nahm es noch 413 ein und machte die Stadt zu seiner (vorläufigen) Residenz. Im Januar 414 heiratete er Galla Placidia nach römischem Ritus, sie in kaiserlichem Gewand, Athaulf in der Kleidung eines Heermeisters. Orosius, der die Zeremonie beschreibt (Historia adversus paganos 7, 43, 5), sagt in diesem Zusammenhang, dass Athaulf geplant habe, anstelle des „Imperium Romanum" ein „Imperium Gothorum" zu setzen. Dies zeigt das Selbstbewusstsein der (West-)Goten, die sich zugleich als Erben und Retter des Imperiums vor den „Barbaren" sahen. Isidor von Sevilla pries später die Heirat mit den Worten: „Die Königin des Südens heiratete den König des Nordens" (Origo Gothorum 19). So erhielt auch der vor Jahresende 414 geborene Sohn Galla Placidias den Namen Theodosius: Er war die Frucht der beiden *gentes* und sollte unter Hinweis auf den verehrten Kaiser die Kontinuität der Familie (= Dynastie) repräsentieren. Als Honorius gegen diese Heirat protestierte, erhob Athaulf erneut Attalus zum Kaiser.

Auf den Rat seines Heermeisters Constantius hin ließ Honorius die Häfen am *sinus Gallicus* sperren. Constantius selbst marschierte gegen Athaulf, der sich im Winter 414/415 nach Spanien zurückzog. Attalus fiel, zurückgelassen, in die Hände des Constantius, der ihn nach Ravenna sandte. In einem Hochverratsprozess verurteilt, wurde Attalus nur mit dem Verlust der Schwurfinger und Verbannung auf die Insel Lipara bestraft.

Mord an Athaulf, Rückkehr Galla Placidias

Athaulf versuchte in Spanien eine neue Herrschaft aufzubauen, doch wurde er im August 415 von einem Gefolgsmann ermordet. Sein Nachfolger Sigerich ließ Athaulfs Kinder aus erster Ehe töten, Galla Placidia, deren Sohn bereits verstorben war, zur Geisel degradieren. Auch Sigerich wurde bald getötet und Valia (415–418) zum neuen König gewählt. Er erwog zunächst nach Afrika überzusetzen, doch Kämpfe mit den in Spanien ansässigen Sueben, Alanen und Vandalen verhinderten den Zug nach Süden. So verhandelte er erneut mit Honorius, der ihn auf Anraten des Constantius auf der Basis des Foedusvertrags von 413 nach Gallien zurückkehren ließ. Galla Placidia wurde 416 gegen Lieferung von 600000 Scheffel Getreide zurückgegeben und die Westgoten beauftragt, Alanen und Vandalen zu bekämpfen. Doch als Valias militärische Erfolge in Spanien zu groß wurden, rief ihn Constantius zurück. Ende 418 starb dann Valia, sein Nachfolger Theoderid (Theoderich I.) begründete das Reich um Toulouse.

Constantius III. und Galla Placidia

Die Neuordnung Südgalliens hatte die Position des Heermeisters Constantius so gestärkt, dass er Honorius zwingen konnte, ihm für das Jahr 417 den Consulat zu übertragen und mit Galla Placidia zu verheiraten. Sie selbst, in unseren Quellen als sehr schön, gebildet und hoch intelligent beschrieben, scheint darin eine Möglichkeit gesehen zu haben, direkt in die Politik als „Expertin" für den Westen eingreifen zu können. 417/418 schenkte sie dann einer Tochter, Honoria, am 2. Juli 419 einem Sohn, Valentinian, das Leben. Die Stellung des Constantius war nunmehr so stark, dass beide selbständig in innen- wie außenpolitische Belange eingreifen konnten, ja sogar in die Papstwahl des Jahres 419. Auf ihr Drängen wurde der schon betagte Presbyter Bonifatius als neuer Bischof anerkannt, und ihm gelang während seines kurzen Pontifikats durch persönliche Beziehungen die Verbindungen zu Constantinopel, die unter seinem Vorgänger Zosimus gestört gewesen waren, zu verbessern.

Machtausbau der Kirche

Honorius war offensichtlich zu einer eigenständigen Kirchenpolitik nicht fähig, so dass die Kirche zunehmend an Macht gewann. Der niedere Klerus wurde von den *munera sordida* befreit, erhielt Steuererleichterungen, das Privileg der kirchlichen Gerichtsbarkeit wurde erweitert. Ein Gesetz aus dem Jahre 408 schloss die Appellation gegen Urteile des Bischofsgerichts aus, die Behörden wurden zu deren Vollstreckung verpflichtet (CTh 1, 27, 2). Lediglich Kriminalfälle unterstanden der weltlichen Gerichtsbarkeit. Am 7. Dezember 416 wurde schließlich das Gesetz erlassen, das Heiden und Ketzern den Reichsdienst verschließen sollte (CTh 16, 10, 21).

Der Sieg der Kirche in Italien war begleitet von einem Sieg der katholischen Kirche in Nordafrica: Die Niederwerfung Gildos hatte auch die Donatisten geschwächt, und auf dem Konzil von Karthago wurde der Donatismus erneut verurteilt (13. September 401). An die Stelle des bewaffneten Konflikts trat nun das theologische Streitgespräch, bei dem vor allem Augustins trinitarische Lehre großen Einfluss hatte. Nach der Beseitigung des Heraclianus 413 schließlich wurden die nordafrikanischen Großgrundbesitzer von Constantius gezwungen, ihren donatistischen Colonen den Schutz zu versagen. So zog sich der Donatismus in die Außengebiete Numidiens und Mauretaniens zurück. Aber die Donatisten waren nicht ausgerottet: Sie spielten bei der Landnahme der Vandalen eine nicht unerhebliche Rolle.

Der Mönch Pelagius

Die Schriften des Augustinus hatten ein unerwartetes Echo: Pelagius, ein britannischer Mönch in Rom, lehnte die von Augustinus vertretene Lehre ab, dass der Mensch nicht durch eigene Verdienste (*merita*), sondern nur durch die Gnade (*gratia*) Gottes gerettet werde. Pelagius betonte die Willensfreiheit des Menschen, die ihm den Weg zu einem gottgefälligen Leben eröffne. So legte er großen Wert auf die Buße, die Läuterung und die Askese. Mit dieser Lehre, die die persönliche „Leistung", und nicht allein die Gnade würdigte, gewann er in hohen Kirchenkreisen Roms, aber auch in dem bedeutenden Kloster Lerinum sehr schnell Anhänger. Als Pelagius während der Bedrohung Roms 410 mit seinem Schüler Caelestius nach Nordafrica floh, wurde er umgehend als Häretiker angeklagt. Nur die Tatsache, dass weitere einflussreiche Römer nach Nordafrica gingen, ließ ihm

Spielraum. Caelestius hingegen, der in seinen Flugschriften die Erbsünde bestritt und den Menschen als von Anbeginn „gut" bezeichnete, forderte den Widerspruch Augustins heraus. Als sich Pelagius nun auf einer Pilgerreise nach Jerusalem befand, wurde Caelestius auf einer Synode (Oktober) 411 exkommuniziert und nach Ephesus verbannt. Durch die Schriften des Augustinus aufgeschreckt, wandten sich Hieronymus und Orosius nun auch gegen Pelagius, der in Ägypten und Palästina neue Anhänger gewonnen hatte. Auf einer Synode in Jerusalem 415 konnte sich Pelagius jedoch geschickt verteidigen, indem er sich von Caelestius distanzierte.

Unter dem Episkopat des Innozenz I. (402–417) war die Vorherrschaft Roms über die westlichen Bischofsstühle weiter ausgebaut worden, vor allem mit dem Argument, dass alle übrigen Kirchengründungen von Rom ausgegangen waren, das heißt Rom die Mutter, die übrigen die Töchter Roms seien. Wir dürfen hier wohl den Beginn des römischen Papsttums sehen, das eine hohe Unabhängigkeit vom Kaiser errungen hatte. Innozenz' Nachfolger Zosimus nahm gegenüber Caelestius eine zunächst zwiespältige Haltung ein, bis die Intervention des Augustinus Honorius veranlasste, per Edikt gegen die Pelagianer vorzugehen. Der Beschluss wurde auf der Synode von Carthago und durch ein Schreiben des Zosimus bestätigt, doch war der Streit noch keineswegs beigelegt. Vielmehr suchten die Pelagianer die Unterstützung der Ostkirche, die jedoch mit eigenen Streitigkeiten beschäftigt war. Als daher nach dem Tode des Zosimus am 26. Dezember 418 zwei Prätendenten auftraten, griffen Galla Placidia und Constantius zu Gunsten der Pelagius-Gegner und im Sinne des Augustinus ein und bestätigten die Wahl des Bonifatius. Das Papsttum schien erneut unter die weltliche Herrschaft zu geraten.

Im Osten ging der Streit um die Natur Christi unvermindert weiter; vor allem wurde die Frage aufgeworfen, ob Gott nur als Geist (*Logos–Pneuma*) oder als anthropomorph zu bezeichnen sei. Je nach Auffassung musste der Heilige Geist anders definiert werden, desgleichen die Bedeutung Mariens als Gottesmutter oder Mutter Jesu. Vor allem Theophilos, Bischof von Alexandria, zählte zu den Vertretern der anthropomorphen Sichtweise und lag somit naturgemäß im Streit mit den Neuplatonikern des Museions. Theophilos war auch der schärfste Gegner des Johannes Chrysostomus und beanspruchte für Alexandria die Führung der orientalischen Kirche, vor allem auf theologischem Gebiet. Als Theophilos 412 starb und sein Neffe Kyrillus Nachfolger wurde, ließ dieser die Kirchen der Häretiker schließen und mithilfe von Mönchen und Krankenpflegern Judenpogrome durchführen. Dabei geriet er in Streit mit dem *praefectus Augustalis* Orestes, dessen Freundin Hypatia er für dessen „lasche" Haltung verantwortlich machte. Hypatia hatte als Mathematikerin und Philosophin den Lehrstuhl ihres Vaters Theon am Museion übernommen und genoss auch bei den Christen einen guten Ruf. So hatte Synesios von Kyrene bei ihr studiert. Nun aber, im Fastenmonat März 415 (416?), hetzte Kyrillus die Mönche und den Pöbel Alexandrias auf, Hypatia zu töten, was nach dem Bericht des Sokrates auf höchst grausame Weise geschah (Historia ecclesiastica 7, 15). Kyrillus wurde zwar von Theodosius II. schwer getadelt, doch erreichte eine Gesandtschaft des Bischofs, dass der Kaiser „nachsichtig" war. Kyrillus enthielt sich in der nächsten Zeit aller Gewaltakte, was erklärt, warum die Bischöfe von Ägypten und Palästina dem Pelagianismus mit Vorsicht begegneten.

Der Mord an Hypatia

3. Das Zeitalter der Kaiserinnen

421 Erhebung des Heermeisters Constantius zum Mitregenten (Constantius III.); Tod des Constantius III.
423 Tod des Honorius; Valentinian III. zum Caesar des Westens erhoben
425 Valentinian III. Augustus des Westens; die Neuordnung der Universität von Constantinopel („Universitätsgesetz“)
426 Erlass des „Zitiergesetzes“ als Grundlage juristischer Entscheidungen

Pulcheria

Theodosius II. hatte seine begabte, erst 15 Jahre alte Schwester Pulcheria am 4. Juli 414 zur Augusta erhoben. Sie war an Kirchenfragen äußerst interessiert und entwickelte sich im Laufe der nächsten Jahre zur politisch bestimmenden Persönlichkeit in Constantinopel. Am 7. Juli 421 heiratete der Kaiser auf ihren Rat hin die schöne und sehr gebildete Athenais, die erst kurz zuvor auf den Namen Aelia Eudokia getauft worden war. Aber auch Theodosius II. war hochgebildet und trug, da er selbst Bücher verfasste, den Beinamen Kalligráphos (der „Schönschreiber“). Das Kaiserpaar widmete sich den Bibliotheken, dem Bildungswesen und der Juristenausbildung. Bereits 423 bewog Pulcheria, die mit Athenais-Eudokia befreundet war, den Kaiser, Eudokia zur Augusta zu erheben.

Galla Placidia

Wir dürfen feststellen, dass die Politik der damaligen Zeit von zwei politisch begabten, hochintelligenten Frauen beeinflusst wurde, Pulcheria im Osten und Galla Placidia im Westen. Galla Placidia hatte erreicht, dass ihr Gatte Constantius am 8. Februar 421 zum Augustus (Constantius III.), sie selbst zur Augusta erhoben wurde, ihr Sohn durfte sich Hoffnung auf die Nachfolge des kinderlosen Honorius machen. Doch bereits am 21. September 421 starb Constantius III. und mit seinem Tod begann die mühsam gewonnene Ruhe im Westen wieder zu zerbrechen.

Tod des Honorius

Als Honorius am 27. August 423 starb, war der Westen kaiserlos. Galla Placidia war wegen eines Hofzwistes bereits 422 mit ihren Kindern nach Constantinopel übersiedelt, der Heermeister Castinus hatte sich mit seinem Kollegen Bonifatius so zerstritten, dass Letzterer nach Nordafrika überwechselte. Damit war Theodosius II. alleiniger Herrscher, aber es war klar, dass dieser Zustand nicht mehr aufrechterhalten werden konnte. Dennoch zögerte der Kaiser, Valentinian, dem Sohn Galla Placidias, den gewünschten Rang zu verleihen. Erst als am 20. November 423 der *primicerius notariorum* Johannes in Italien usurpierte, musste Theodosius II. handeln. Castinus verhielt sich neutral, doch Bonifatius stellte sich hinter die Ansprüche Galla Placidias. So sah sich der Kaiser gezwungen, den erst 5-jährigen Valentinian III. am 23. Oktober 424 zum Caesar zu erheben und Placidia den Rang einer Augusta zu bestätigen. Das Ganze war ein interner Handel: Um die Ansprüche des Sohnes durchsetzen zu können, verzichtete Placidia im Namen Valentinians III. auf das Ost-Illyricum, und Theodosius verlobte ihn mit seiner 2-jährigen Tochter Licinia Eudoxia. Der Hof, vor allem die Kaiserinnen waren froh, die politische Nebenbuhlerin los zu sein. Doch die Tatsache, dass Valentinian III. zunächst nur den Rang eine Caesars erhielt, zeigt, dass Theodosius II. sich als Herr des Gesamtreiches empfand.

Die beiden Heermeister, der Alane Fl. Ardabur und sein Sohn Fl. Ardabur Aspar, konnten im Mai (Juni?) Ravenna einnehmen, Johannes wurde hingerichtet. Theodosius hatte die Absicht, persönlich in Ravenna die Erhebung des kleinen Valentinian zum Augustus vorzunehmen, doch erkrankte er auf der Reise, und so wurde der junge Caesar am 23. Oktober 425 von dem *magister officiorum* des Theodosius II., Helion, mit dem Diadem gekrönt. Regentin in Ravenna aber war Galla Placidia.

Die Neuordnung der Universitäten

Das Jahr 425 war auch für das Bildungswesen von Bedeutung. Durch ein am 27. Februar erlassenes Edikt wurde die Universität Constantinopel neu geordnet (CTh 14, 9, 3). Die Zahl der Professoren der *studia liberalia* (Rhetorik, Grammatik, Jurisprudenz) wurde auf 31 beschränkt; sie mussten eine Amtstracht tragen und korporiert sein. Sie allein hatten das Recht, als staatlich besoldete Professoren im *auditorium Capitolii* – eine Form von College – zu lehren. Neben ihnen standen die „Privatdozenten", die außerhalb des *auditorium* ihre Räume beziehen mussten. Die Bibliothek (*basilika*) wurde erweitert und soll, als sie 475 niederbrannte, insgesamt 120000 Bände umfasst haben. Man geht allgemein davon aus, dass der Anstoß für das „Universitätsgesetz" von Athenais-Eudokia kam, doch war Theodosius II. selbst am Bildungswesen interessiert.

Aber nicht nur die Universität bedurfte einer Reform: Auch die Rechtsfindung war Dank der ausufernden Literatur immer schwieriger geworden. Zwar wurden immer wieder Ediktsammlungen vorgelegt, doch war deren prozessuale Auslegung durch die sich bekämpfenden Rechtsschulen behindert. So wurde auf Veranlassung Placidias am 6. November 426 das sogenannte „Zitiergesetz" erlassen, das die Autorität der Schriften von Papinian, Paulus, Gaius, Ulpian, Modestinus, Scaevola, Sabinus, Julian, Marcellus als verbindlich festlegte, wobei Papininian Vorrang haben sollte.

Q

Zitiergesetz
(CTh 1, 4, 3)

Die Kaiser Theodosius [II.] und Valentinian [III.] an den Senat der Stadt Rom [unter anderem]: Wir bestätigen alle Schriften des Papinian, Paulus, Gaius, Ulpian und Modestinus derart, dass denen des Gaius die gleiche Qualität zukommt wie denen des Paulus, Ulpian und aller anderen, und dass es gestattet ist, Belegstellen aus seinem ganzen Werke vor Gericht anzuführen. Auch die Erkenntnisse derer, deren Abhandlungen und Beurteilungen alle Vorgenannten in ihre Werke aufgenommen haben, halten wir für gültig, so die Arbeiten von Scaevola, Sabinus, Julianus und Marcellus und aller, die jene häufig zitieren, sofern ihre Werke [deren Überlieferung], wegen ihres hohen Alters unsicher geworden, durch Textvergleich gesichert sind. Dort aber, wo unterschiedliche Ansichten aufgeführt werden, soll die höhere Anzahl der Autoren obsiegen, beziehungsweise wenn die Anzahl die gleiche ist, diejenige die höhere Autorität besitzen, die sich dadurch auszeichnet, dass die hervorragende Fähigkeit des Papinian sie vertritt, der [zwar] über einzelne siegt, zweien aber weicht. Die kritischen Anmerkungen des Paulus und Ulpian aber, die diese zum Werk des Papinian gemacht haben, sollen ungültig sein, wie es schon längst verfügt worden ist. Wo aber die gleichen Ansichten derer, denen die gleiche Autorität zukommt, zitiert weden, muss der Richter selbst ermessen, wem er sich anschließen will. Wir ordnen aber an, dass die Ansichten (*sententiae*) des Paulus immer Gewicht besitzen. Et cetera. Gegeben am 8. Tag vor den Iden des November zu Ravenna, als unsere Herren, die Kaiser Theodosius zum zwölften und Valentinian zum zweiten Mal Consuln waren.

4. Die Zeit des Aetius und Attila

428–477	Geiserich, König der Vandalen
445–453	Attila, Alleinherrscher der Hunnen
429	Geiserich landet in Nordafrika
430	Tod des Augustinus im belagerten Hippo Regius
435	Ansiedlung der Vandalen durch den Foedusvertrag von Hippo Regius
436	Umsiedlung der Burgunden vom Rhein (Worms) in die Sapaudia („Savoyen") durch Aetius
451	Schlacht auf den „Katalaunischen Feldern"
452	Attila fällt in Italien ein; Aquileia wird zerstört, die Bewohner flüchten in die Lagunen (Ursprung von Venedig)
453	Tod Attilas; Zerfall des Hunnenreiches

Fl. Aetius

Der Westgotenkönig Theoderich I. hatte bislang vergeblich versucht, Zugang zum Mittelmeer zu erhalten; 425 erschien er vor Arles, das der *curator palatii* des Usurpators Johannes, Fl. Aetius, mit starken hunnischen Truppen erfolgreich verteidigte. Nun verhandelte Aetius mit Galla Placidia: Gegen die Zusicherung des Amtes eines Heermeisters für Gallien versprach er, seine hunnische „Privatarmee" zu entlassen. Castinus wurde als Anhänger des Johannes seines Amtes enthoben und floh zu Bonifatius nach Afrika, der ihn allerdings hinrichten ließ. 427 schließlich sollte der Heermeister Fl. Constantius Felix Bonifatius beseitigen, doch Bonifatius, der nur über geringe Truppen verfügte, bat die Vandalen um Unterstützung.

Geiserich in Nordafrica

Die einst von der Ostsee nach Schlesien gewanderten Lugier hatten in der Völkerwanderungszeit den Namen Vandalen aufgenommen. Damals taucht auch der Geschlechtername „(H)Asdingen" auf. Die ursprünglich kleine Volksgruppe war durch Anschluss anderer Gruppen, zu denen später auch Alanen und suebische Quaden zählten, zu einer „Wanderlawine" angewachsen und hatte Mitteleuropa durchzogen. 407 erschienen sie am Rhein und überquerten 409 die Pyrenäen. Nach langen Kämpfen ließen sich die Sueben in Galizien, die Vandalen vor allem in der Carthaginiensis (Carthagena) nieder: Sie hinterließen der Region den Namen (V)Andalusien. In dieser Zeit war das selbständige Königtum der ‚spanischen' Alanen erloschen, so dass der Vandalenkönig Gunderich den Titel eines *rex Vandalorum et Alanorum* trug. Nach seinem Tode 428 übernahm sein Halbbruder Geiserich die Herrschaft, und an ihn erging das Ersuchen des Bonifatius um Waffenhilfe. Geiserich, der im kornreichen Nordafrika bessere Siedlungsmöglichkeiten sah, sagte zu und verfügte zuvor eine Volkszählung. Sie ergab 80000 Menschen, davon 15000 Krieger (Victor v. Vita 1, 2). Er ließ sein Volk, das bislang nur zu Fuß oder beritten gekämpft hatte, Schiffe bauen und setzte 429 nach Afrika über. Gemäß dem nach 395 überarbeiteten Staatshandbuch, der *Notitia Dignitatum*, sollte die Truppenstärke der Römer dort 25000 Mann betragen, doch lag sie weit darunter. Bonifatius, entsetzt über das Vandalenaufgebot, stellte sich zum Kampf und wurde geschlagen. Die nunmehrige Landnahme erfolgte relativ problemlos, da sich viele Berberfürsten dem Kampf gegen die Römer anschlossen, soziale und kirchenpolitische Unruhen förderten das Unternehmen.

Großgrundbesitzer und Kleriker waren die herrschende privilegierte Klasse, die Kirche selbst hatte auf einer Generalsynode in Karthago 426 die Verfolgung aller Häretiker beschlossen, was die Oppositionsbildung stärkte. Da die Lasten des Staates zudem auf den Unterschichten ruhten, die zur Fronarbeit auf den Latifundien* und zum Dienst in den staatlichen Manufakturen gezwungen wurden, ließen diese sich nur zu gerne von oppositionellen Kirchenführern gegen Rom aufhetzen. So wurden die arianischen Vandalen vielerorts wie Befreier begrüßt.

Tod des Augustinus

Bonifatius musste einen festen Platz nach dem anderen räumen. Am 28. August 430 starb Augustinus im belagerten Hippo Regius, das dann 431 erobert wurde. Am 11. Februar 435 schließlich wurden die Vandalen in den Gebieten Numidia und Sitifensis als Foederaten angesiedelt (Vertrag von Hippo), doch Geiserich kümmerte sich nicht um den Vertrag. 437 griff seine Flotte Sizilien an, am 19. Oktober 439 eroberte er nach langer Belagerung Karthago, das nun Hauptstadt eines zwar foederierten, aber völlig unabhängig organisierten Vandalenreiches wurde.

Im Mai 430 hatte Aetius den Heermeister Fl. Constantius Felix ermorden lassen und war nun mit seiner aus Hunnen und Franken (Burgunden?) bestehenden Leibwache (*bucellarii*) der mächtigste Mann Italiens. Galla Placidia war zwar auf ihn angewiesen, trachtete jedoch, seine Macht zu beschränken. So ermöglichte sie dem vormals als Staatsfeind verurteilten Bonifatius, mit seinen Resttruppen nach Italien zurückzukehren. Als dieser 432 in Italien landete, trat ihm Aetius mit seiner Privatarmee entgegen, unterlag jedoch und zog sich auf seine Güter zurück; Bonifatius starb noch im gleichen Jahr an einer Wunde. Als der neu ernannte Heermeister Sebastianus Aetius überfiel, flüchtete dieser zu dem Hunnenkönig Rua, dem Onkel Attilas. Mit einem vorwiegend aus Hunnen bestehenden Heer erschien Aetius 433 vor Ravenna und Sebastianus floh nach Constantinopel. Jetzt musste Ravenna Aetius als obersten Heermeister bestätigen und verlieh ihm 435 den Rang eines *patricius*. Er war es, der zum *foedus* mit Geiserich riet.

Mit Aetius schien der Westen noch einmal militärisch an Kraft zu gewinnen, aber der Zerfall der Römerherrschaft war nur durch die Fiktion aufzuhalten, dass ein *foedus* die kaiserliche Autorität und damit die Integrität des römischen Territoriums wahre. Die Aufgabe der Heermeister bestand vor allem darin, mit fremdstämmigen Truppen – Germanen, Alanen, Hunnen – die foederierten *gentes* zu ihren Verpflichtungen, die Grenzen des Reiches zu verteidigen, zu zwingen. Aber wir können zunehmend das Auseinanderdriften der verschiedenen (Volks-)Gruppen feststellen. So lebten die Germanen trotz Ansiedlung auf römischem Boden nach eigenem Stammesrecht, standen also *neben* den Romanen, von denen sie zudem durch den Glauben (Arianer – Katholiken) getrennt waren.

Der Verlust Britanniens

Territorial begann der Westen zu „schrumpfen“. Nachdem durch ein Schreiben des Honorius im Jahre 410 Britannien militärisch aufgegeben wurde (Zosimus, 6, 5, 2f.; 10, 2), kämpften die Bewohner gegen den wachsenden Druck der Pikten, Scoten, Iren und Sachsen. Vor allem die Kirche organisierte den Widerstand, und Bischof Germanus von Auxerre besuchte seit 429 mindestens zweimal die Insel. Die politische Gewalt war nach dem Abzug der Truppen unter Constantin III. in die Hände lokaler Machthaber übergegangen, wobei vor allem Vortigern als König in Wales zu nennen ist. Andere britische Herren baten Aetius um Hilfe, doch Ravenna scheint nicht mehr reagiert zu haben. So gingen weite Teile der Insel – Ausnahme blieben Wales und Cornwall – an die Sachsen unter Hengist und Horsa (428 oder 449?) verloren; das Christentum zog sich zurück, vermischte sich mit Heidnischem. Die Geschichte Britanniens versank in der Sage.

Der Niedergang der Römerherrschaft in Britannien hatte eine Zuwanderung keltischer Elemente in der Bretagne zur Folge, es erfolgte eine Abkehr von Rom. Ab ungefähr 435 ist das Gebiet als selbständig zu erachten.

Die Burgunden

Die Burgunden hatten 413 um Worms ein quasi selbständiges Reich errichtet. 435 drangen sie unter König Gundahar in das Gebiet der Belgica Prima ein, wurden jedoch von Aetius zurückgeschlagen. Als sie 436 erneut angriffen, konnte sie der Heermeister mit Hilfe hunnischer Kontingente völlig vernichten. Aetius wies ihnen das Gebiet der Sapaudia (Savoyen) als neues Siedlungsgebiet zu nach dem Prinzip der *hospitalitas* unter den Bedingungen eines *foedus*. Ihr Gebiet erstreckte sich am Nordufer des Genfer Sees bis Lausanne, Herrschaftzentrum wurde Genf. Die Niederlage der Burgunden war so schwer, dass wir erst 456 mit Gundowech einen neuen König kennen, der aber offenbar aus der alten Königssippe stammte. Der Ort der Ansiedlung wurde von Aetius gewählt, um die Alemannen, die sich in der Westschweiz (Neuenburger See, Avenches) ausbreiteten, unter Ausnutzung einer alten Erbfeindschaft aufzuhalten.

Die Franken

Die Franken, genauer gesagt die salischen Franken, hatten die Situation nach der Beseitigung des Usurpators Jovinus zur Ausweitung ihrer Herrschaft über Toxandrien hinaus benutzt. Ihr König Chlodio drang in die Gebiete der Belgica Secunda ein, eroberte Cambrai und gelangte bis zur Somme. Dort wurde er allerdings von Aetius (zwischen 440 und 450) aufgehalten. Historisch bedeutete dies lediglich eine Verzögerung der Eroberung Nordgalliens.

Die Westgoten

Die Westgoten hatten 436 unter König Theoderich I. Narbonne angegriffen, das von dem *comes* Litorius entsetzt wurde. Der König musste sich 437 nach Toulouse zurückziehen, wo ihn seinerseits Litorius bedrängte. Doch in einer Schlacht wurde Litorius 439 vernichtend geschlagen und getötet. So sah sich der damalige *praefectus praetorio Galliarum* Eparchius Avitus zum Friedensschluss gezwungen. Vermutlich hatte Theoderich damals das *foedus* mit Rom gekündigt, so dass ein selbständiger Germanenstaat auf römischem Boden entstand. Der König suchte nun ein Bündnis mit den Vandalen und verheiratete 442 seine Tochter mit Geiserichs Sohn Hunerich. Die

Allianz zerbrach jedoch, als Hunerich sich mit Eudocia, der Tochter Valentinians III. und Enkelin der Galla Placidia verlobte und deshalb Theoderichs Tochter zurücksandte.

Theoderich führte mehrere Feldzüge gegen die Sueben, die ihre Herrschaft in die von den Vandalen weitgehend aufgegebenen Gebiete ausdehnten. Sein Nachfolger, König Rechila, eroberte 439 Emerita (Merida) und beherrschte die Gebiete der Baetica und Carthaginiensis. Den Römern blieben nur ein Küstenstreifen und die Städte an der Mittelmeerküste.

Die Vandalen

Die Vandalen hatten unter Geiserich ein Reich mit dem Zentrum Carthago organisiert. Die katholischen Grundbesitzer wurden enteignet und vertrieben, ihre Besitzungen als „Königsgut" einbehalten. Geiserich bestimmte das Königtum als erblich in seiner eigenen, asdingischen Familie, die damit zum „Hochadel" avancierte. Die Nachfolge wurde durch eine Senioratsakte geregelt. Für das nordafrikanische Vandalenreich begann 440 eine neue Ära: die „Königsära".

Das Land wurde in Landlose (*sortes Vandalorum*) gegliedert, wobei das Königsgut von Geiserich für Dienstleistungen (*beneficia*) *ad personam* vergeben wurde. Dadurch wurde die Königsmacht erheblich gestärkt. Die Steuerlast lag völlig auf den unterworfenen Romanen, die auch für die Verwaltung herangezogen wurden. Die Vandalen selbst bildeten eine reine Kriegerkaste, deren Reiterheere durch maurische und berberische Kontingente verstärkt wurden. Auch die Flotte wurde weiter ausgebaut und Geiserich überfiel mehrfach Sizilien.

Die antirömische, antikatholische Politik Geiserichs veranlasste Kaiser Theodosius II. zur Entsendung einer Flotte. Geiserich seinerseits gewann die Hunnen für einen Einfall in byzantinisches Gebiet, so dass die Flotte wieder zurückgerufen wurde. Schließlich erkannte Valentinian III. 442 Geiserich als souveränen Herrscher in der Proconsularis, im Westteil der Tripolitania und im Ostteil Numidiens an. Das *foedus* war beendet, ein zweiter unabhängiger Germanenstaat entstanden. Geiserich verpflichtete sich zu Kornlieferungen und sandte seinen Sohn Hunerich als Geisel nach Ravenna, wo dieser die Kaisertochter Eudocia traf und sich aus politischen Gründen 445 mit dem erst 7-jährigen Mädchen verlobte.

Attila, die „Geisel Gottes"

Die Hauptbedrohung des Reiches aber kam nun von den Hunnen. Erst unter den Führern Uldin und Rua (circa 425–434?) war ein Zusammenschluss mit zunehmend zentralistischer Ordnung – vor allem durch Gesetze – erfolgt. Die sich herausbildende Einheit führte zu einer festen Anbindung der von ihnen unterworfenen germanischen Völkerschaften: Rugier, Skiren, Gepiden und Ostgoten mussten Hilfsvölker stellen, und vor allem die Ostgoten gehörten zu den bevorzugten Kampfverbänden. Mit dieser Schlagkraft wandte sich Rua gegen Constantinopel, das sich nur durch Zahlung von 350 Pfund Gold retten konnte. Hingegen überließ Rua höchst bereitwillig dem befreundeten Aetius Truppen als „persönliche Hausmacht". Als Rua 434 (?) starb, wurden seine beiden Neffen Bleda und Attila (Söhne des Mundiuch) Nachfolger. Attila schloss mit Ravenna einen Frieden, erhöhte aber die Forderung gegenüber Constantinopel. Nach dem Bericht des Gesandten Priskos, der Attila persönlich kennen lernte, wurde die Goldzahlung auf 700 Pfund erhöht, und Constantinopel verpflichtete sich zudem zur Auslieferung von Überläufern. Die Zahlungen erlaubten Attila und Bleda, die Expansionspolitik weiterzutreiben. Markomannen, Quaden und Thüringer gerieten in Abhängigkeit.

Theodosius II. war 440 gezwungen, gegen den Perserkönig Isdigerdes II. (438–457) zu ziehen. Dieser hatte die Römer des Vertragsbruches bezichtigt, da offenbar die im Friedensschluss vereinbarten Zahlungen an Persien ausgeblieben waren. Vermutlich hatte sich der Kaiser zur Einstellung der Zahlungen entschlossen, da er Isdigerdes für militärisch zu schwach hielt. 441 wurde der Friede zwischen Constantinopel und Persien erneuert, um die in den Balkan eingebrochenen Hunnen abwehren zu können. Als Theodosius II. anschließend eine Flotte gegen die Vandalen ausrüstete, fielen die Hunnen in Thracien ein und zogen gegen Constantinopel. Das vom Kaiser entsandte Heer wurde geschlagen, die Jahrgelder auf 2100 Pfund Gold erhöht. 445 ließ Attila seinen Bruder Bleda ermorden und beherrschte nunmehr ein Gebiet, das von Russland bis zum Rhein reichte. Das Zentrum seiner Macht lag an der Theiß. Dort auch traf ihn 449 der Gesandte Priskos, dem wir eine Beschreibung Attilas verdanken: Attila – sein Name war gotisch – war klein, breit gebaut, von brauner (dunkler) Hautfarbe, selbstbewusst im Auftreten, in seiner Lebensführung anspruchslos.

447 drang Attila in Makedonien ein und Theodosius II. musste den Hunnen einen breiten Streifen an der Donau abtreten. Nach dem Bericht des Priskos soll Attila damals geplant haben, Persien zu unterwerfen, dann aber wandte er sich plötzlich gegen Westrom. Auslöser waren zwei im Prinzip getrennte Ereignisse.

Die Umtriebe Honorias

Honoria, die Schwester Valentinians III., hatte sich in eine Affäre eingelassen mit dem Ziel, den Bruder zu ihren Gunsten zu entmachten (Iohannes Antiochenus frgm. 199). Honoria, die seit circa 437 den Titel „Augusta" führte, wurde unter Hausarrest gestellt und sollte mit einem zuverlässigen Senator verheiratet werden. Um dies zu verhindern, schickte sie ihren Ring an Attila und bat ihn um Hilfe. Attila wertete den Ring als Eheversprechen und verlangte von Valentinian III. die Schwester und die Hälfte des Reiches als Mitgift. Als der Kaiser ablehnte, zog Attila nach Westen.

Die Schlacht auf den Katalaunischen Feldern

Bei den Franken – es ist nicht ganz klar ob ripuarische (mittelrheinische) oder salische Franken – brach ein Streit zwischen Kleinkönigen (*reguli*) aus, die sich teils an Aetius, teils an Attila um Hilfe wandten. Attila zog nach Gallien, eroberte 451 die Stadt Metz und zog gegen Orleans, das von Aetius entsetzt wurde. Nun stellten sich Aetius neben Burgunden und Franken auch die Westgoten unter ihrem König Theoderich I. zur Verfügung. In der berühmten Schlacht auf den „Katalaunischen Feldern" (bei Troyes) Ende Juni 451, in der unter anderem Westgoten gegen Ostgoten kämpften, siegten die Westgoten über die Hunnen, doch ihr König fiel. Aetius jedoch war an einem Alleinsieg der Westgoten nicht interessiert: Als der Königssohn Thorismud weiterkämpfen wollte, überredete ihn Aetius, nach Toulouse zurückzukehren, um die Nachfolge zu sichern.

Attila in Italian

Attila verließ Gallien, fiel 452 in Italien ein und griff die von den Bewohnern aufgegebene Hafenstadt Aquileia an. Diese hatten Schutz auf den Inseln im Po-Delta gesucht und so den Grundstein für Venedig gelegt. Auch Pavia und Mailand wurden geplündert, Rom schien bedroht. Man schreibt die Rettung der Stadt einer Bittgesandtschaft des Papstes Leo des Großen (440–461) zu, doch ist dies im Zusammenhang mit einer immensen Kriegsentschädigung zu sehen, die die Italiker aufbringen sollten. Attila zog sich nun an die Theiß zurück, um einige der rebellisch gewordenen Germanenvölker zu bekämpfen. Dazu gehörte auch, dass er sich 453 mit einer Germanenprinzessin (Ildigis) verheiratete. Doch in der Hochzeitsnacht starb der König unerwartet an einem Blutsturz. Seine Söhne erbten zwar das Königtum, waren aber nicht fähig, den Vielvölkerstaat zu beherrschen. So wagten zuerst die Gepiden unter König Ardarich den Aufstand. In der Schlacht am Fluss Nedao besiegten sie ein hunnisches und ostgotisches Heer so vollständig, dass das Hunnenreich zerfiel und die Hunnen sich nun nach Osten zurückzogen.

Tod Attilas

Rom war nun von dieser Bedrohung befreit, doch der Zerfall des Hunnenreiches verstärkte wiederum die Bedrohung des Imperiums durch die Germanen, die schließlich das Ende des Westreiches herbeiführten.

Der riesige Beamtenapparat des Reiches musste verkleinert werden, doch das Reich schrumpfte immer schneller. Die ungeheuren Zahlungen an Foederaten und Reichsfeinde mussten von den römischen Provinzen aufgebracht werden, die damaligen Heere bestanden weitgehend aus Söldnern, doch das Geld war knapp. Nur der senatorische Adel wurde immer reicher, da er sich trotz aller Gesetze den Staatssteuern entziehen konnte. Die Senatoren zogen selbst die Steuern von ihren Colonen ein und manche Grundherren wahrten ihre Selbständigkeit dadurch, dass sie sich ein eigenes Heer leisten konnten.

IV. Das Ende des „Weströmischen Reiches“

Kaiser

23. Oktober 425–16. März 455	Valentinianus III. (Westen)
24. August 450–Januar/Februar 457	Marcianus (Osten)
455–31. Mai 455	Petronius Maximus (Westen)
9. Juli 455–nach dem 17. Oktober 456	Avitus (Westen)
1. April 457–2. (7.?) August 461	Maiorianus (Westen)
7. Februar 457–374	Leo I. (Osten)
19. Nov. 461–nach dem 25. Sept. 465	Libius Severus (Westen)
25. März /12. April 467–30. Juni 472	Anthemius (Westen)
März/April 472–23. Oktober 472	Olybrius (Westen)
5. März 463–24. Juni 474	Glycerius (Westen)
474–November 474	Leo II. (Osten)
24. Juni 474–28. August 475	Nepos (Westen)
9. Mai 480	Nepos wird ermordet
474–11. April 491	Zeno (Osten)
31. Oktober 475–September 476	Romulus Augustulus (Westen)
September 476–März 493	Odoakar König in Italien

Päpste

29. September 440–10. November 461	Leo I., der Große
19. November 461–29. Februar 468	Hilarius
3. März 468–10. März 483	Simplicius

In diese Jahre fällt auch das Ende der Theodosianischen Dynastie. Am 28. Juni 450 starb Theodosius II. nach einem Sturz vom Pferd. Mit seinem Namen sind vor allem zwei wichtige Ereignisse verbunden: die Publikation des nach ihm benannten *Codex Theodosianus* und das Konzil von Ephesus.

1. Der Codex Theodosianus

Nach dem Erlass des sogenannte „Zitiergesetzes“ (426) griff Theodosius den Gedanken, Ordnung in das Rechtswesen zu bringen, auf. Vor allem musste die Juristenausbildung vereinheitlicht werden. So setzte Theodosius II. am 26. März 429 eine Juristenkommission aus neun Männern ein, die in Zusammenarbeit mit dem Senat von Constantinopel eine offizielle Sammlung der Gesetze und Edikte seit Constantin dem Großen vornahm. Sie sollte die unter Diocletian entstandenen offiziösen Sammlungen, den *Codex Gregorianus* (Constitutionen von Hadrian bis Diocletian) und den *Codex Hermogenianus* (fast ausschließlich Diocletian) ersetzen und die Kommentarienliteratur auf der Basis des Zitiergesetzes einarbeiten und vereinheitlichen.

Bemerkenswert ist, dass die Sammlung im Osten entstand und sich unter den überlieferten Namen der Beteiligten kein Weströmer findet. Die Aufgabe war so umfangreich, dass Theodosius am 20. Dezember 435 eine neue Kommission einsetzte. Erst am 15. Februar 438 wurde die Gültigkeit des Sammelwerkes im Senat von Constantinopel verfügt, am 25. Dezember auch im Senat von Rom verkündet (= zur *lex* erhoben). Das Werk ist nicht nur ein Dokument der juristischen Reichseinheit, der einheitlichen Juristenausbildung in Ost und West: Auch am Latein als einheitlicher Rechtssprache des Imperiums wurde festgehalten. Der *Codex Theodosianus* ist in 16 Bücher eingeteilt und ordnet, wie es schon die Juristenschulen im 2. Jahrhundert empfohlen hatten, die einzelnen Rechtsfragen chronologisch an nach Rechtsgruppen (*tituli*). Die über 3000 Constitutionen unterrichten uns nicht nur über geltendes Recht, sondern auch über die Rechtsentwicklung.

Römisches Recht bei den Germanen

Der *Codex Theodosianus* erreichte im Westen vor allem dort hohe Bedeutung, wo die germanischen Machthaber das Leben der romanischen Bevölkerung durch Exzerpte aus dem *Codex Theodosianus* regelten. So entstand etwa bei den Westgoten 475 der *Codex Euricianus*, 506 das *Breviarium Alarici*, im 7. Jahrhundert die *Lex Visigothorum* des Königs Rekesvind (circa 650?), um 500 die *Lex Romana Burgundionum* König Gundobads. Nicht klar einzuordnen ist das *Edictum Theoderici*, das entweder dem Westgoten Theoderich II. oder – eher – dem Ostgoten Theoderich dem Großen zuzuschreiben ist.

2. Das Konzil von Ephesus

431 Das Konzil von Ephesus definiert Maria als „Gottesgebärerin"
449 Die sogenannte „Räubersynode" in Ephesus
450 Tod des Theodosius II.

Auch Theodosius II. suchte die Einheit des Glaubens zu erreichen, doch brach der Konflikt zwischen Hof und Kirche mit der Ordinierung des Nestorius zum Bischof in Constantinopel 428 erneut aus. Pulcheria, die Schwester des Kaisers, hatte ihr Leben der Jungfräulichkeit geweiht, was Nestorius in aller Öffentlichkeit anzweifelte. Doch Pulcheria scheute sich, den Streit offen austragen, zumal die Kaiserin Eudoxia für Nestorius eintrat und den Kaiser auf ihre Seite gezogen hatte.

Nestorius, ehedem Vorsteher einer Mönchsgemeinde nahe Antiochia, legte sich gleichzeitig noch mit Kyrillus von Alexandria an, dessen Vorrang vor Constantinopel er bestritt, sowie mit Papst Coelestin (422–432), dessen Anspruch auf das Ost-Illyricum als Kirchenprovinz er ablehnte. Hinzu kam ein christologisches Problem: Die theologische Schule von Antiochia lehrte die Trennung der geistigen und menschlichen Natur Christi; war nun die Mutter Jesu „Christusgebärerin" („Christotokos") oder „Gottesgebärerin" („Theotokos")? Die Antiochener vertraten die Ansicht, dass Maria lediglich die menschliche Natur Christi geboren habe, dass der göttliche Logos in ihm wohne, sich aber nicht mit seiner menschlichen Natur „vermischt" habe. Als Nestorius nunmehr die Lehre von Maria als „Christotokos" vertrat, stellte sich Kyrillus sofort gegen ihn und wurde darin von Papst Coelestin

Der Streit um die Natur Jesu

unterstützt. Der römische Diakon Leo beauftragte nun den in griechischen Belangen erfahrenen Cassian mit der Widerlegung des Nestorius.

Cassian

Cassian, um 360 in der Scythia geboren, war einer bethlehemitischen Anachoretengemeinde beigetreten und 405 als Abgesandter des Johannes Chrysostomus nach Rom gereist. Um 415 gründete er in Marseille ein Männer- und ein Frauenkloster. Sein Name ist, da er die reine Gnadenlehre Augustins als einseitig ablehnte, eng mit der Entstehung des „Semipelagianismus*" verbunden. Wie bei seiner Auseinandersetzung mit Augustinus verwendete Cassian zur Widerlegung der Ansichten des Nestorius das Mittel der Zitatekompilation. Erneut wurde ein Konzil einberufen und am 7. Juni 431 (Pfingsten) in Ephesus eröffnet. Dort verweigerten die Anhänger des Kyrillus die Gemeinschaft mit den Nestorianern und beide setzten sich gegenseitig ab. Wieder einmal griff der Kaiser ein: Er verfügte die Absetzung und Verbannung beider Kontrahenten und rechtfertigte dies auch in einem Schreiben gegenüber Papst Coelestin, ohne jedoch Kyrillus zu erwähnen. Dieser war den Bewachern entkommen, hatte in Alexandria seine Anhänger mobilisiert und durch skrupellose Bestechung am Hofe wie bei vielen Bischöfen und Mönchen für sich Stimmung gemacht. Als Anfang 431 das Konzil unter dem Vorsitz des Bischofs Johannes von Antiochia die Definition von Maria als Gottesgebärerin verkündete, stimmten mit Ausnahme der Syrer alle zu. Nestorius wurde deportiert, an seiner Stelle Maximus zum Bischof von Constantinopel geweiht. Auf Drängen Coelestins wurden die Schriften des Nestorius als häretisch verurteilt, die Nestorianer durch kaiserliches Gesetz vom 3. August 436 zu Häretikern erklärt. Die Gebeine des in der Verbannung gestorbenen Johannes Chrysostomus wurden am 27. Januar 438 von Theodosius II. in Anwesenheit des gesamten Hofes feierlich eingeholt.

Das Konzil von Ephesus

Das Ergebnis von Ephesus war ein Sieg des Kyrillus und der theologischen Schule von Alexandria, die allerdings die Einheit der göttlichen und menschlichen Natur in Christus vertrat. Zudem wurde der Patriotismus der *Aigyptoi* (arabisch *Kibt* = Kopten) gestärkt.

Als am 27. Juli 432 Papst Coelestin starb, erneuerte Constantinopel den Anspruch auf das Illyricum, was der neue Papst Xystus (Sixtus) III. natürlich ablehnte. Dessen Nachfolger Leo I. (29. September 440) trachtete umgehend, alle westlichen Kirchen juridisch und dogmatisch fest an Rom zu binden.

Die „Räubersynode"

Nach dem Tode des Kyrillus 444 versuchte sein Nachfolger Dioskoros sofort, den Vorrang Alexandrias gegenüber Constantinopel durchzusetzen. Unter seiner Leitung trat am 8. August 449 erneut in Ephesus eine Synode zusammen, die die Absetzung des Patriarchen von Constantinopel, Flavianus (446–449), betrieb. Sein Anhang bedrohte die anwesenden Bischöfe und bischöflichen Gesandtschaften so massiv, dass zwar das gewünschte Ergebnis erreicht, die Synode jedoch verworfen wurde. Hilarius von Arles, der im Auftrag Leos I. für Flavianus eintrat, wurde niedergeschrieen, Flavianus selbst starb kurz darauf. So legte Leo I. förmlichen Protest ein bei Kaiser Theodosius II. und sprach von einer „Räubersynode" (*latrocinium*). Das von einer römischen Synode gebilligte Schreiben war an Theodosius wie an Pulcheria gleichermaßen gerichtet, doch der Kaiser lehnte eine Revision der Beschlüsse ab. Auch eine Intervention Valentinians III. hatte keinen Erfolg. So gesehen war es fast ein Glücksfall, dass der Kaiser am 28. Juli 450 starb und sein Nachfolger Marcian die Richtlinien des Konzils von Ephesus vertrat.

3. Kaiser Marcian

450 Marcian wird neuer Herrscher im Osten; Tod Galla Placidias in Ravenna
451 Das Konzil von Nicaea/Chalcedon legt das verpflichtende Symbolon fest; Kaiser Theodosius I. erhält den Beinamen „Der Große"
453 Tod Attilas
454 Valentinian III. tötet Aetius eigenhändig im Palast von Ravenna
455 Tod Valentinians III.

Marcian und Pulcheria

Theodosius hinterließ bei seinem Tode nur die mit Valentinian III. verheiratete Tochter Eudoxia, und auch Valentinian besaß nur Töchter, die mit Hunerich verlobte Eudocia und die um 440 geborene Placidia, so dass die Damen Trägerinnen der Dynastie waren. Daher entschloss sich Pulcheria auf Anraten Aspars, Marcian, einen erfahrenen Offizier der Leibgarde (*protectores*), als Kaiser vorzuschlagen. Der 392 geborene, nun 58-jährige Thraker wurde am 25. August 450 vom Senat als Kaiser anerkannt, möglicherweise vom Patriarchen Anatolios gekrönt und vom Volke im Circus akklamiert. Pulcheria ihrerseits heiratete Marcian, der aus erster Ehe eine Tochter Aelia Marcia Euphemia besaß, in einer sogenannten Josephsehe.

Das Konzil von Chalcedon

Unter dem Einfluss Pulcherias lud Marcian für den 1. September 451 zu einem ökumenischen Konzil nach Nicaea: Es war das 4. ökumenische Konzil, mit 600 Bischöfen das bestbesuchte. Mit dem Eintreffen der Alexandriner jedoch brach der Streit sofort aus, so dass Marcian Chalcedon, das näher bei Constantinopel lag, als neuen Tagungsort bestimmte; das Kaiserpaar nahm an den Sitzungen teil. Der Westen legte ein Schreiben Leos I. vor („Tomus Leonis") und verlangte dessen Anerkennung. Eine Kommission erarbeitete ein allgemein gültige Symbolon, in dem Maria als Gottesgebärerin („Theotokos") anerkannt und Christus wie folgt definiert wurde:

Q

> Wir bekennen ihn als „einen und denselben Christus, Sohn, Eingeborenen, in zwei Naturen unvermischt, unverwandelt, ungetrennt, ungesondert erkannt, wobei keineswegs die Verschiedenheit der Naturen um der Einung willen aufgehoben wird, sondern die Eigentümlichkeit einer jeden Natur erhalten bleibt und sich zu einer Person und einer Hypostase verbindet. Wir bekennen ihn nicht als zwei Personen gespalten und getrennt, sondern als einen und denselben Sohn, Eingeborenen, Gott, Logos, Herrn, Jesus Christus, wie vorzeiten die Propheten über ihn und [dann] er, Jesus Christus, selbst uns unterwiesen haben und wie es das Symbol der Väter uns überliefert hat." (Konzilsakten hg. v. E. Schwartz, II, 1, 2, S. 126ff.)

Das Symbolon wurde am 25. Oktober beschworen, Leo I. hatte sich durchgesetzt, die ägyptischen Monophysiten* unterlagen. Bis zum Eindringen des

Islams stritt der Osten um die Lehre von Chalcedon weiter, was sich politisch auswirkte. Aber auch Leo musste eine politische Niederlage hinnehmen: Im Kanon 28 wurde zwar der Vorrang Roms bestätigt, aber das Patriarchat Constantinopels, des „Neuen Roms", diesem gleichgestellt, zudem die umstrittenen Gebiete des Ost-Illyricums der Jurisdiktion Roms entzogen. Damit wurde die Ostmission (Slavenmission) griechisch geprägt. Leos Protest wurde mit dem Hinweis auf die Allgemeinheit des Konzils abgewiesen.

Papst Leo der Große

Leo seinerseits definierte sich als Nachfolger Petri und *vicarius Christi* und damit als oberster Vertreter des Christentums (Sermo III 2. 3), und ein Edikt Valentinians III. bestätigte den Papst als Oberhaupt der Kirche (Novell. Valent. 17; Leo, epist. XI vom 8. Juli 445). Als Bischof Hilarius versuchte, Arles zur gallischen Metropole zu erheben, nahm ihm Leo mit Billigung der gallischen Bischöfe die Metropolitanrechte und verhinderte so einen „Gallicanismus". Der Westen steuerte auf ein einheitliches, starkes, zentralistisches, das heißt römisch-katholisches Christentum zu, während die politische (weltliche) Macht zerfiel.

Der Tod des Aetius

Nach dem Sieg über Attila 451 war Aetius der unbestritten stärkste Mann im Westen und mit dem Tode Galla Placidias am 27. November 450 fehlte sein wichtigster Gegenpart in Ravenna. Um die eigene Macht zu stärken, förderte er alles, was die des Kaisers schwächen konnte. Er suchte die wichtigsten Verwaltungsposten mit ihm ergebenen Männern zu besetzen und verstärkte die Zusammenarbeit mit Papst Leo. Als er im Jahr 454 schließlich seinen Sohn Gaudentius mit der Kaisertochter Placidia verlobte, vermutete man, dass er nach der Kaisermacht griff, da ihm nicht, wie vormals Stilicho, der Makel des „Germanen" anhaftete. Doch nach dem Tode Attilas 453 wandte sich Valentinian III. gegen den allmächtigen Heermeister: Während einer Audienz in Rom tötete er Aetius am 21. September 454 eigenhändig. Doch Valentinian hatte versäumt, das Heer für sich zu gewinnen. So formierte sich der Widerstand und im Einvernehmen mit angesehenen Senatoren wurde der Kaiser seinerseits bei einer Truppenschau am 16. März 455 von den *bucellarii* des Aetius erschlagen. Damit erlosch auch im Westen die theodosianische Herrscherlinie.

Aber im Westen war die Substanz des Reiches so sehr geschwächt, dass die Agonie nicht mehr aufzuhalten war. In den folgenden 20 Jahren lösten neun weströmische Kaiser einander ab, die entweder getötet oder vertrieben wurden. Autoritätskämpfe im Innern, politische Auseinandersetzungen mit Ostrom schwächten das westliche Kaisertum ebenso wie das egoistische Verhalten der Heermeister: Der Westen war in voller Auflösung begriffen.

4. Die Stunde der Heermeister

428–477	Geiserich, König der Vandalen
circa 456–482	Childerich, König der (salischen) Franken
455–73/74	Gundowech, König der Burgunden
474–516	Gundobad, Oberkönig der Burgunden
453–466	Theoderich (Theoderid) II. König der Westgoten

466–484	Eurich, König der Westgoten
455	Petronius Maximus Kaiser (Westen)
456	Tod Kaiser Marcians; Eparchius Avitus Kaiser im Westen
457–461	Julius Valerius Maiorianus neuer Westkaiser
461–465	Libius Severus neuer Westkaiser
467–472	Anthemius neuer Westkaiser
470	Westgoten im Besitz der Provence
471	Mord an Aspar
472	Anicius Olybrius von Ricimer zum Gegenkaiser proklamiert; Tod Ricimers; Tod des Olybrius
473	Leo II. Caesar beziehungsweise Augustus
473	3. März: Glycerius in Ravenna zum Kaiser erhoben
474	Tod Leos I.; Zeno Vormund Leos II.; Zeno Augustus; nach dem Tod seines Sohnes Leo II. Zeno alleiniger Augustus

Die Vandalen in Rom

Nach der Ermordung Valentinians III. nahm der Senator Petronius Maximus am 17. März 455 den Purpur auf. Er entstammte einer angesehenen Familie, hatte die zivile Ämterlaufbahn absolviert, war 433 und 443 Consul gewesen und besaß den Rang eines *patricius*, besaß jedoch keine militärische Erfahrung. Um sich abzusichern, heiratete er die Kaiserinwitwe Eudoxia und gab deren Tochter Eudocia seinem Sohn Palladius, den er gleichzeitig zum Caesar erhob. Eudocia war jedoch mit Hunerich verlobt, und bereits Ende Mai erschien Geiserich mit einer Flotte vor Ostia und griff das ungeschützte Rom an. Der Kaiser wurde von der aufgebrachten Bevölkerung am 31. Mai gesteinigt, am 2. Juni eroberten die Vandalen Rom und plünderten die Stadt 14 Tage. Beim Abzug führten sie die kaiserliche Familie mit sich, ebenso Gaudentius, den Sohn des Aetius. Hunerich heiratete Eudocia, die dann Mutter des späteren Vandalenkönigs Hilderich wurde. Sie blieb 16 Jahre fast wie eine Gefangene in Karthago, bis sie 471/472 nach Jerusalem pilgern durfte, wo sie kurz nach ihrer Ankunft verstarb. Ihre Mutter Eudoxia und ihre Schwester Placidia hatte Geiserich vermutlich schon 462 nach Constantinopel gesandt, wo Eudoxia hochbetagt (nach 493?) starb. Ihre Tochter Placidia, seit Ende 454 mit Anicius Olybrius verheiratet, traf dort ihren Ehemann, der sich rechtzeitig hatte absetzen können.

Der „gallische" Kaiser Avitus

Das politische Schwergewicht lag nun in Gallien bei dem dort ansässigen senatorischen Adel. Auf Vorschlag des Westgotenkönigs Theoderich II. trat am 9. Juli 455 eine Konferenz in Ugernum (Beaucaire) bei Arles zusammen, die den ehemaligen *praefectus praetorio Galliarum* und Heermeister des Petronius Maximus, Eparchius Avitus, zum neuen Herrscher bestimmte. Avitus zog, unterstützt von einem westgotischen Heer, nach Rom, doch die italischen Senatoren und Militärs opponierten gegen den „Gallier", und auch Constantinopel versagte die Anerkennung. Als in Rom eine Hungersnot ausbrach, zog sich Avitus nach Oberitalien zurück, wo ihn der Heermeister Ricimer am 17. Oktober 456 bei Piacenza besiegte. Avitus ließ sich zum Bischof weihen, starb aber bald darauf.

Ricimer und Gundobad

Anführer der Oposition war der Heermeister Fl. Ricimer, ein Suebe aus Spanien und Neffe des Westgotenkönigs Valia. Mithilfe der italischen Senatoren hoffte er, die Stellung eines Aetius zu erreichen. Ricimer zeigte die Kaiservakanz im Westen zwar Kaiser Marcian an, doch dieser ernannte keinen neuen Herrscher. Hingegen erhielt Ricimer von dessen Nachfolger Leo I. den Rang eines *patricius* (28. Februar 457).

Marcian selbst war inzwischen in innenpolitische Schwierigkeiten geraten. Nach dem Tode der Kaiserin Pulcheria (Juli 453) nutzte die in Jerusalem lebende Kaiserinwitwe Eudokia-Athenais die Gelegenheit, die Monophysiten zu unterstützen. So brach in Alexandria ein Aufstand aus, der weite Teile Ägyptens erfasste. Eine Truppe aus Mönchen eroberte Jerusalem; Ägypten und Palästina drohten der Herrschaft des Kaisers zu entgleiten. Nur massivem militärischen Einsatz gelang es, die Ordnung wiederherzustellen.

An der Donau hingegen hatte Marcian nach Attilas Tod neue Verträge mit den Germanen und Klientelkönigen abgeschlossen, Armenien jedoch dem Einfluss Persiens preisgegeben. So war beim Tode Marcians Anfang 457 der Osten weitgehend stabilisiert. Man erwartete allgemein, dass sein Schwiegersohn Anthemius Nachfolger werden würde, doch Aspar und sein Anhang favorisierten den thrakischen Offizier Leo (I.) in der Hoffnung, in ihm einen lenkbaren Schattenkaiser zu finden.

Wir wissen nicht, ob man in Ostrom einen „Westkaiser" bereits für überflüssig hielt oder ob Ricimer seine Stellung für stark genug erachtete, auf einen „untergeordneten" Kaiser verzichten zu können. Der ihm verliehene Patricius-Rang ermöglichte ihm jedenfalls, die Entscheidung des Senates in Rom zu beeinflussen und möglichst unfähige Kaiser vorzuschlagen. So ließ Ricimer nach längerem Zuwarten am 1. April 457 Maiorian von den Soldaten zum neuen Westkaiser ausrufen, dem Leo I. formell am 28. Dezember 457 die Augustuswürde zuerkannte (Marcellinus Comes z. J. 457).

Kaiser Maiorian

Maiorian, ebenfalls Offizier der Aetius-Schule, erwies sich wider Erwarten als fähiger Kaiser. Er unterhielt gute Beziehungen zum Senat, den Burgunden und den Westgoten, suchte jedoch die Gebiete zurückzugewinnen, die von den Germanen ohne Roms Zustimmung besetzt worden waren. Um die gallische Aristokratie mit Rom auszusöhnen, ernannte er den Gallier und Offizier Aegidius zum Heermeiser für Gallien und beauftragte ihn mit dem Krieg gegen die Franken. Aegidius konnte die Gebiete um Soissons und Reims für Rom behaupten, danach wurde ihm die Verteidigung von Arles gegen die Westgoten übertragen.

Die Westgoten hatten das Languedoc besetzt und so die Landverbindung von Italien nach Spanien unterbrochen. 460 schlug Maiorian in Spanien ein Heer des Westgoten Theoderich II., musste dann aber nach Italien zurückkehren, da die Vandalen die Küste plünderten. Ein Krieg gegen Geiserich scheiterte, da dieser die im Bau befindliche römische Flotte zerstörte. In dem folgenden Friedensschluss musste der Kaiser auf Sizilien verzichten. Dies bedeutete das Ende Maiorians: Ricimer hatte die Erfolge des Kaisers mit steigendem Misstrauen verfolgt. Nun ließ er Maiorian am 2. August 461 in Dertona gefangensetzen, ihm in einem Prozess die Kaiserwürde aberkennen und am 7. August hinrichten. Dies war ein ungeheuerliches Vorgehen, das, obwohl rechtlich abgesichert, die Schwäche des Senats und des Westkaisertums offenlegte.

Erneut versuchte Ricimer, Italien selbst zu verwalten, erhob dann aber am 19. November 461 den lucanischen Senator Libius Severus in Ravenna zum Kaiser. Der neue Augustus, den Leo I. nicht anerkannte, war militärisch unerfahren, besaß also nur die Funktion eines Schattenkaisers. Auch der Heermeister Aegidius verweigerte die Anerkennung und plante einen Krieg gegen Ricimer, was dann ein Angriff der Westgoten auf die Provence verhinderte. In eigenständigen Feldzügen kämpfte Aegidius mit fränkischer Hilfe bei Tours (461) und Orléans (463) gegen die Westgoten, verhandelte mit den Vandalen, starb jedoch im Herbst 465 vermutlich an Gift. Sein Sohn Syagrius „erbte“ die Militärmacht des Vaters. Er zog sich auf das Gebiet um Soissons zurück, wo er fast unabhängig unter dem Titel *Romanorum rex* bis 486/487 herrschte.

Syagrius

Der Verlust Galliens an die Germanen

Dank dieser innerrömischen Wirren ging Gallien fast vollständig dem Imperium verloren. Ricimer hatte den Westgoten Narbonne überlassen, die salischen Franken eroberten unter König Childerich 463 Orléans. Die Alemannen versuchten, die Alpenpässe zu erreichen und drangen vom Elsass aus über Montbéliard und Besançon in das Tal der Saône vor, wurden jedoch von den Burgunden zurückgeschlagen. Die Burgunden ihrerseits hatten 457 Lyon eingenommen. Kaiser Maiorian hatte sie zwar wieder vertrieben, doch während Ricimer gegen Maiorian vorging, nahmen sie das Gebiet 461 endgültig in Besitz und verlegten ihre Hauptstadt von Genf nach Lyon. Ihr damaliger König Gundowech unterhielt gute Beziehungen zur provençalischen Führungsschicht, so dass es ihm möglich war, bis zur Drôme vorzustoßen. Er hatte die Schwester Ricimers geheiratet, der wiederum hatte ihn 463/464 zum *magister militum per Gallias* erheben lassen, so dass Gundowech eine quasi legale Position in Ostgallien wahrnahm. Der König übte, obwohl Arianer, die Kontrolle über die katholische Kirche seines Herrschaftsgebietes aus, was dadurch erleichtert wurde, dass die Königin katholisch war. Unter Ricimer wurden die Burgunden zum einflussreichsten Germanenvolk des Westens, militärisch lediglich in Schach gehalten von Westgoten und Syagrius, der gute Beziehungen (*foedus*) zu König Childerich unterhielt. Auch Papst Hilarius, der Nachfolger des am 10. November 461 verstorbenen Leo des Großen, war zur Zusammenarbeit bereit.

Als am 14. November 465 Kaiser Libius Severus starb, entstand das Gerücht, Ricimer habe Severus vergiftet, um selbst zu regieren. Erst als die Vandalengefahr anstieg, entschloss sich der Heermeister, durch eine Senatsgesandtschaft einen neuen Kaiser von Leo I. zu erbitten, und dieser erhob nun Anthemius, den Schwiegersohn des Kaisers Marcian, in Constantinopel zum Caesar. Am 12. April 467 wurde er vor Rom zum Augustus proklamiert.

Anthemius

Anthemius, ein in Kämpfen gegen Ostgoten und Hunnen erprobter Offizier, schien geeignet, die Sicherheit des Westens zu erhalten. Er versuchte sich abzusichern, indem er ein eigenes oströmisches Heer unter Führung des *magister militum Dalmatiae Marcellinus* mitbrachte. Anthemius verheiratete seine Tochter Alypia im Sommer 467 mit Ricimer, verlieh aber Marcellinus das Amt eines zweiten Heermeisters im Patricius-Rang neben Ricimer. Es war offensichtlich, dass Marcellinus ein Gegengewicht zu dem allmächtigen Ricimer sein sollte. Anthemius suchte die Zusammenarbeit mit dem Senat und war sogar bereit, heidnische Strömungen zu tolerieren. 468 übertrug er Marcellinus das Oberkommando gegen die Vandalen, die er im ersten Anlauf von Sardinien vertreiben konnte. Als er sich aber den Vandalen auf Sizilien zuwandte, wurde er noch vor einem entscheidenden Schlag im August 468 ermordet.

Ricimer hatte sich bislang im Hintergrund gehalten, doch als sein Freund, der Senator Romanus, wegen Verschwörung hingerichtet wurde, sah er sich ernsthaft bedroht. Bei Mailand zog er eine Streitmacht von 6000 Mann zusammen, zu denen auch Burgunden zählten. Bischof Epifanius von Pavia versuchte im Auftrag des norditalischen Adels zu vermitteln, doch Anthemius war nicht bereit, Ricimer die alte führende Position zurückzugeben. So zog Ricimer, unterstützt von seinem Neffen Gundobad, dem er hierfür den Rang eines *magister militum per Gallias* zugesprochen hatte, Anfang 472 gegen Rom. Nach mehrmonatiger Belagerung wurde die Stadt erobert, am 11. Juli 472 erschlug Gundobad den Anthemius.

Mit Anthemius verlor der Westen den letzten militärisch fähigen, auf Selbständigkeit gegenüber den Heermeistern bedachten Herrscher. Die Macht der Heermeister war seit Constantius III. und Aetius so angewachsen, dass diese mit ihrer militärischen Privatmacht den Westen und die Kaiser beherrschten. Sie alle besaßen den Rang eines *patricius*, so dass bei vielen modernen Forschern die Ansicht entstand, der ehemals als persönliche Würde konzipierte Rang sei nun Legitimitätsnachweis für den Heermeister als „Vizekaiser" des Westens. Dies bedarf jedoch der weiteren Überprüfung.

Krieg gegen die Vandalen

Unter Anthemius hatten Ravenna und Constantinopel gemeinsam versucht, die Vandalen in Afrika anzugreifen. Eine riesige Streitmacht von circa 100000 Mann und 1000 Schiffen zog 472 unter dem Oberbefehl von Leos Schwager Basiliskos bis vor Karthago. Der Angriff wurde von drei Seiten geführt: von Ägypten aus, über das Meer und gegen die Inseln. Geiserich wurde bei Karthago geschlagen und erbat fünf Tage Waffenstillstand, während der er die römische Flotte überfiel und vernichtete. Dank des Mordes an Marcellinus blieb auch Sizilien in seinen Händen. So sah sich Leo I. gezwungen, das Reich Geiserichs als unabhängig anzuerkennen, auch wenn der Kriegszustand andauerte.

Ricimer überlebte Anthemius nur kurz: Er starb am 19. August 472 und hinterließ die Macht seinem Neffen Gundobad, der von dem noch durch Ricimer proklamierten Kaiser Olybrius den Rang eines *patricius* erhielt.

Anicius Olybrius

Anicius Olybrius, Gatte der Kaisertochter Placidia, hatte bereits nach dem Tode des Marcian Anspruch auf den westlichen Kaiserthron erhoben, doch Leo I. hatte Anthemius favorisiert. Nun, im Zwist zwischen Ricimer und Anthemius, entsandte ihn Leo 472 als Vermittler nach Italien, wo er im April von Ricimer zum Gegenkaiser ausgerufen wurde. Ricimer hoffte durch ihn den Senat gewinnen zu können, da Olybrius zum mächtigen Senatorengeschlecht der Anicier zählte. Als Schwager des Vandalen Hunerich schien er geeignet, Vermittler zwischen Rom und den Vandalen zu werden.

Eurich, König der Westgoten

Auch in Südgallien hatten sich die Verhältnisse zu Ungunsten Roms verändert: Im Westgotenreich warf eine „nationalgotische" Partei Theoderich II. vor, eine römer- und katholikenfreundliche Politik zu verfolgen. Es gibt Anzeichen, dass Theoderich auch das *foedus* mit Rom erneuert hatte. In einer Hofverschwörung unter Führung von Theoderichs Bruder Eurich wurde der König 466 in Toulouse ermordet, Eurich neuer Westgotenkönig. „Als nun Eurich den häufigen Wechsel der römischen Kaiser sah, ging sein Bestreben dahin, Gallien nach Eigenrecht (*suo iure*) in Besitz zu nehmen." (Iordanes. Get. 237).

Eurich hatte 468 mit der Eroberung der iberischen Halbinsel begonnen, ein Schritt von historischer Tragweite: Einerseits verlor das spanische Suebenreich jegliche politische Bedeutung, andererseits wurde damit die Ausweichbasis geschaffen, die nach der Vernichtung des Reiches von Toulouse durch die Franken zur Bildung des spanischen Westgotenreiches führte. 469 trat ihm ein Heer aus Franken, Bretonen und Burgunden im Auftrag des Anthemius entgegen, das aber geschlagen wurde: Die Gotenherrschaft reichte nunmehr bis zur Loire. Nur die Auvergne hielt den Goten stand, geschützt von den Privatheeren der römisch-gallischen Senatoren. 470 besetzte Eurich die Provence, in die gleichzeitig die Burgunden einrückten. So zog sich Eurich auf das rechte Rhôneufer zurück, das Gebiet links der Rône blieb als „Reststück“ Galliens den Römern erhalten, neben dem „Reich“ des Syagrius.

Kaiser Leo I. und die Amaler

Während der Westen immer mehr in die Abhängigkeit der Germanen geriet, versuchte sich Kaiser Leo daraus zu befreien. Dies war deshalb möglich, weil Kleinasien ein starkes politisches Gegengewicht darstellte. Vor allem musste er sich gegen den allmächtigen Aspar wehren, der auf die Unterstützung der Ostgoten zählen konnte, die jedoch untereinander zerstritten waren: Ein Teil stand unter der amalischen Königsfamilie, geführt von dem Oberkönig Valamir, ein anderer unter dem rivalisierenden König Triarius, dem Schwager Aspars. Leo entschloss sich daher zu einem Bündnis mit den Valamir-Goten. Nach dem Mord an Triarius erbte dessen Sohn Theoderich „Strabo“ die Herrschaft und Feindschaft mit den Amalern, denen Kaiser Leo I. als Foederaten ein Jahrgelder von 300 Pfund Gold zahlte; als „Sicherheit“ wurde der damals etwa 5 oder 6 Jahre alte Theoderich, Sohn des Unterkönigs Thiudimir, als Geisel nach Constantinopel überstellt. Nach dem Schlachtentod Valamirs wurde Thiudimir neuer Oberkönig, was den Wert der Geisel Theoderich hob.

Zeno in Constantinopel

Ein Glücksfall für Leo I. war 466 die Ankunft des isaurischen Fürsten Tarasis aus Kodissa (Tarasikodissa) mit einer erheblichen Gefolgschaft und mit Briefen, die Aspars Zusammenarbeit mit den Persern belegen sollten. Daraufhin ernannte der Kaiser den Fürsten, der sich nunmehr Zeno nannte, zum *comes domesticorum* und verheiratete ihn wenig später (466/467) mit seiner Tochter Ariadne.

Noch war Aspar stark genug, den Kaiser zu zwingen, seinen Sohn Patricius zum Caesar zu erheben und ihn mit Leos zweiter Tochter Leontia zu verloben, doch konnte er die Erhebung Zenos zum Heermeister für Thracien und die Ernennung zum Consul 469 nicht verhindern. Leo ernannte nun Zeno zum Befehlshaber der neu eingerichteten Palastwache, der *excubitores*, und in einer Verschwörung wurde Aspar 471 im Palast erschlagen, seine Truppen in erbitterten Straßenkämpfen aus Constantinopel vertrieben. Als 473 Theoderich „Strabo“ gegen Byzanz zog, konnte der Kaiser mit ihm nur Frieden schließen, indem er ihm ein Jahrgeld von 2000 Pfund Gold, die Würde eines Heermeisters und die Stellung eines *rex Gothorum* zusicherte. Gleichzeitig aber förderte er die Feindschaft zwischen „Strabo-Goten“ und „Amaler-Goten“. Dies ist vermutlich der Hintergrund dafür, dass Leo 472/473 den in Constantinopel herangewachsenen Theoderich zu seinem Vater Thiudimir entließ.

Allerdings erhoben sich große Widerstände gegen Leos Plan, Zeno als Nachfolger aufzubauen. Daher entschloss sich der Kaiser, seinen 467 geborenen gleichnamigen Enkel Leo im Oktober 473 zum Caesar und wenig später zum Augustus zu erheben. Als Leo I. am 18. Januar 474 starb, war Leo II. selbständiger – alleiniger – Herrscher. Auf Anregung der Kaiserinwitwe Verina und der Kaisertochter Ariadne wurde daher Zeno im Senat zum Mitregenten Leos II. und als dessen Vormund zum Augustus erhoben und dem Volk am 9. Februar 474 im Hippodrom zur Akklamation vorgestellt. Als dann am 17. (?) November 474 Leo II. starb, war Zeno alleiniger Herrscher im Osten. In seine Regierungszeit fällt das endgültige Ende des weströmischen Kaisertums.

Kaiser Zeno

5. Das Ende des Kaisertums im Westen

474 Julius Nepos Kaiser des Westens; Abdankung des Glycerius und Weihe zum Bischof von Salona
475 Flucht des Nepos nach Salona; Orestes erhebt seinen Sohn Romulus Augustulus zum Kaiser: letzter Kaiser des Westens
476 Odoakar König in Italien (bis 493); Orestes fällt bei Piacenza, Romulus Augustulus wird nach Neapel verbannt
Odoakar schickt durch eine Senatsgesandtschaft die Kaiserinsignien nach Constantinopel zu Kaiser Zeno: Ende des Weströmischen Kaisertums

Wie Ricimer beherrschte auch Gundobad den Schattenkaiser Olybrius. Als dieser am 2. November 472 starb, erhob er nach längerem Zögern am 3. März 473 in Ravenna den damaligen *comes domesticorum* Glycerius zum neuen Herrscher. Constantinopel verweigerte allerdings die Bestätigung und bestimmte stattdessen den 474 zum *patricius* erhobenen Julius Nepos zum neuen Westkaiser, den Neffen des ehemaligen Heermeisters Marcellinus, verheiratet mit einer Verwandten der Kaiserin Verina (Malchus, frgm. 10). Als er mit einem Heer Anfang Juni 474 in Ostia landete, dankte Glycerius am 19. Juni ab und ließ sich zum Bischof von Salona (Dalmatien) weihen.

Kaiser Julius Nepos

Die Machtergreifung des Nepos konnte nur deshalb so problemlos verlaufen, weil Gundobad kurz zuvor Italien verlassen hatte. Beim Tode seines Vaters war im Burgundenreich vermutlich unter den vier Brüdern Godegisel, Chilperich, Godomar und Gundobad ein Nachfolgestreit ausgebrochen, und Gundobad setzte sich spätestens 475 als Oberkönig durch. Seine Würde als Heermeister und Patricius behielt er.

Anstelle des fernen Gundobad ernannte nun Nepos Ecdicius, den Sohn des früheren Kaisers Eparchius Avitus, zum Heermeister und *patricius*. Er beauftragte ihn mit der militärischen Sicherung der Auvergne und der Narbonensis, doch blieben die Erfolge so mäßig, dass Nepos sich zum Frieden mit Eurich gezwungen sah, der 473 Marseille und Arles erobert hatte. Er überließ ihm die Auvergne gegen die Räumung der Provence und ersetzte Ecdicius durch den Pannonier Orestes.

Orestes, ehemals „Sekretär" in Diensten Attilas, war nach dem Zerfall des Hunnenreiches mit anderen germanischen Soldaten und Offizieren nach

Bündnis des *patricius* Orestes mit Odoakar

Italien gekommen. Doch statt nach Gallien zu gehen, wandte er sich mit seinem aus Skiren, Herulern, Rugiern, Torcilingen (Thüringern?) bestehenden Heer gegen Nepos, der am 28. August 475 nach Salona floh. Dort allerdings wurde er fünf Jahre später vermutlich auf Befehl des Bischofs Glycerius, seines kaiserlichen Vorgängers, ermordet.

Romulus Augustulus, letzter Westkaiser

Orestes beabsichtigte keineswegs die Macht zu teilen; vielmehr erhob er seinen kleinen Sohn Romulus Augustulus am 31. Oktober 475 zum Kaiser. Doch der Staatsstreich war nur gelungen, weil Orestes den Germanen, die unter der Führung des Offiziers Odoakar standen, Siedlungsland in Italien versprach. Nun drängten sie auf Einhaltung des Versprechens, das heißt Landzuweisung nach dem Einquartierungsrecht. Orestes verweigerte dies, da er seine eigene Stellung nur durch die Zusammenarbeit mit dem senatorischen Adel legitimieren konnte, zu dessen Lasten die Landzuweisung erfolgen musste. Daraufhin erhoben die germanischen Truppen am 23. August 476 Odoakar zum König. Am 28. August wurde Orestes bei Piacenza von Odoakar besiegt und erschlagen, am 4. September Ravenna eingenommen, das von Paulus, dem Bruder des Orestes, verteidigt wurde. Romulus Augustulus wurde abgesetzt und auf das Landgut Castellum Lucullanum bei Neapel verbracht, erhielt jedoch eine Jahresrente von 6000 Solidi. Der ihm zugewiesene Aufenthalt war keineswegs eine „Verbannung nach Sibirien", da Neapel wie die benachbarte Campania das Zentrum der senatorischen Villenlandschaft darstellte. Wir dürfen vermuten, dass die sonst unbekannte Familie der Mutter Beziehungen zum senatorischen Adel unterhielt. Odoakar aber hielt einen Westkaiser nunmehr für überflüssig.

Odoakar, König von Germanen

Q

Keine Notwendigkeit für geteilte Herrschaft
(Malchus, Fragment 14 = Excerpta de legationibus)

[Odoakar] zwang den Senat, eine Gesandtschaft zu Zeno zu schicken und ihm zu übermitteln, dass für eine geteilte Herrschaft keine Notwendigkeit bestünde und ein Kaiser für beide Reichsteile genüge. Im Übrigen hätten sie Odoakar, einen Mann mit militärischer und politischer Fähigkeit, ausgewählt, ihre eigenen Angelegenheiten wahrzunehmen, und Zeno solle ihm den Rang eines *patricius* verleihen und ihn mit der Regierung Italiens beauftragen

Odoakars Königstitel beschränkte sich auf die im Militär dienenden Germanen in Italien, besaß aber auch Ansehen bei den Römern. Allerdings war der Königstitel für die Römer keine Legitimation, weshalb die Senatsgesandtschaft um die Würde eines Patricius, vermutlich verbunden mit einer Bestallung als *magister militum*, bitten sollte. Zeno antwortete zuvorkommend, verwies aber auf die Zuständigkeit des noch in Salona lebenden West-Kaisers Nepos – nach dem Tode Leos I. eigentlich rangältester Augustus! –, dessen Entscheidung er nicht vorgreifen wolle. Da er aber Odoakar in seinem Brief als Patricius ansprach, leitete der König daraus eine *de-facto*-Anerkennung ab.

Es ist eindeutig, dass Odoakar die Stellung beanspruchte, die vor ihm Ricimer, Gundobad und Orestes bekleidet hatten. Er fühlte sich als Reichsangehöriger, der im Auftrag des im Osten residierenden Kaisers Zeno den Westteil des Reiches verwalten wollte.

Die Absetzung des Romulus Augustulus und die Senatsgesandtschaft hatten lediglich das Ende des faktischen Westkaisertums zur Folge – der legitime Westkaiser Nepos war noch am Leben –, nicht jedoch die Herauslösung Italiens aus dem Imperium als selbständiger Reichskörper. Der Westen war nunmehr auf die Gebiete Italien, die Alpenpässe, Raetien, Dalmatien und Noricum Ripense geschrumpft – abgesehen von dem quasi selbständigen Reich des Syagrius um Soissons –, zumal die auf römischem Gebiet entstandenen Germanenreiche ihre Födera gekündigt oder gebrochen hatten. Die römischen Senatoren hingegen hielten an der Einheit des Imperiums fest: Zeno war auch ihr Kaiser.

6. Epilog

Odoakar bestätigte die Provence als Westgotenbesitz; Sizilien erhielt er von den Vandalen gegen Zahlungen von Jahrgeldern zurück, so dass die Kornversorgung Italiens wieder gesichert war. Seinen germanischen Söldnern teilte der König nach dem Gesetz der Hospitalitas das gewünschte Land zu, siedelte sie aber an strategisch wichtigen Punkten an: im Norden um Mailand, Pavia, Ravenna, Faenza, Verona, im Süden bei Neapel und Messina, sowie zum Schutz gegen vandalische Überfälle auf Sizilien. Die Verwaltung blieb in römischer Hand, die Rechte des Königs beschränkten sich auf die Heerführung, die Finanzhoheit und die Verhandlung mit dem Senat, dessen Rechte er respektierte. Gesetzesvollmacht und Münzrecht (Goldprägung) blieben kaiserlich, doch regierte Odoakar durch Edikte und ließ Münzen mit eigenem Namen prägen. Natürlich nahm der König Einfluss auf die Consul-Ernennungen, da er, wie zur Zeit der Westkaiser, die Bestallung eines der Consuln beanspruchte. Doch obwohl Odoakar Personen aus den einflussreichen Familien vorschlug, wurden die Westconsuln im Osten nicht offiziell anerkannt, ihr Platz allerdings nicht als vakant gewertet und anderweitig besetzt. Odoakar versuchte somit, die Einheit des Imperiums *de iure* aufrechtzuerhalten, was sich auch in der Beachtung des *Codex Theodosianus* für Romanen verdeutlicht. Lediglich für die Germanen galt das Eigenrecht. Trotz all dieser Maßnahmen aber wurde die Regierung Odoacars in Byzanz als „Usurpation", als Ausscheren aus dem Reichsverband, gewertet, was automatisch zu gegenseitigem Misstrauen führen musste. Aber die Regierung Odoakars wurde auch von der katholischen Kirche respektiert, da das Papsttum damals auf eine Konfrontation mit dem Kaiser und dem Patriarchen von Constantinopel zusteuerte.

Die romanische Bevölkerung war in die Gruppen der „Stadtbevölkerung", „Landbevölkerung" und „Kirche" geschieden, der senatorische Adel (Großgrundbesitzer) politisch maßgeblich. Die Städte waren als Verwaltungsorte, Handelsmittelpunkte und Produktionsstätten wichtig, doch die Hauptlast der Steuern lag auf der abhängigen Landbevölkerung. Deren Rechte gegenüber den Grundherrn, die ihrerseits als *patroni* den Schutz der Pächter wahrnehmen sollten, waren beschränkt. Der Großgrundbesitz (*latifundium*) lag zumeist in den Händen des senatorischen Adels, der sich seine Wohnsitze zu Schlössern und Festungen ausbaute und manchmal kleine Privatarmeen unterhielt, um sich gegen Räuber (in Gallien und Spanien die *bagaudae*) oder auch gegen die Steuereintreiber (*exactores*) beziehungsweise Soldaten zu wehren. Sidonius Apollinaris spricht nicht selten von *regna*, was nicht nur die Ausdehnung der Güter kennzeichnet. Zwischen der Oberschicht (*potentes*) und der Unterschicht (*humiles*) nahm die Kirche eine Mittlerrolle ein, die sie auch zwischen den zumeist arianischen Germanen und den katholischen Romanen ausübte, zumal viele geistliche Würdenträger aus der zivilen oder militärischen Oberschicht stammten, also politisch geschult waren. Die Bischofstädte waren häufig auch zivile Verwaltungssitze und wie andere größere ummauerte Städte wichtig geworden für die Rüstungs- oder Versorgungsindustrie. Die römische Verwaltungsstruktur lebte nach der germanischen Landnahme zunächst weiter, doch entstand mit dem Schwinden der Präsenz Roms ein politisches Vakuum, das die Germanen nicht sofort ausfüllen konnten.

Aber die Schwäche des Westens hatte nicht nur militärische, sondern auch wirtschaftliche Gründe: Viele *patroni* zogen sich vor den Germanen, aber auch aus Standesinteressen in die „sicheren" Gebiete Südgalliens, Ostspaniens und Siziliens zurück, aber auch nach Italien und Rom und überließen die Verwaltung der Güter den Großpächtern (*conductores*), die ihrerseits die *coloni* weiter ausbeuteten. So war es nur natürlich, dass die Landbevölkerung in der Landnahme der Germanen keine besonders negative Änderung ihrer eigenen Verhältnisse sah. Der Westen begann sich von innen her auszuhöhlen.

Auf diesem Hintergrund sind die Verhältnisse im Osten zu beurteilen. Die ökonomische Basis des Ostens beruhte nicht allein auf der Landwirtschaft, sondern vor allem auf der Wirtschaftskraft der Städte, die als Handels- und Manufakturzentren gut funktionierten. Die Tatsache, dass seit Theodosius dem Großen mit den Persern ein längerfristiger Ausgleich gefunden war, der sogar eine christliche Missionierung ermöglichte, ließ die Wirtschaft so erstarken, dass die finanziellen Ressourcen Constantinopel erlaubten, drohende kriegerische Angriffe durch Goldzahlungen abzuwenden. Ein weites Feld stellt die Erforschung nicht nur der soziopolitischen Verhältnisse des Ostens und des Westens, sondern auch der Frage der unterschiedlichen politischen Mentalität dar, da mit dem Verlust des Westens schließlich auch die Reichshauptstadt Rom verloren ging und nur die constantinische Gründung als „Altera Roma", als das „Neue Rom" bestehen blieb.

Die Roma aeterna

Aber eben hier zeigt sich das Dilemma der Geschichtsschreibung: Rom, das alte Rom, war in den Augen der Reichsbewohner in Ost und West der Mittelpunkt des Imperiums geblieben, weil die Weltherrschaft am Tiber ihren Anfang nahm. Dieses italische Rom, das „ewige Rom" hatte im Weltplan der Heiden und der Christen seinen unverzichtbaren Platz. Byzanz war nichts ohne Rom, auch wenn es diese Stadt beerbte. Die Restaurationspolitik Kaiser Justinians war somit nicht Auswuchs eines „byzantinischen Imperialismus", sondern der Versuch, die Identität des Imperiums zurückzugewinnen. Für die Römer – im Westen wie im Osten – war also der Verlust des Westens an die Barbaren nicht der Untergang eines „Weströmischen Reiches", sondern eine Identitätskrise größten Ausmaßes.

Es soll hier nicht die endlose Diskussion aufgegriffen werden, ab wann man von „byzantinischer Geschichte" sprechen darf, es sollte lediglich auf das Problem der Periodisierung hingewiesen werden.

Schwieriger noch ist die Einordnung der Kirchengeschichte: Auch die Kirche hielt über die Zeit des 5. Jahrhunderts an der Einheit des Imperiums fest und arbeitete soweit wie möglich mit den Kaisern Hand in Hand, um diese Einheit zu erhalten. So wurde auch immer die Wahl eines neuen Papstes dem Kaiser in Constantinopel angezeigt. Doch waren es die unterschiedlichen dogmatischen Strömungen, die neben dem politischen Ehrgeiz der Kaiserresidenzen und der Apostelstühle die Spaltung herbeiführten und förderten.

Natürlich waren auch die Kaiser an der Reichseinheit interessiert: Latein blieb lange die Pflichtsprache von Verwaltung und Militär, Gesetze wurden – wie zahlreiche Latinismen beweisen – für den hellenistisch geprägten Bevölkerungsteil ins Griechische übersetzt; der *Codex Theodosianus* und später das *Corpus Iuris Civilis* Justinians besaßen Gültigkeit im Osten wie im Westen.

Äußeres Zeichen der Einheit aber stellen die Jahresconsuln dar, wobei außer in Krisenzeiten darauf Wert gelegt wurde, dass dieses kollegial zu führende Amt immer mit einem Kandidaten aus dem Westen und einem aus dem Osten besetzt wurde, sogar noch in der Zeit ostgotischer Herrschaft in Italien.

Ist also das Jahr 476 lediglich als „Fiktion" von Althistorikern zu sehen? Ab dem Erlöschen der Constantinischen Dynastie hören wir bei Literaten und Rhetoren immer wieder den Vorwurf, dass der Westen sich vom Osten allein gelassen fühlte, dass der Osten ein höheres politisches Gewicht verlangte, dass die Ortskirchen des Ostens die Gleichberechtigung mit Rom forderten. Solche politischen Eifersüchteleien wurden massiv gefördert durch die militärischen Bedürfnisse – sprich Bedrohung – der Reichshälften, so dass nicht nur die Administration, sondern auch die Ökonomie darauf reagieren musste. Die früher gemeinsame Aufgabe löste sich in „Zuständigkeiten" auf.

Aber auch die Kulturwelt begann auseinander zu driften. Der hellenistische Osten war von der Sprache her besser geeignet, das hellenistische geistige Erbe aufzuarbeiten und neu zu gewinnen, als der lateinische Westen, der zudem schneller die militärische und ökonomische Krise zu spüren bekam, also weniger Muße hatte, sich dem geistigen Erbe zu widmen.

Hier, im militärischen, ökonomischen und geistigen Bereich ist die Teilung in Ost und West am schnellsten greifbar, und diese Teilung trieb trotz aller Versuche, die politische Einheit zu wahren oder zurückzugewinnen, dem Höhepunkt zu, als die Langobarden schließlich in Italien einbrachen und damit den Zusammenhalt mit dem Osten sukzessive zum Erliegen brachten.

Durch diese zunehmende Trennung, die auch die Entwicklung der Germanenreiche auf römischem Boden zunächst förderte, dann von diesen noch verstärkt wurde, die vom Kaiser weitgehend unabhängige, auf Rom und das Papsstum konzentrierte Kirche, die auch die Kunst prägte, und schließlich das Latein als Sprache des Glaubens und der Bildung, die von Cassiodor, Boethius, Benedikt und Isidor von Sevilla gefördert wurde, schufen einerseits ein kulturelles Zusammengehörigkeitsgefühl, andererseits aber auch das Bewusstsein, Erbe Roms zu sein. So konnte sich der Begriff des kulturellen und geistigen, römisch-christlichen Abendlandes entwickeln. Die Germanenreiche beerbten also nicht nur Rom, sie waren die Erben Roms, dem sie sich, wie es Theoderich der Große betonte, verpflichtet fühlten.

Glossarium

Agentes in rebus: Beauftragte des Kaisers für spezielle Aufgaben, häufig auch als Geheimpolizisten tätig.

Anachoreten: Personen, die sich aus bewohntem Gebiet zurückgezogen hatten. Die Bewegung entstand vor allem während der Christenverfolgung und bezeichnete später den Rückzug aus dem gesellschaftlichen Leben in die Einsamkeit: Eremit (Einsiedler). Das Eremitentum war aus dem beschaulichen, meditativen und asketischen Leben koptischer Christen entstanden und hatte sich dann über Syrien nach Kleinasien, den Balkan und Nordafrika verbreitet. In Ägypten hatte auch das Koinobitentum, ein lockeres Zusammenleben, seinen Ursprung. Der Ägypter Pachomius († 346) gründete das erste Kloster, Martin von Tours Ende des 4. Jahrhunderts das Kloster Marmoutiers bei Tours. Anachoreten und Eremiten wurden als gottbegnadet verehrt, besaßen in kirchenpolitischen Fragen hohen Einfluss und wirkten durch Predigten und Sendschreiben.

Arianer: genannt nach Bischof Arius aus Alexandria (256–336), der Christus als das erste Geschöpf Gottes sah; daher besitze er einen Anfang und sei nicht ewig. Die Lehre wurde auf den Konzilien von Nicaea (325) und Constantinopel (381) als ketzerisch verurteilt.

Aurum coronarium: „Kranzgold“: Ursprünglich Goldspende für den Siegeskranz eines Feldherrn (*imperator*) wurde es in der Kaiserzeit vom Herrscher (Imperator), als „freiwillige“ Abgabe bei Triumphen, aber auch am jeweiligen Jahrestag des Regierungsantritts („Krönungsfest“) eingefordert. Trajan soll als erster darauf verzichtet haben.

Bucellarii: abgeleitet von *bucella* = Brot. Militärische Gefolgsleute, die in der Umgebung der Kaiser, später auch als Privatsoldaten großer Militärmänner und sogar Großgrundbesitzer Dienst leisteten und auf die Person vereidigt waren.

Circumcellionen: Militante Christen Nordafrikas, die sich um die Wohnstätten (*cellae*) und Gräber der Märtyrer niedergelassen hatten. Sie trachteten danach, ein soziales „Gleichheitsprinzip“ mit Gewalt durchzusetzen und suchten den Tod im Kampf gegen Andersgläubige (Katholiken, Arianer, Heiden), um so als „Märtyrer“ ins Paradies zu gelangen.

Colonus: Kleinbauer, der neben eigenem Grundbesitz auch Pachtland bewirtschaftete. An den Pachtherrn gebunden, musste er sogar dessen Zustimmung zum Verkauf eigenen Grundbesitzes einholen.

Comes: Bezeichnung für höchste Beamte im zivilen und militärischen Dienst (*comes sacrarum largitionum* = „Schatzkanzler“ – *comes rerum privatarum* = Verwalter des „Hof“-Gutes).

Dies imperii: der Tag, den ein Herrscher offiziell als seinen „Regierungsbeginn“ ansah.

Donatisten: Bischof Donatus von Casae Nigrae (Nordafrika) und seine Anhänger lehnten alle Sakramente, die von einem während einer Verfolgung Gefallenen (*lapsus, traditor*) oder einem Sünder gespendet wurden, als ungültig ab.

Dux: Befehlshaber von Kampfverbänden einer Provinz.

Constitutio principis: „Eine Kaiserkonstitution (*constitutio principis*) ist, was der Kaiser durch Dekret (*decretum*), Edikt (*edictum*) oder Verwaltungsschreiben (*epistula*) festsetzt; und man hat niemals angezweifelt, dass sie Gesetzeskraft hat, da der Kaiser selbst durch eine ‚Lex‘ (Gesetz) sein Imperium erhält“ (Gaius, Digesta 1, 5).

Foedus: Bündnisvertrag zwischen freien Völkern (Stämmen) oder Städten und Rom, das die daraus resultierenden Verpflichtungen formulierte. Ein *foedus aequum* deutete die (scheinbare) Gleichberechtigung beider Partner an und betraf gegenseitige Waffenhilfe oder Handelsbeziehungen, ja sogar die Erlaubnis zur Ansiedlung innerhalb des Imperiums. Ein *foedus iniquum* hingegen sah den Partner in politischer Abhängigkeit von Rom.

Gottesgnadentum: Die christlichen Kaiser setzten an die Stelle der „Zustimmung“ der Götter (*consensus deorum*) den Herrschaftsauftrag als den unfehlbaren, vorausschauenden Willen Gottes (*Dei gratia*). Damit verstieß jede Usurpation gegen den Willen Gottes. Zudem sah sich der Herrscher berechtigt, im Sinne Gottes und des rechten Glaubens (*christianissimus imperator*) Strafen zu verhängen, wie es im Edikt vom 28. Februar 380 formuliert ist.

Häresie (eigentlich „Parteiung“): Abweichung von der im Symbolon von Nicaea und auf den späteren allgemeinen Konzilien festgelegten Glaubensrichtlinien. Das am 30. Mai 428 veröffentlichte Gesetz der Kaiser Theodosius II. und Valentinian III. (CTh 16, 5, 65) verzeichnet die Mehrzahl aller umlaufenden Häresien.

Herrscherepiphanie: öffentliches Auftreten des Kaisers in vollem Ornat, das heißt mit Diadem, in zivilem (*trabea*) oder militärischem (*paludamentum*) Gewand, mit Szepter (*scipio*), Globus und Schuhen des patrizischen Senators. Er wird dabei begleitet von den hohen Hofbeamten (*palatini*) und Militärs (*praesentales*), vor allem vom *silentiarius*, der für Ruhe und Ordnung zu sorgen hatte.

Homousios: Definition, dass Christus *wesensgleich* ist mit dem Vater. – **Homoiusios**: Definition der *Wesensähnlichkeit* von Gottvater und Christus.

Immunität: Freiheit von Steuerabgaben und sonstigen (niederen) Dienstleistungen (sogenannte *munera sordida* = Hand- und Spanndiensten).

Insignia imperii: vor allem der kaiserliche Purpur und das Diadem.

Iurisdiktionsprimat: der Anspruch des Bischofs (Papstes) von Rom, die letzte Entscheidungsgewalt in Glaubensfragen zu besitzen, das heißt, über den Verbleib (*communio*), den Ausschluss (Exkommunikation) oder die Wiederaufnahme eines wegen Irrglaubens (Häresie) beklagten Geistlichen und dessen Anhängern in die Reihen der Gläubigen (*inter fideles*) zu entscheiden.

Kanon: eine auf Konzilien verbindlich formulierte und damit allgemein anzuerkennde „Richtschnur".

Konsekration: Erhebung eines verstorbenen Herrschers unter die Götter. Sein Geburtstag oder Tag des Herrschaftsantritts wurde im staatlichen Festkalender festgehalten.

Konzil s. Synode

Laeten: ehemalige germanische Gefangene, die zumeist in Nord- und Westgallien auf kaiserlichen Gütern angesiedelt wurden und zum Kriegsdienst unter römischem Kommando verpflichtet waren.

Latifundium: weit verstreuter, in verschiedenen Landschaften und/oder Provinzen gelegener Grundbesitz (*fundus*), lokal zumeist von einem Großpächter (*conductor*) verwaltet und in Parzellen von Unterpächtern bewirtschaftet.

Magister census: „Sittenrichter", der das Verhalten der städtischen Bevölkerung, vor allem der Studenten, auf Lebenswandel und gesicherte Einkünfte hin kontrolliert.

Magister militum: Heermeister, seit Constantin dem Großen zumeist zuständig für die in einem Militärsprengel (zum Beispiel Gallien, Illyricum) stationierten Truppen: *magister peditum* für Fußtruppen, *magister equitum* für Reitertruppen. Nach und nach bildete sich das Amt eines für beide Truppengattungen zuständigen Heermeisters heraus (*magister utriusque militiae*) sowie des Heermeisters, der in unmittelbarer Umgebung des Kaisers tätig war (*magister militum praesentalis*).

Magister officiorum: eine Art „Justiz- und Innenminister", der die einzelnen Ministerien (*officia*) kontrollierte und die Erlasse (*edicta*) des Kaisers abfasste.

Magister scrinii: zuständiger Beamter für die Arbeit und Besetzung der verschiedenen Büros (*scrinium*).

Manichäismus: Lehre des persischen Religionsstifters Mani (3. Jahrhundert). Basierend auf der Lehre Zarathustras vom Kampf zwischen Gut und Böse lehrte er den metaphysischen und religiösen Dualismus, der die Welt beherrsche, und bezog buddhistische wie christliche Elemente ein. Gott ist der Ursprung des Guten, die Welt Schöpfer des Bösen.

Mathematici: Pauschalbegriff für Astrologen und Wahrsager. Sie wurden vor allem verdächtigt, Horoskope zum Tod eines (ungeliebten) Kaisers zu erstellen.

Militia: seit Diocletian allgemeine Bezeichnung für den gehobenen Reichsdienst, sei es beim Militär, sei es in der Zivilverwaltung.

Monophysiten: Anhänger der in Alexandria entstandenen Lehre von der einen Natur Christi (Monophysitismus), das heißt, die göttliche und menschliche Natur haben sich in Christus vermischt. 451 in Chalcedon verurteilt, wurde die Lehre von den „zwei Naturen in Christus ungeteilt und unvermischt" (Dyophysitismus) verbindlich formuliert.

Nicaenum: das im Jahr 325 auf dem Konzil von Nicaea erstellte Glaubensbekenntnis, das Christus als „Einziggeborenen aus dem Vater" (homoousios tou patri) definierte. Dieses Glaubensbekenntnis wurde auf dem Konzil von Ephesus 431 als alleingültig und allgemein verbindlich bestätigt.

Novatianer: Die Anhänger des 251 gewählten Bischofs Novatius leugneten die Möglichkeit für *lapsi* (in der Verfolgung schwach Gewordene) und Sünder, in den Schoß der Kirche zurückzukehren. Sie hielten sich für die „Reinen" und verlangten von „bekehrten" Christen die Wiedertaufe.

Ordo decurionum: fest gefügte Schicht von Stadträten, die für die Verwaltung und das Steueraufkommen ihrer Städte zuständig waren. Ihre Stellung und die Privilegien (zum Beispiel Sitz im Theater) waren im Prinzip erblich.

Pagani: inhaltlich nicht genau bestimmbare Bezeichnung, als Synonym für die weitgehend heidnischen *gentiles* (Einheimische, Barbaren) gebraucht, diente sie als Abgrenzung von den christianisierten Romanen und Christen generell.

Patricius: seit Constantin dem Großen verliehener persönlicher Rang, der nichts mehr mit dem erblichen patrizischen Stand der Republik und der hohen Kaiserzeit gemein hatte. Die Verleihung war meist mit einem sehr hohen, einflussreichen Amt verbunden, konnte aber auch unabhängig davon für besondere Verdienste verliehen werden.

Pontifex maximus: oberste Aufsichtsperson über Staatskulte und Priesterschaften, zum Beispiel über die Vestalinnen. Seit Augustus war das lebenslängliche Amt an den Kaiser gebunden.

PPO: siehe Praefectura

Praefectura: Oberbegriff für einen Reichssprengel, in dem der Kaiser einen *praefectus praetorio* (PPO) als Stellvertreter in Rechts- und Verwaltungsfragen, aber ohne militärische Befugnisse einsetzte. Eine *praefectura* war wie folgt gegliedert: *praefectura* mit zentralem Verwaltungsort = Sitz des *praefectus praetorio*; darunter standen die Diözesen, von *vicarii* (= Stellvertreter des PPO) geleitet, darunter die Provinzen, verwaltet von *correctores* (kaiserliche) beziehungsweise *praesides* (senatorische Provinzgouverneure); sie wurden wegen ihrer untergeordneten Gerichtsbefugnisse auch als *iudices* bezeichnet. Traf der Kaiser in einer *praefectura* ein, so trat der PPO automatisch in den Hintergrund.
Der *PPO* (senatorischer Rang) besaß die Appelationsgerichtsbarkeit, war zuständig für die Erhebung der *annona* (jährliche Steuer) zur Besoldung und Verpflegung der Soldaten und Beamten, ferner für nachgeordnete Erlasse, Aufrechterhaltung von Recht und Ordnung in Zusammenarbeit mit dem Militär, für Verwaltung von Post, Zünften, Schulwesen, öffentlichen Bauten, staatlichen Arsenalen. – Der *Vicarius* war direkt dem PPO unterstellt, überwachte die Provinzverwaltungen und besaß die niedere Apellationsgerichtsbarkeit. – *Iudex*: *proconsul* = ehemaliger Consul; *corrector* = niedere Senatoren, teilweise Ritter; *praeses* = Ritter, oft Statthalter neu eingerichteter Provinzen. Die Statthalter waren zuständig für Kriminal- und Ziviljurisdiktion, Verwaltung von Steuern und Pacht, Einzug der *annona* auf unterer Ebene; sie sind weisungsgebunden gegenüber Vicaren und PPO.

Praefectus Urbi: als Stadtpraefect Roms Stellvertreter des Kaisers, mit Polizeigewalt und (oberster) Gerichtsbarkeit.

Praepositus sacri cubiculi: „Oberkämmerer"

Sacer: Alles, was im Zusammenhang mit dem Kaiser und dem Hof stand, wurde mit dem Beiwort *sacer* = „heilig" gekennzeichnet.

Sacrum consistorium: „Kronrat", zunächst nach dem jeweiligen Beratungsgegenstand zusammengesetzt, gehörten ihm an: *comes rerum privatarum* (kaiserliche Domänen und Schenkungen), *comes sacrarum largitionum* (Finanzminister), *magister officiorum* (Kanzler beziehungsweise Chef der Büros – *scrinia* – und der kaiserlichen Garde – *protectores*), *quaestor sacri palatii* (Justiz und Polizeiminister), *magister militum* (Heermeister, als *praesentalis* in unmittelbarer Umgebung des Kaisers tätig).

Schola palatina: Gliederung der kaiserlichen Leibwache in verschiedene Abteilungen, von je einem *tribunus* kommandiert.

Sedes apostolica: Bischofssitz, der seine Gründung auf einen Apostel zurückführt. Später zumeist auf Rom beschränkt.

Semipelagianismus: Im Streit zwischen Pelagius, der (zunächst) die (ausschließliche) Bedeutung von Askese und guten Taten für die Erlangung des Seelenheils vertrat, gegen Augustinus, der die reine Gnadenlehre formulierte, ja fast schon die Vorherbestimmung durch Gott, nahm Cassian eine Mittlerrolle wahr: Er erklärte sowohl den Glauben, die guten Werke und die Gnade Gottes als notwendig zur Erlangung des Seelenheils.

Sophistik: Im 5. und 4. Jahrhundert v. Chr. in Griechenland entstanden, versuchte sie theoretische Erkenntnis und praktische Fähigkeiten miteinander zu verbinden. Vor allem in Rom wurde die Sophistik gerne aufgenommen, da sie für die aktive Beteiligung am Staatswesen eintrat. Die Verbindung von Rhetorik und Staatsphilosophie brachte ihr mit Cicero einen ersten Höhepunkt. Die sogenannte 2. Sophistik ist mit Kaiser Marc Aurel verbunden, dem Julian nacheiferte.

Symbolon: Text der Glaubensrichtlinie, die das Wesen (*usia*) der Dreifaltigkeit definiert.

Synkretismus (modern)**:** Versuch, verschiedene religiöse Strömungen und Aussagen zu einer Art Einheit der Gottesvorstellung zusammenzuführen.

Synode: eine Versammlung von Ortsbischöfen zur Bestimmung des rechten Glaubenswegs. Die Bischöfe billigten die Beschlüsse durch ihre Unterschrift, eine Verweigerung konnte mit Exkommunikation bestraft werden. Den Vorsitz einer Synode führte der jeweilige einladende Patriarch, entweder der Bischof von Rom oder einer der Patriarchen im Osten (Nicaea, Antiochia, Constantinopel, Ankara usw.). Dass auch der Kaiser eine Synode einberief und den Vorsitz bestimmte, war seit Constantin dem Großen nichts Außergewöhnliches. Der Unterschied zwischen *Synode* (griechisch: Gemeinsamer Weg) und *Konzil* (lateinisch: Beratung) ist nicht immer klar herauszuarbeiten, beide Bezeichnungen werden in den ersten Jahrhunderten häufig synonym gebraucht. Man unterscheidet zwischen Regional- oder Provinzkonzilien und allgemeinen, sogenannten ökumenischen Konzilien. Die dort formulierten *canones* sind verbindliche, allgemein anerkannte Regeln.

Tricennalia: Die Kaiser feierten ihre Herrscherjubiläen als Caesaren oder Augusti nach jeweils fünf (*quinquennalia*), zehn (*decennalia*), zwanzig (*vicennalia*) oder mehr Jahren. Die Feiern verteilten sich über ein ganzes Jahr und endeten mit dem Regierungsjubiläum. Dann wurden dem Kaiser offiziell Wünsche für weitere erfolgreiche Regierungsjahre dargebracht, zum Beispiel *multis XXX* = „auf vielmals dreißig"!

Usurpator: Eine Person, die mit Unterstützung anderer, meist militärischer Gruppen die Rechtmäßigkeit des regierenden Herrschers bestritt. Solange er keine Anerkennung, zumeist ausgesprochen vom römischen Senat oder vom regierenden Augustus als Mitregent, erreichte, blieb er Usurpator.

Vicarius: siehe Praefectura

Quellen und allgemeine Literatur

Lateinischen Quellen

Ammianus Marcellinus, *(geb. um 323 in Antiochia), Offizier, gebildeter, überzeugter Heide. Er schrieb sein Geschichtswerk in Fortsetzung des Tacitus in lateinischer Sprache. Die Bücher 1 bis 14 sind verloren, das erhaltene Werk setzt mit dem Jahr 353 ein und führt bis 378.* Übersetzung: O. Veh/G. Wirth, Zürich/München 1974. Kommentar: zu Büchern XX–XXI von J. Szidat, Historia Einzelschr. 31, 1977; Bd. 38, 1981; Bd. 89, 1996

Augustinus, Bischof von Hippo Regius, Vom Gottesstaat. Übersetzung: W. Timme, Zürich 1977/1978 (dtv), 2 Bde.

Aurelius Victor aus Nordafrika, *schrieb um 360 das Werk „De Caesaribus, Kaiserbiographien von Augustus bis zum Tode des Constantius* II". Zweisprachig: K. Groß-Albenhausen/M. Fuhrmann, München/Darmstadt 1997

Epitome de Caesaribus, Kurzbiographien, entstanden Anfang des 5. Jahrhunderts, von Augustus bis Theodosius dem Großen. *Legt Wert auf die Geschehnisse im Westen, besonders in Italien.* Zweisprachig: M. Festy, Paris 1999. Kommentar: J. Schlumberger, Die Epitome de Caesaribus, München 1974

Eutrop, *magister memoriae des Kaisers Valens, schrieb im Jahr 369 ein „Breviarium ab Urbe condita" in 10 Büchern bis Kaiser Jovian, das heißt bis 364. Es ist eine knappe, meist ereignisgeschichtlich geprägte Darstellung.* Übersetzung: F. L. Müller, Stuttgart 1995

Firmicus Maternus (4. Jhdt.), *ursprünglich Heide aus Sizilien, konvertierte um 340. Verfasste um 347 „Über den Irrtum heidnischer Religionen".* Übersetzung: K. Ziegler, München 1953. – Mathesis (Über Astrologie). Übersetzung: J. R. Bram, Park Ridge 1975

Orosius, *spanischer Presbyter, verfasste 415 eine „Historia adversum paganos" bis 417, um das Wirken Gottes in der Geschichte nachzuweisen.* Übersetzung: A. Lippold, Zürich/München 1985–1986, 2 Bde.

Panegyrici latini, Festansprachen heidnischer Redner zum Selbstverständnis der Kaiser wie zur Erwartungshaltung ihrer „Untertanen". Zweisprachig: E. Galletier, Paris 1949–1955, 3 Bde.

Rufinus von Aquileia (345–410), Fortsetzer der Kirchengeschichte des Eusebius von Caesarea bis 395 (in Latein). Übersetzung: Ph. R. Amidon, New York 1997

Griechischen Quellen

Libanios (314–393), heidnischer Sophist und Rhetor. Reden. Übersetzung: G. Fatouros, Stuttgart 2002

Johannes Malalas (6. Jhdt.), Chronik. Übersetzung: E. Jeffreys, Melbourne 1986

Philostorgius, Kappadokier (368–circa 430). *Ursprünglich Heide, konvertierte zum Arianismus und verfasste seine Geschichte in Auseinandersetzung mit der Orthodoxie. Er bemühte sich, das Weltgeschehen in christliche Epochen einzuteilen (Chiliasmus), ohne die von ihm erlebte Eroberung Roms durch Alarich als Endzeitereignis überzubewerten.* Übersetzung: E. Walford, London 1855

Sokrates von Constantinopel (380–440), *Rechtgelehrter, schrieb eine „Kirchengeschichte" für die Zeit von 306 bis 439. Sokrates stützt sich vor allem auf Konzilsakten.* Übersetzung: Ph. Schaffe, Oxford 1853 = Michigan 1979 (Nicene and Post-Nicene Fathers II.2)

Sozomenos von Bethelia (Gaza, 385–450?): *seine „Kirchengeschichte" von 324 bis 415 ist weitgehend von Sokrates abhängig. Er ist an Heiligenviten, Wundern und Legenden interessiert, so dass er uns einen Einblick in das christliche Leben der Spätantike bietet.* Übersetzung (gr.-dt.): G. Chr. Hansen, Tunhout 2004

Theophanes Confessor (9. Jhdt.), Chronik. Übersetung: C. Mango/R. Scott, Oxford 1997

Iohannes Zonaras und Kedrenos (12. Jhdt.), *die uns in antiquarischer Weise Nachrichten über die Zeit nach Constantin bieten. Text mit lateinischer Übersetzung im „Corpus Scriptorum Historiae Byzantinae" (so genanntes „Bonner Corpus")*

Zosimus, *Heide (Anfang 6. Jhdt.). Seine „Neue Geschichte" (Historia nea) umfasst in 6 Büchern die Zeit von Augustus bis zum Jahr 410, wobei besonders die letzten Jahrzehnte breit dargestellt sind.* Übersetzung: O. Veh/St. Rebenich, Stuttgart 1990

Zur späten Geschichtsschreibung

Marasco, G. (Hg.), Greek and Roman Historiography in Late Antiquity. Fourth to Sixth Century A.D., Leiden/Boston 2003

Rohrbacher, D.S., The Historians of Late Antiquity, New York 2002

Wiseman, T. P. (Hg.), The Inheritance of Historiography 350–900, Exeter 1986

Allgemeine Darstellungen

Die „Klassiker"

Gibbon, E., The History of the Decline and Fall of the Roman Empire = Verfall und Untergang des römischen Imperiums, München 2003

Seeck, O., Regesten der Kaiser und Päpste für die Jahre 311 bis 476 n. Chr.; Vorarbeit zu einer Prosopographie der christlichen Kaiserzeit, Stuttgart 1919 (ND 1964)

Seeck, O., Geschichte des Untergangs der antiken Welt; 6 Bde in 7 Teilen, Stuttgart ²1920–22 (ND Darmstadt 1966)

Unverzichtbar

Bellen, H., Grundzüge der römischen Geschichte. Teil III: Die Spätantike von Constantin bis Justinian, Darmstadt 2003

Cambridge Ancient History (CAH) Vol. XIII: The Late Empire A. D. 337–425, Cambridge 1998

Cambridge Ancient History (CAH) Vol. XIV. Late Antiquity: Empire and Successors, A. D. 425–600, Cambridge 2000

Demandt, A., Die Spätantike, München 1988 (HdAW; gute, übersichtliche Darstellung mit Bibliographie und einem ausführlichen Abriss zu den Quellen)

Jones, A. H. M., The Later Roman Empire. A social and economic history, Oxford 1964, 2 Bde.

Jones, A. H. M./Martindale, J. R., Prosopography of the Later Roman Empire, Bd. I: A. D. 395–527, Cambridge 1980

Ostrogorsky, G., Geschichte des byzantinischen Staates, München ³1963 (HdAW). (*Ist parallel zu Demandt zu benützen.*)

Stein, E., Histoire du Bas-Empire, Brügge ²I 1959, II 1949, hg. v. J.-R. Palanque (*mit ausführlichen Quellen und Diskussion*)

Kirchengeschichte

Brenk, B., Die Christianisierung der spätrömischen Welt. Stadt, Land, Haus, Kirche und Kloster in frühchristlicher Zeit, Wiesbaden 2003

Caner, D., Wandering, begging monks. Spiritual authority and the promotion of monasticism in late antiquity, Berkeley/Los Angeles/London 2002

Caspar, E., Geschichte des Papsttums von den Anfängen bis zur Höhe der Weltherrschaft, 2 Bde. Tübingen 1930–1933 (*immer noch unverzichtbar*)

Die Geschichte des Christentums: Altertum, Freiburg 2005, 3 Bde.

Dumeige, G./Bacht, H. (Hg.), Geschichte der ökumenischen Konzilien, Bd. I, Mainz 1964; Bd. II Mainz 1963

Fliche, A. & Martin, V. (Hgg.), Histoire de l'Eglise depuis les Origines jusqu'à nos jours; Bd. II: P. de Labriolle u. a.: De la paix constantinienne à la mort de Théodose, Paris 1936 (*mit besonderer Berücksichtigung des Ostens*)

Gould, G., The Desert Fathers on Monastic Community, Oxford 1993

Löhr, W. A., Die Entstehung der homöischen und homöusianischen Kirchenparteien: Studien zur Synodalgeschichte, Bonn 1986 (Beiträge zur Bonner Kirchen- und Theologiegeschichte 2)

Kust und Kultur

Effenberger, A., Frühchristliche Kunst und Kultur. Von den Anfängen bis zum 7. Jahrhundert, Leipzig 1986

Fuhrmann, M., Rom in der Spätantike: Porträt einer Epoche, München/Zürich 1994

Gordesiani, R., Spätantike als Periode der Kulturgeschichte, Phasis. Greek and Roman Studies 5–6, 2003, S. 118–128

Wegner, M., Verzeichnis verläßlicher oder vermeintlicher Herrscherbilder von Valentinian I. bis Herakleios, Boreas 19, 1987, S. 117–132, m. Tafel 8–11

Weitzmann, K., Age of Spirituality: Late Atique and Early Christian Art, third to seventh Century, New York 1980

Die Kaiser

Übersichten

Kienast, D., Römische Kaisertabelle. Grundzüge einer römischen Kaiserchronologie, Darmstadt ²1996 (bis Theodosius dem Großen)

(*Zu den einzelnen Herrschern s. das Lexikon*)

Clauss, M., Die römischen Kaiser, München ³2005 (*mit Einzelliteraturangaben im Anhang*)

Einzeldarstellungen

Bleckmann, B., Constantina, Vetranio und Gallus Caesar, Chiron 1994, S. 29–68

Bringmann, K., Kaiser Julian, Darmstadt 2004

Caffin, P., Galla Placidia. La dernière impératrice de Rome, Perrin 1977

Clover, E. M., The Family and Career of Anicius Olybrius, Historia 27, 1978, S. 169–196

Drinkwater, J. F., The Usurpers Constantine III (407–411) and Jovinus (411–413), Britannia 29, 1998, S. 269–298 (*umfangreiche Bibliographie*)
Drinkwater, J., The Revolt and Ethnic Origin of the Usurper Magnentius (350–353) and the Rebellion of Vetranio (350), Chiron 30, 2000, S. 131–159
Ensslin, W., Das Römerreich unter germanischer Waltung, *in:* Das Neue Bild der Antike II, Leipzig 1942, S. 412–432
Ernesti, J., Princeps christianus und Kaiser aller Römer. Theodosius der Große (379–395) im Lichte zeitgenössischer Quellen, Paderborn 1998
Grierson, P.: The Tombs and Obits of the Byzantine Emperors (337–1042). With an Additional Notice by C. Mango and I. Sevcenko, Dumbarton Oaks Papers 1962, S. 1–63
Kent, J. P. C., Julius Nepos and the Fall of the Western Empire; *in:* Corolla Memoriae Erich Swoboda dedicata, Graz/Köln 1966, S. 146–150
Lenski, N. E., Failure of Empire. Valens and the Roman State in the Fourth Century A. D., Berkeley 2002
Leppin, H., Theodosius der Große: auf dem Weg zum christlichen Imperium, Darmstadt 2003
Lippold, A., Theodosius II., RE Suppl. XIII, 1973, Sp. 961–1044
Lippold, A., Zeno, RE X A, 1972, Sp. 149–213
Lütkenhaus, W., Constantius III. Studien zu seiner Tätigkeit und Stellung im Westreich 411–421, Bonn 1998 (Habelts Diss AG 44)
Mathisen, R., Avitus, Italy and the East in 455/456, Byzantion 51, 1981, S. 232–247
Max, G., Majorian Augustus, Diss. Madison (Wisconsin) 1975
Palanque, J.-R., L'Empereur Maxime; *in:* Les empereurs romains d'Espagne, Paris 1965, S. 255–263
Papini, A. M., Ricimero. L'agonia dell'impero Romano d'Occidente, Mailand 1959
Richer, J., L'Empereur Julien, Paris, 2 Bde 1978/81; Bd. I: De l'histoire à la légende (331 - 1715); Bd. II: De la légende au mythe
Sartori, F., Factus est imperator Augustulus; *in:* Dalla tarda latinitá agli albori dell'Umanesimo: alla radice della storia europea, hg. v. P. Gatti/L. de Finis, Trient 1998, S. 33–63
Sirago, V. A., Galla Placidia e la trasformazione politica dell'Occidente, Löwen 1961
Szidat, J., Die Usurpation des Eugenius, Historia 28, 1979, S. 487–508
Vernadsky, G., Flavius Ardabur Aspar, Südost-Forschungen 6, 1941, S. 38–73
Wes, M., Das Ende des Kaisertums im Westen des römischen Reiches, Den Hag 1967
Wirth, G., Jovian, Kaiser und Karikatur; *in:* Vivarium, Festschr. f. Theodor Klauser, Münster 1984, S. 353–384
Zecchini, G., Aezio. L'ultima difesa dell'occidente romano, Rom 1983

Zur Militärgeschichte

Demandt, A., Magister militum, RE Suppl. XII 1970, Sp. 553–790; ergänzt durch „Der spätrömische Militäradel", Chiron 10, 1980, S. 609–637
Diesner, H.-J., Das Buccellariertum von Stilicho und Sarus bis auf Aetius, Klio 54, 1972, S. 321–350
Grosse, R., Römische Militärgeschichte von Gallienus bis zum Beginn der byzantinischen Themenverfassung, Berlin 1920; *in Teilen ersetzt durch*:
Hoffmann, D., Das spätrömische Bewegungsheer und die Notitia Dignitatum, 2 Bde. Düsseldorf 1969/1970
O'Flynn, J. M., Generalissimos of the Western Roman Empire, Edmonton/Alberta 1983
Waas, M. Germanen im römischen Dienst im 4. Jahrhundert n. Chr., Bonn 1965

Ideologie

Gross-Albenhausen, K., Imperator christianissimus. Der christliche Kaiser bei Ambrosius und Johannes Chrysostomus, Frankfurt/M. 1999
Hartke, W., Römische Kinderkaiser. Eine Strukturanalyse römischen Denkens und Daseins, Berlin 1951 (ND 1972, Darmstadt)
Kolb, F., Herrscherideologie in der Spätantike, Berlin 2001
Lacombrade, Ch., Le discours sur la royauté de Synesius de Cyrène à l' Empereur Arcadius, Paris 1951
Lassandro, D., Sacratissimus Imperator. L'immagine del princeps nell'oratoria tardoantica, Bari 2000
Van Nuffelen, P., Zur Rezeption des Kaiserkultes in der Spätantike, Ancient Society 32, 2002, S. 263–282

Zu den Germanen

Beck, H. (Hg.), Germanen, Germania, Germanische Altertumskunde. Studienausgabe, Berlin u. a. 1998 (Artikel aus dem Reallexikon der Germanischen Altertumskunde)
Blockley, R. B., Roman barbarian marriages in the Late Empire, Florilegium 4, 1982, S. 63–79
Burns, T. S., Rome and the Barbarians, 100 B. C.–A. D. 400, Baltimore/London 2003
Courtois, C., Les Vandales et l'Afrique, Paris 1955
Geuenich, D., Geschichte der Alemannen, Stuttgart u. a. 1997

Goffart, W., Barbarians and Romans A. D. 418–584, Princeton NJ 1980
Heather, P./Matthews, J. F., The Goths in the Fourth Century, Liverpool 1991
Lotter, F., Völkerverschiebungen im Ostalpen-Mitteldonau-Raum zwischen Antike und Mittelalter (375–600), Berlin 2003
Pohl, W., Die Germanen, München 2000 (Enzyklopädie deutscher Geschichte) (*Forschungsbericht*)
Schaeferdieck, K., Die geschichtliche Stellung des sogenannten germanischen Arianismus; *in:* Kirchengeschichte als Missionsgeschichte, Bd. II, München 1978, S. 79–90
Schmidt, L., Die Geschichte der deutschen Stämme: I: Die Ostgermanen, München ²1941 (ND 1964); II: Die Westgermanen, 2 Teile. München ²1938/40; Geschichte der Wandalen, München ²1942 (*immer noch unverzichtbar*)
Stroheker, K. F., Eurich, König der Westgoten, Stuttgart 1937
Stroheker, K. F., Germanentum und Spätantike, Zürich/Stuttgart 1965 (*Aufsatzsammlung)*
Thompson, E., Romans and Barbarians, Madison/London 1982
Wenskus, R., Stammesbildung und Verfassung. Das Werden der frühmittelalterlichen *Gentes*, Köln 1961
Wolfram, H., Die Goten. Von den Anfängen bis zur Mitte des sechsten Jahrhunderts. Entwurf einer historischen Ethnographie, München ³1990
Zöllner, E., Geschichte der Franken, München 1970

Außenpolitik

Beisel, F., Studien zu den fränkisch-römischen Beziehungen von ihren Anfängen bis zum Ausgang des 6. Jahrhunderts, Idstein 1987
Blockley, R. C., East Roman foreign policy: Formation and conduct from Diocletian to Anastasius, Leeds 1992
Dittrich, U. B., Die Beziehungen Roms zu den Sarmaten und Quaden im 4. Jahrhundert n. Chr., Bonn 1984
Gillett, A., Envoys and Political Communication in the Late Antique West 411–533, Cambridge 2003
Greatrex, G./Lieu, S. N. C. (Hgg.), The Roman Eastern Frontier and the Persian Wars. Part II. AD 363–630, London/New York 2002

Heiden und Kulte

Geffcken, J., Der Ausgang des griechisch-römischen Heidentums, Heidelberg 1929 (Darmstadt 1972)
Klein, R., Der Streit um den Victoriaaltar, Darmstadt 1972
Leppin, H., Zum Wandel des spätantiken Heidentums; *in:* Millenium. Jahrbuch zu Kultur und Geschichte des ersten Jahrtausends n. Chr. 1, 2004, S. 59–81
Macmullen, R., Christianity and Paganism in the Fourth to Eighth Centuries, London/Yale (UP) 1997
Momigliano, A., Paganism and Christianity, London 1962

Verwaltung

Castritius, H., Zur Sozialgeschichte der Heermeister des Westreiches. Einheitliches Rekrutierungsmuster und Rivalitäten im römischen Militäradel, MIÖG (Mitteilungen des Instituts für österreichische Geschichtsforschung) 92, 1984, S. 1–33
Clauss, M., Der „magister officiorum" in der Spätantike, 4.–6. Jhdt., München 1980
Porena, P., Le origini della prefettura del pretorio tardoantica, Rom 2003
Vogler, Ch., Constance II et l'administration impériale, Straßburg 1979.

Hunnen

Altheim, F., Geschichte der Hunnen, Berlin 1959–1961, 5 Bde.; Bd. II u. III ²1969
Maenchen-Helfen, O. J., Die Welt der Hunnen (dt. von R. Göbl), Wien/Köln/Graz 1978.
Wirth, G., Attila, Das Hunnenreich und Europa, Stuttgart 1990 (Urban TB 467)

Einzelaspekte

Bastien, P., Le monnayage de Magnence (350–353), Wetteren 1964
Brown, P., Der heilige Augustinus, übers. v. J. Bernard, München 1973
Cameron, Al., Claudian. Poetry and Propaganda at the Court of Honorius, Oxford 1970
Campenhausen, H. von, Lateinische Kirchenväter, Stuttgart ⁶1986 (Urban) (*ohne Damasus und Martin!*)
Campenhausen, H. von, Griechische Kirchenväter, Stuttgart ⁷1986 (Urban)
Coskun, A., Die *gens Ausoniana* an der Macht. Untersuchungen zu Decimus Magnus Ausonius und seiner Familie, Oxford 2002
Croke, B., A. D. 476: The manufacturing of a turning point, Chiron 13, 1983, S. 81–119

Dzielska, M., Hypatia of Alexandria, Cambridge (Mass.)/London 1995
Dörner, N., Ambrosius in Trier. Zu den Hintergründen der zweiten Gesandtschaft bei Maximus (Ambrosius, epist. 30 [24]), Historia 50, 2001, S. 217–244
Errington, M. R., The Accession of Theodosius I, Klio 78, 1996, S. 438–453
Evans, R. F., Pelagius, New York 1968
Frend, W. H. C., The Donatist Church, Oxford 1952
Goffart, W., Barbarians and Romans A. D. 418–584. The techniques of accommodation, Princeton N.Y. 1980
Hahn, J., Gewalt und religiöser Konflikt. Studien zu den Auseinandersetzungen zwischen Christen, Heiden und Juden im Osten des Römischen Reiches (von Konstantin bis Theodosius II.), Diss. Heidelberg, 1993 = Berlin 2004 (Klio: Beihefte. Neue Folge; 8)
Hendy, M., Studies in Byzantine Monetary Economy C. 300–1450, Cambridge 1985
Harries, J., Law and Empire in late Antiquity, Cambridge 1999
Heather, P., The Fall of the Roman Empire: A New History, London 2005
Henning, D., Periclitans res publica Kaisertum und Eliten des Weströmischen Reiches 454/5–493 n. Chr. Stuttgart 1999 (Historia Einzelschriften 133)
Horstkotte, H. J., Die Theorie vom Spätantiken „Zwangsstaat" und das Problem der „Steuerhaftung", Königstein/Taunus 1984
Just, P., Imperator et Episcopus. Zum Verhältnis von Staatsgewalt und christlicher Kirche zwischen dem 1. Konzil von Nicaea (325) und dem 1. Konzil von Konstantinopel (381), Stuttgart 2003 (Potsdamer Altertumswissenschaftliche Beiträge 8)
Kotula, T., Der Aufstand des Afrikaners Gildo und seine Nachwirkungen, Das Altertum 18, 1972, S. 167–176; *zu ergänzen mit:*
Gebbia, C., Ancora sulle „rivolte" di Firmo e Gildone, L'Africa Romana, 5 Convegno di Studio, Sassari 1987 (1988), S. 117–129
Lancel, S., Saint Augustin, Paris 1999.
Lemerle, P., Le premier humanisme byzantin. Notes et remarques sur l'enseignement et culture à Byzance des origines au Xe siècle, Paris 1971
Lizzi, R., Ambrose's Contemporaries and the Christianization of Northern Italy, Journal of Roman Studies 80, 1990, S. 156–173
MacGeorge, P., Late Roman Warlords. Oxford 2003
Martin, A., Athanase d'Alexandrie et l' Église d'Égypte au IV siècle (328–373), Rom 1996
Mathisen, R. W., Law, Society, and Authority in Late Antiquity, Oxford 2001
Mazzarino, S., Stilicone, Rom 1942
Noethlichs, K. L., Die gesetzgeberischen Maßnahmen der christlichen Kaiser des 4. Jahrhunderts gegen die Häretiker, Heiden, Juden, Köln 1971
Noethlichs, K. L., Die Juden im christlichen Imperium Romanum (4.–6. Jahrhundert), Berlin 2001
Piepenbrink, K., Christliche Identität und Assimilation in der Spätantike. Probleme des Christseins in der Reflexion der Zeitgenossen, Frankfurt/M. 2005
Portmann, W., Die politische Krise zwischen den Kaisern Constantius II. und Constans, Historia 48, 1999, S. 301–329
Ramsey, B., Ambrose, London 1997
Rosen, K., Kaiser Julian auf dem Weg vom Christentum zum Heidentum, Jahrbuch für Antike und Christentum 40, 1997, S. 126–146
Schmitt, T., Die Bekehrung des Synesios vom Kyrene. Politik und Philosophie, Hof und Provinz als Handlungsräume eines Aristokraten bis zu seiner Wahl zum Metropoliten von Ptolemais, München 2001
Sivan, H., Was Theodosius I A Usurper? Klio 78, 1996, S. 198–211
Stroheker, K. F., Der senatorische Adel im spätantiken Gallien, Reutlingen 1948 (ND 1970)
Vössing, K., Staat und Schule in der Spätantike, Ancient Society 32, 2002, S. 243–262
Ward-Perkins, B., The Fall of Rome and the End of Civilization, Oxford 2005
Warmington, H. B., The North African Provinces from Diocletian to the Vandal Conquest, Cambridge 1954.
Welwei, K.-W./Meier, M., Charietto – ein germanischer Krieger des 4. Jahrhunderts n. Chr., Gymnasium 110, 2003, S. 41–56
Winter, E./Dignas, B., Rom und das Perserreich. Zwei Weltmächte zwischen Konfrontation und Koexistenz, Berlin 2001
Wood, I., The Fall of the Western Empire and the End of Roman Britain, Britannia 18, 1987, S. 251–262

Wichtige Sammelbände

Bersani, S. G. (Hg.), Romani e barbari. Incontro e scontro di culture. Atti del Convegno – Bra, 11–13 aprile 2003, Turin 2004
Brands, G./Severin, H.-G. (Hgg.), Die spätantike Stadt und ihre Christianisierung. Symposium vom 14. bis 16. Februar in Halle/Saale, Wiesbaden 2003
Cancik, H./Hitzl, K., Die Praxis der Herrscherverehrung in Rom und seinen Provinzen, Tübingen 2003

Christie, N. (Hg.), Landscapes of Change. Rural Evolutions in Late Antiquity and the Early Middle Ages, Aldershot 2004

Frank, K. S. (Hg.), Askese und Mönchtum in der Alten Kirche, Darmstadt 1975 (WdF 409; *gute Bibliographie*!)

Hall, L. J. (Hg.), Confrontation in Late Antiquity. Imperial Presentation and Regional Adaptation, Cambridge 2003

Paschoud, F./Szidat J. (Hgg.), Usurpationen in der Spätantike. Akten des Kolloquiums „Staatsstreich und Staatlichkeit", 6.–10. März 1996, Solothurn/Bern/Stuttgart 1997 (Historia Einzelschriften 111)

Shaw, B. D., Who were the Circumcellions? *in:* Vandals, Romans and Berbers. New Perspective on Late Antique North Africirca, Hg. v. A. H. Merrills, Aldershot 2004, S. 227–258

Straw, C./Lim, R. (Hgg.), The Past before Us. The Challenge of Historiographies of Late Antiquity, Brepols 2004

Register

Aufgrund von Namensähnlichkeiten wurde bei einigen Personen die (letzte) Rangbezeichnung beigegeben: *ppo* = praefectus pretorio; *mag. mil.* = magister militum (Heermeister); *ppsc* = praepositus sacri cubiculi (Kämmerer); *mag. off.* = magister officiorum („Innenminister"); *mag. scrinii* = magister scrinii („Kanzler"); *p. Urbi* = praefectus Urbi (Stadtpraefekt)